포스트 코로나

주식투자

포스트 코로나 주식투자

NEW ORDER NORMAL

포스트 코로나 주식투자

한국경제TV 보도본부 방송제작부 엮음

프롤로그

1,000만 동학개미의 힘
승리가 보인다

"외국인 매도 공세를 또다시 개인이 받아내면서 지수 방어에 나서고 있습니다."

2020년 3월 19일, 코스피 지수가 1,439로 급락하던 날 한국경제TV 장중 방송 앵커 멘트다.

지난해부터 월 10조 원 안팎으로 늘던 가계 보유 자금이 올해 3월에는 1조 원 정도만 증가했다. 나머지 9조 원은 어디로 갔을까? 상당수 자금이 주식 시장으로 이동했으리란 관측이 지배적이다. 한국은행이 3월부터 기준금리를 0.5%p 낮추면서 금리 수익에 대한 기대감이 떨어지자 증시로 돈이 몰렸다는 분석이다. 정부의 부동산 시장에 대한 강력한 규제가 투자자의 관심을 주식 시장으로 옮겼다는 해석도 있다.

배경이야 어찌 되었든 지하철이나 카페 같은 일상 공간 속에서 주식 이야기를 나누는 이들을 자주 접할 수 있다. 동학개미운동은 개인투자자 위상을 재평가하는 계기가 되고 있다. 베스트셀러 순위를 바꾸는 주식 공부 열기, 우량주 중심 투자 전략, 모바일과 소셜미디어를 활용한 정보 획득 능력 등은 이번 코로나19 팬데믹으로 인한 대중의 주식시장에 대한 관심과 동학개미운동을 긍정적으로 바라보게 하는 요인이다.

이 책은 한국경제TV 방송제작부가 〈힘내라 동학개미〉 특집 방송 중 발굴한 '포스트 코로나 시대 투자 전략'을 재편집해서 엮었다. 이봉구 사장님의 격려, 이계우 팀장의 인내, 박두나 PD를 비롯한 후배 PD들의 노고에 감사할 뿐이다.

1,000만 동학개미는 지수가 떨어지면 과감히 주식 매수에 나서는 패턴을 반복하고 있다. 1차전 판정승 선언에도 불구하고 누가 승자일지는 아직 모른다. 하지만 개미들은 분명 진화하고 있다. 스마트하게.

한국경제TV 방송제작총괄국장 한순상

일러두기

1. 이 책에 실린 데이터들은 신뢰할 수 있을 만한 공신력 있는 출처를 바탕으로 작성되었으나 독자들이 책을 읽는 시점과의 차이로 인해 차이가 생길 수 있으므로 투자 시점에서 주요 내용에 대한 점검이 필요하다.
2. 이 책에 실린 데이터는 작성된 시점을 기준으로 가장 최근의 자료로 작성되었으며, 기준일자를 표기하였다.
3. 해외 기업의 이름과 종목 코드(Ticker)는 블룸버그(Bloomberg.com)를 기준으로 하였다.
4. 달러화를 원화로 표기할 때는 작성된 시점의 환율을 기준으로 작성하였다. 책을 읽는 시점에서 정확한 금액을 비교하려면 달러 표기를 참고하는 것이 좋다.
5. 잔존가치 모델(RIM:Residual Income Model)이란 앞으로 장기간 각국의 지수 또는 기업이 일정한 ROE를 창출한다는 가정하에 미래 가치를 지금의 가치에 더해서 상승 여력을 판단하는 모델이다.
   이 책에서 활용한 잔존가치 모델은 집필진인 유안타증권 Global Investment 유동원 본부장이 현업에서 얻은 데이터를 통해 약 20년간 업그레이드해온 모델이다.

이 책에 실린 투자의견은 필자들의 의견이며 독자의 투자 판단을 돕기 위한 참고자료로서, 투자 판단의 최종 책임은 투자자에게 있다. 주식투자는 원금 손실이 가능하므로 투자에 유의하길 바란다.

Contents

PART 3. ETF 투자의 모든 것

CHAPTER 1. ETF 투자, 기본부터 알자!

CHAPTER 2. ETF 어떻게 투자할 것인가?

PART 4. 코로나19 그리고 글로벌 경제

CHAPTER 1. 경기 침체 vs 부양 정책

CHAPTER 2. 글로벌 투자 전략

PART 1.

코로나19 그리고 대한민국 주식시장

유안타증권 지점장 **박세진**
에이원리서치 대표 **조일교**

1 CHAPTER
동학개미운동

누구인가?

미증유未曾有

: 처음 벌어진 일이라 유례를 찾을 수 없는 놀라운 사건이나 일

최근 코로나19 바이러스로 인한 금융 충격을 설명하는 데 있어서 각종 언론의 헤드라인에 가장 많이 언급됐던 단어 중 하나로 '미증유未曾有'를 꼽을 수 있다. 전례가 없는 전 세계적 팬데믹과 함께 역사상 가장 큰 수준의 단기 시장 하락 변동성이 촉발됐다. 그리고 이를 상쇄하기 위해 미 연준을 중심으로 전 세계가 거대한 규모의 경기 부양책을 내놓았다.

'사상 최대', '역사상 최초'라는 타이틀이 가득했던 이번 코로나19 팬데믹 장세에서 우리 시장의 최대 미증유는 바로 어느 때보다 강력한 정보접근성과 자금력으로 무장한 개인투자자들의 행보가 아닐까 한다. 이 미증유의 개인투자자 봉기를 언론과 개인투자자 스스로가 '동학개미운동'이라고 칭하고 있다.

'제로섬Zero-Sum'이 아닌 주식시장에서는 '적'을 아는 것보다 더 중요한 승리 요소가 있다. 바로 더 큰 물결을 만드는 '아군'을 이해하고, 그 코드에 동행하는 것이라 할 수 있다. 큰 관점에서 현 시장의 주류로 등극한 개인투자자의 코드와 방향을 이해하는 것이 이 어려운 시장을 슬기롭게 헤쳐나가는 중요한 열쇠가 될 것이다.

역사적으로 '동학농민운동'은 실패한 운동으로 회자한다. 옛 질서를 부정했지만, 새 질서를 제시하지 못했고, 반외세 운동이었지만 힘이 부족했던 탓에 오히려 청 · 일 전쟁의 시발점이 되었다. 전례가 없는 전염병으로 모두가 극단의 공포에 빠져있는 시점 한가운데서 구국적 주식매수 행보, 그것도 사상 최대규모로 이어나가는 개인투자자들의 용감한 행보에 왜 역사적으로 성공하지 못한 운동을 연결하냐며 동학개미운동이라 부르는 것에 불만을 가진 투자자도 많을 것이다. 그러나 동학농민운동은 훗날 갑오개혁, 의병운동을 통한 구국 무장 투쟁 활성화, 3 · 1운동 등에 영향을 미치는 계기로써 그 가치를 찾을 수 있다.

훗날 2020년 증시를 회상하며 결과로 확인할 수 있겠지만, 현시점에서 마르크스가 프랑스 혁명 이후 벌어진 역사의 코미디 같은 반복 현상을 두고 일갈했던 문구를 한번 되새겨보자.

"역사는 반복된다. 한번은 비극으로, 또 한번은 희극으로."

동학개미, 과거의 개미가 아니다

개미라는 비유가 여전히 적합할까? 전통적으로 개인투자자들은 기관투자자들과 비교해 자금 동원력, 투자 지식, 매매의 응집성과 일관성 등에서 열세를 보여왔기 때문에 증시 영향력이 적다고 평가되어왔다. 개인투자자를 두고 투자 금액은 적고, 숫자는 많다는 의미를 담아 개미에 비유하곤 했지만, 최근 동학개미로 명명되는 개인투자자에 대한 표현으로는 적합하지 않다. 그만큼 그 기세 역시 미증유라고 할 수 있다.

"주식시장의 거래 생태계에서 누군가 팔면 누군가는 사야 한다."

외국인의 공격적인 순매도는 반대 포지션에 있는 국내 투자자의 순매수를 비추는 거울과 같다. 요즘은 국내 개인투자자의 순매수가 외국인의 매도에 대응하는 주된 카운터 파트너라고 할 수 있는데, 범상치 않은 것은 개인투자자들의 자금 유입 규모다. 2020년 4월까지 코로나19 팬데믹이 시장을 강타하는 동안 19조 원에 달하는 외국인의 누적 순매도 규모에 국내 개인투자자는 25조 원의 순매수로 대응하며 명실상부한 큰 축의 수급 주체 역할을 자처하고 있다.

최근 개인투자자들의 투자 자금이 증시로 유입되는 속도는 실로 경이롭다. 지속적인 저금리 환경 및 그간 축적된 '급락 뒤에는 늘 기회가 온다'라는 직간접적인 학습효과가 개인투자자의 시장 진입 의사결정에 큰 역할을 했으리라 추정한다.

Smart Money의 출현

2000년도 이후 거래소 시장에서 개인투자자의 포지션은 줄곧 누적 순매도를 유지했으며, 잠시나마 방향성에 변화가 발생한 경우는 단 두 차례다. 바로, 2008년 금융위기 이후와 지금의 코로나19 상황이다.

코로나19 팬데믹 국면에서의 자금 유입 강도는 다른 국면과 비교가 불가하다. 과거에는 기껏해야 5~6조 원의 자금이 유입됐다면, 지난 3월에만 27조 2,000억 원이 유입됐다. 과거 '스마트 머니Smart Money'는 공포가 팽배한 시장에서 소수의 투자자가 역발상으로 주식을 사는 형태였다. 반면에 최근 유입되고 있는 스마트 머니는 그야말로 대중의 집단적 의사결정의 산물로 보는 것이 옳다.

개인의 직접투자뿐만 아니라 주식형 펀드로 범위를 넓혀봐도 마찬가지다. IMF 외환위기 직후의 '바이코리아 펀드Buy Korea Fund' 열풍, 2006~2007년 주식형 펀드 열풍이 일어났을 때도 작금과 같은 강도의 자금 유입은 나타나지 않았다. 직간접투자를 막론하고 한국 증시 월간 자금 유입 상위 10개 사례 중 세 번이 최근에 기록될 정도로 그 규모와 기동성은 이례적이다.

한국 증시 월간 자금 유입 규모 상위 10개 사례

순위	시기	자금의 성격	월간 유입 금액	장세의 성격	KOSPI의 위치
1	2020년 03월	직접 투자 자금	27.2조 원	코로나19 발병 직후 조정 국면	단기 급락 국면
2	1999년 07월	주식형 펀드	11.4조 원	IMF외환위기 직후 바이코리아 펀드 열풍	장기 강세장의 9부 능선
3	1999년 10월	주식형 펀드	11.0조 원	IMF외환위기 직후 바이코리아 펀드 열풍	장기 강세장의 9부 능선
4	2020년 02월	직접 투자 자금	8.5조 원	코로나19 발병 직후 조정 국면	단기 급락 국면
5	2011년 08월	직접 투자 자금	6.5조 원	미국 국가신용등급 강등 직후 조정 국면	중기 저점
6	2007년 11월	주식형 펀드	6.0조 원	중국 고성장과 주식형 펀드 붐	장기 강세장의 최정점
7	2007년 07월	주식형 펀드	5.6조 원	중국 고성장과 주식형 펀드 붐	장기 강세장의 9부 능선
8	2008년 10월	직접 투자 자금	5.0조 원	리먼브라더스 파산 직후 조정 국면	중장기 저점
9	2020년 01월	직접 투자 자금	4.7조 원	코로나19 발병 직후 조정 국면	단기 급락 초기 국면
10	2007년 08월	주식형 펀드	4.7조 원	중국 고성장과 주식형 펀드 붐	장기 강세장의 9부 능선

자료 출처: 투자신탁협회, 자산운용협회, 한국거래소

왜 지금인가?

과거에도 증시가 하락할 때, 개인투자자가 순매수를 주도했던 국면이 있긴 했다. 증시 바닥 국면에서 저렴하게 매수하자는 전략이 바탕이었다. 그러나 대부분의 급락 국면에서 증시 바닥에 대한 판단이 적절하지 못한 탓에 이른 진입이 빈번했고, 자금력의 한계로 반등 국면까지 버티지 못하면서 실패로 끝나는 경우가 많았다. 오히려 개인이 순매도로 돌아서면서 증시가 비로소 완전히 반등 국면에 접어드는 케이스가 상당수였다.

시장의 변곡점을 판단하는 데에 있어서 개인 수급의 매수와 매도 피크 국면을 '불명예스러운' 지표로써 역으로 활용하기도 했다. 이처럼 개인투자자의 집단적 의사결정은 폄하되기 일쑤였다.

2008년 금융위기 전후 개인 누적 순매수

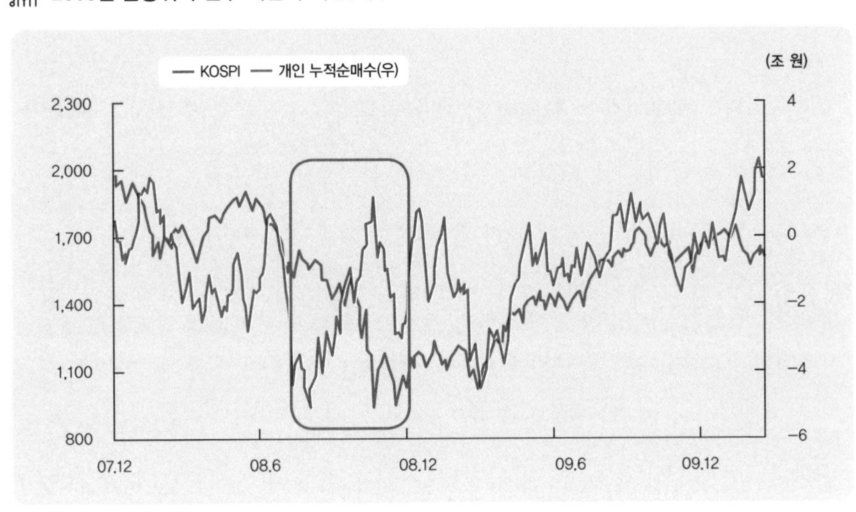

2015년 미 연준의 양적긴축 전후 개인 누적 순매수

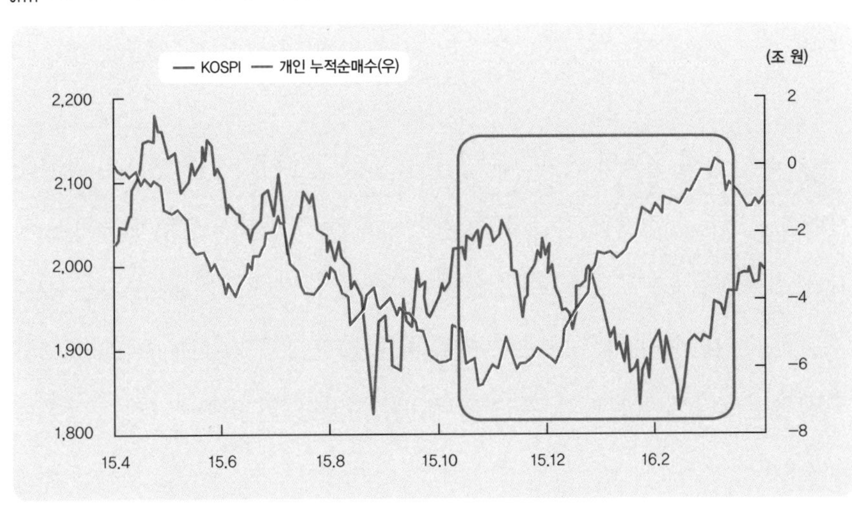

위기와 변화를 감지하다

코로나19 팬데믹으로 글로벌 증시가 크게 흔들렸고, 국내 증시 또한 연초 대비 33.7% 하락하면서, KOSPI 지수는 지난 글로벌 금융위기 이후 최저점인 1,457.64를 기록했다. 앞서 언급한 유례없는 대규모의 개인 매수행렬이 시장에 유입된 가장 큰 배경에는 그간의 하락 국면과 마찬가지로 '싸게 살 수 있는 시기'라는 판단이 크게 작용한 것으로 보인다.

하지만 '많이 빠졌기 때문에'만으로 이 거대한 '머니무브Money Move'를 설명하기는 역부족이다. 50조 원에 달하는 유례없는 예탁금 규모와 더불어 그간 시장에 참여하지 않았던 초보 투자자의 첫 투자가 왜 지금 전개되고 있는 것일까? 바로, 위기에 따른 변화를 감지하는 DNA가 집단으로 작용하고 있기 때문이다.

위기는 사회 구조의 변화를 수면 위로 드러내기 마련이다. 현재의 환경을 지배하고 있는 근간으로 저금리, 저성장, 저출산, 고령화 등으로 대표되는 사회 구조를 꼽을 수 있다. 글로벌 증시는 그동안 다양한 위기를 겪었다. 1997년 아시아 외환위기, 2000년대 초 닷컴 버블 붕괴, 2007년 서브프라임으로부터 시작된 글로벌 금융위기, 2011년 남유럽 재정위기, 2015년 그리스 디폴트 등이 있다.

정부와 중앙은행은 금융위기를 진화하기 위해 양적완화QE:Quantitative Easing로 대변되는 적극적인 재정 및 통화 정책을 시행했다. 그 결과, 글로벌 경제와 증시는 다시 안정을 찾았으나, 사회 구조로 인한 문제가 발생했다. 우선 가계 소득이 직접적으로 타격을 입었다. 위기 때마다 관련 기업들이 파산하면서 실업자가 증가했고, 당장 가계 수입이 끊기는 상황이 발생했다. 막막한 미래로 인해 자살률이 증가하는 문제가 생기기도 했다. 둘째, 금융위기를 극복하고 경기를 살리기 위해 실시했던 통화 정책으로 인해 과거에는 경험하지 못했던 저금리 시대가 도래했다. 여러 위기를 극복했지만, 경제성장률을 회복하지 못하고 저성장 시대에 진입하고 만 것이다.

경제적인 변화 외에도 인구 구조의 변화 또한 눈에 띈다. 출산율이 꾸준히 하락했음에도 최소생활비와 자녀 교육비는 매년 증가했다. 엎친 데 덮친 격으로 평균 수명이 증가함에 따라 고령 인구 비율도 꾸준히 증가하면서, 2017년 들어 고령사회Aged Society, 총인구 중 65세 이상 인구가 차지하는 비율이 14% 이상인 사회에 진입했다.

위기는 또 다른 변화를 이끌었다. 직장인들의 가장 큰 고민은 경제적 겨울이 다가와도 견딜 수 있는 안정적인 수입 확보와 은퇴 후 노후 생활을 위한 자금 확보가 되었다. 그러나 저금리, 저성장, 저출산, 고령화 등의 이슈와 맞물리면서 과거의 재테크 방식으로 자산을 늘리는 것이 어려워졌다.

이는 부동산 투자 열풍이 사그라지지 않는 까닭이기도 하다. 장기간 저금리에 놓이다 보니 예금, 적금 금리가 2% 이하로 내려가는 등 저축을 통한 자산축적이 무색해졌다. 여기에 앞선 세대를 통해 부동산이 안전자산이라는 학습효과 또한 크게 작용했다. 오죽하면 조물주 위에 건물주가 있다는 농담이 식상하리만큼 통용되며, 아직 경제력이 없는 학생들마저 쉬는 시간에 잡담으로 부동산 가격을 주고받는다고 할 정도였으니 말이다.

문제는 부동산 가격이 천정부지로 치솟으면서 투자는커녕 내 집을 마련하기조차 어려운 시대라는 점이다. 한국감정원에 따르면 2020년 3월 기준, 서울 부동산 매매 가격의 중위수는 6억 4,000만 원에 달한다. 일반적인 직장에서 월급을 받으며 꼬박꼬박 저축해서 집을 마련하는 것이 사실상 불가능해졌다. 결국, 대출은 필수 요건이 되어버렸고, 2009년 말 734조 3,000억 원 수준이었던 가계 대출은 현재 1,504조 4,000억 원으로 2배 이상 증가했다.

한국은행 기준금리 추이

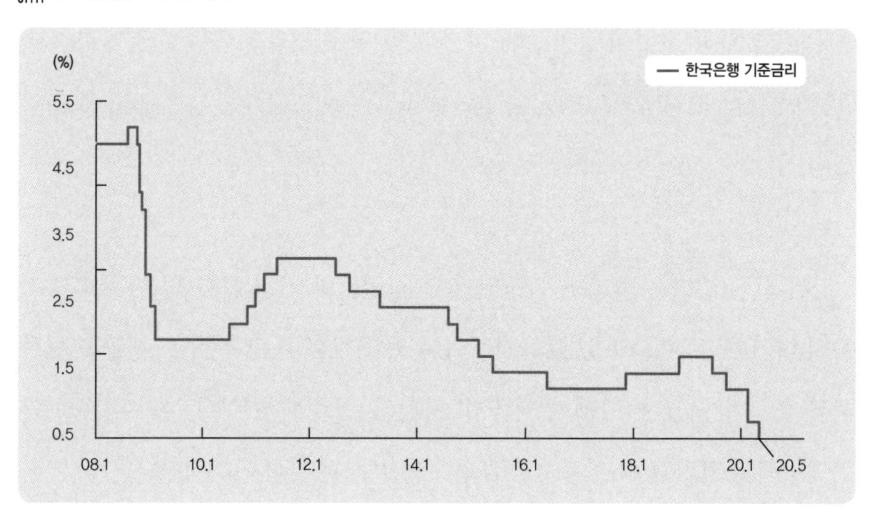

주택 매매 가격 중위수 및 소득대비 주택가격 비율 추이

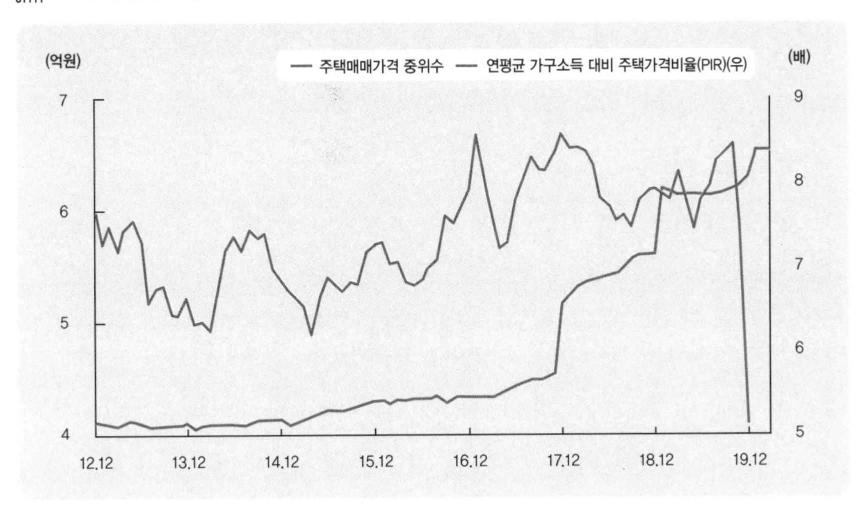

주식투자, 마침내 불가침 영역을 벗어나다

한 사람이 인생을 살아가면서 크게 필요한 자금은 결혼 자금, 주택 자금, 자녀 교육비, 노후자금으로 나뉘며 통상적으로 이를 '4대 목적 자금'이라고 부른다. 앞에서 언급한 몇 차례의 금융위기를 겪으면서 우리나라 또한 저금리, 저성장, 저출산, 고령사회로 진입했다. 언제 발생할지 모르는 경제적 겨울에 대비하기 위해 안정적인 가계 소득 확보는 더욱 중요해졌고, 개인의 투자 방향을 안전자산 투자로 변화시키는 계기가 되었다.

결혼 자금과 주택 자금을 모아야 하는데 저금리 국면의 장기화로 예금, 적금 같은 저축을 통한 이자 수익을 기대하기 힘들어졌다. 대신 낮아진 대출 금리를 활용해서 레버리지를 일으킨 다음 부동산에 주로 투자했다. 부동산 투자 열풍은 집값 상승으로 이어졌고, 추가적인 차입은 불가피했다. 또한, 주

택가격 안정화를 목적으로 진행된 대출 규제 환경 아래에서는 주거 및 투자 목적의 부동산을 구매할 만큼 대출을 받는 것이 어려워졌다. 결국, 이를 구매할 수 있는 소득분위 역시 제한될 수밖에 없었다.

저금리로 인해 결혼 자금, 주택 자금을 모으기 어려워진 상황에서 최소생활비와 자녀 교육비가 매년 증가했기 때문에, 노후 자금 확보가 이전보다 어려워지는 악순환이 발생했다. 은퇴 후 국민연금을 수령한다지만, 문제는 기대할 수 있는 월 수령액이 최소생활비의 절반 수준에 지나지 않는다는 점이다. 실제로 국민연금공단에서 발표한 자료에 따르면 현재 국민연금 수급자 90%의 월 수령액이 100만 원에 미치지 못하는 실정이다.

은퇴 후 안정적인 가계 소득을 위해 국민연금 외에도 다양한 포트폴리오가 필요해졌고, 연금저축, 퇴직연금, 기타 투자자산 등으로 배분하는 자산관리Wealth Management가 중요해졌다. 이런 흐름 속에서 코로나19 팬데믹이 새로운 변수로 등장했고, 공포심리가 극대화된 증시가 오히려 개인투자자에게 새로운 기회로 다가왔다. 그렇게 동학개미들은 위기와 함께 구조적 악순환을 끊어내고자 봉기했다.

Money Move의 시작

2000년대 대한민국 증시 및 금융시장

동학개미운동을 국내 증시의 흐름과 같이 살펴보면서 왜 지금인지 더 깊게 생각해보자. 필자가 국내 경제 방송국 중 독보적 1위인 한국경제TV에 처음으로 출연했던 것은 개국開局한 지 얼마 지나지 않은 2000년 9월로 기억한다.

당시 국내 증시 및 금융시장은 참 후진적이고 척박한 분위기였다. 그로부터 20년 동안 한국 증시는 그야말로 질풍노도의 시기를 겪으며 수많은 크고 작은 사건들을 경험했다. 그 결과, 국민 대부분이 주식은 절대 개인이 투자하면 안 되는 대상으로 인식하기 시작했고, 심지어 외국인과 기관을 두고 '물주', '봉'이라고 비아냥거리는 상황이 매번 연출되었다. 그런데 2020년 한국 증시에 '블랙 스완Black Swan'과 같은 금융 상황이 연출되고 있다. 블랙 스완이란, 절대 일어나지 않을 것 같은 일들이 일어나는 현상을 말한다. 경제 분야에서 전혀 예측하지 못한 사건으로 위기를 맞을 수 있다는 의미로 사용된다.

이번 코로나19 팬데믹 이후 한국 주식시장에 퍼지고 있는 개인투자자의 주식매수 현상, 즉 동학개미운동도 블랙 스완의 일환이라고 볼 수 있다.

지금의 동학개미운동은 과거와 다른 독특한 차이점이 몇 가지 나타나고 있다. 그 부분을 살펴보기 위해 아래 차트를 먼저 보자.

종합주가지수 및 주식형 수익증권 추이 (2002년 1월 ~ 2020년 4월)

2002년부터 2020년 5월까지 주식형 수익증권Fund의 자금 동향을 보여주는 차트다. 2002년부터 미국의 '서브프라임 모기지Subprime Mortgage' 사태로 인한 2008년 금융위기 전까지 펀드 열풍이 불었다. 지금의 동학개미운동이 펀드의 형태로 나타난 것이다. 하지만 2008년 미국발 금융위기를 거치면서 위의 차트에서 보이는 주식형 수익증권과 종합주가지수의 괴리율이 높아지면서 펀드 가입자들이 엄청난 손해를 입게 된다. 결국, 미 연준의 공격적인 양적완화 정책으로 인해 코스피 지수는 회복했지만, 상당히 오랜 기간 박스권 장세에 갇히면서 펀드의 시대는 점차 저물었다.

그리고 2009년 말부터 새로운 형태의 투자 열풍이 한국 주식시장을 강타한다. 그것이 바로 우리가 잘 알고 있는 소위 '차 · 화 · 정(자동차, 화학, 정유)'이라고 부르는 새로운 주도업종을 시장에 등장시킨 '자문사 열풍'이다. 이로 인해 기관투자자의 펀드에서 투자 자문사의 계정으로 급격하게 자금이 몰리기 시작한다.

이런 이유를 쉽게 설명하자면, 펀드는 기본적으로 100% 편입이 없다. 그리고 몇몇 종목에 집중해서 투자하지도 않는다. 펀드는 종합지수라는 인덱스 투자를 포함해야 하고 종목들도 다양하게 편입하는 것이 원칙이다. 따라서 지수가 급락하더라도 시장의 충격을 방지하기 위해서 비중을 대폭 줄이는 것도 불가능하다는 말이다. 지금은 대부분의 증권사가 기계적인 매매(알고리즘)를 사용하기 때문에 이전과는 상황이 많이 달라졌지만, 당시에는 이런 시스템적인 특징이 있었다.

결국, 투자자들은 이런 제한적인 펀드 시스템의 한계가 2008년 미국발 금융위기를 적극적으로 대처하지 못했다고 인식하기 시작했다. 종목 투자에 더 공격적이고, 위급한 상황이 오면 빠르게 비중을 대폭 줄이며, 재빨리 손절損切할 수 있는 자문사를 선택하기에 이르렀다. 이런 투자자들의 성향이 주식시장에서 특정 섹터인 '차 · 화 · 정'이라는 새로운 주도업종을 만들어냈고, 새로운 시장의 트렌드로 자리 잡았다.

그런데 금융시장에서는 새로운 트렌드가 생기면 매번 문제가 발생한다. 펀드와는 달리 투자 자문사는 고객들의 자금을 어떻게 운용하는지 실시간으로 매매 내역을 보여준다. 내가 자문사에 맡긴 돈으로 자문사가 지금 어떤 종목을 매매하는지 펀드보다 더 빠르게 볼 수 있다면 어떤 생각이 들겠는가? 당연히 수수료를 아끼기 위해서 내 돈은 5,000만 원만 자문사에 넣고 나머지 2억 원은 개인 계좌에 넣고 자문사가 매수하는 종목을 보면서 HTS 상에서 직접 매매하고 싶어진다.

그 결과, '추종 매매'라는 새로운 투자 패턴이 생겨났다. 거대한 단기 자금의 추종 매매와 자문사의 독특한 매매 스타일은 시장에서 몇몇 특정 섹터인 '차 · 화 · 정'이라는 새로운 주도업종을 만들면서 이슈가 되기 시작한다.

시스템적으로 대부분의 추종 매매는 개인 매수로 잡히기 때문에 시장 수급에 큰 변화가 일어났다. 지수는 박스권에 갇혀 있는데 특정 섹터만 상승하는, 소위 종목 장세로 시장 트렌드가 변화했다. 미국 증시가 계속 상승한 데 반해서 한국 증시는 오랜 기간 박스권에 묶여 있었는데, 이는 미국과 한국의 수급 메커니즘 변화로 초래된 결과다. 이후, 그리스 위기 및 유럽 재정위기 PIGS를 거치면서 이런 자문사 열풍도 실패로 끝나고, 투자자에게 개인은 어떤 방식으로든 워런 버핏처럼 장기투자하지 않으면 주식시장에서 이익을 거두지 못할 것이라는 인식이 퍼지기 시작했다.

하지만 한국이 저성장 국면으로 진입하고 4차 산업이라는 새로운 산업의 변화로 인해 이런 가치투자와 장기투자도 저조한 결과를 낳게 되었다. 금리는 계속 하락하고, 모든 자금은 부동산으로 몰리고, 자산 가격만 상승하고,

실물경제로는 돈이 몰리지 않는 특이한 경제 구조가 나타나면서 많은 사람이 문제점을 깨닫기 시작했다. 결국, 주식은 대형 악재가 나와서 주가가 폭락할 때, 우량주를 싸게 매수해서 묻어두는 방법 말고는 개인투자자들에게는 답이 없다고 투자자들이 인식하기 시작했다. 이런 인식 아래, 코로나19 팬데믹이라는 지금껏 경험해 보지 못한 블랙 스완이 벌어지면서 코스피 지수는 1,500이 무너지고 많은 부동 자금이 증시로 몰리는 상황이 벌어졌다.

이것을 우리가 '동학개미운동'이라고 부르는 것이다. 이른바 '머니 무브Money Move'가 일어나고 있다. 하지만 이번 동학개미운동은 이전의 펀드 열풍이나 자문사 이슈와는 많은 차이가 있다. 아래 차트를 살펴보면 명확하게 차이점을 알 수 있다.

종합주가지수, 고객예탁금 추이, 주식형 수익증권 추이 (2019년 11월 ~ 2020년 4월)

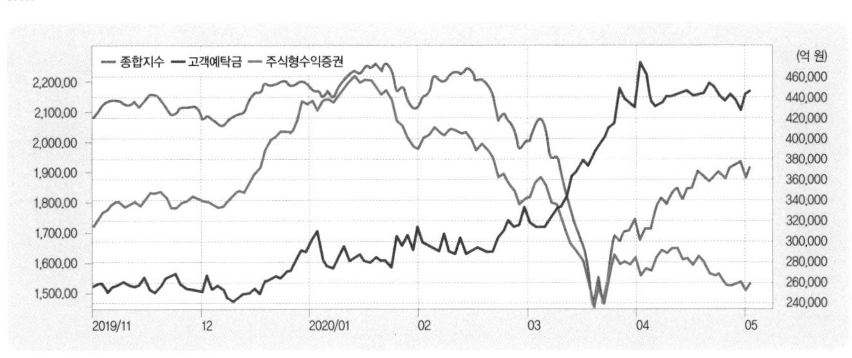

종합주가지수가 1,500이 무너지는 우리 인생에서 다시는 경험하지 못할 최고의 기회가 찾아왔음에도, 주식형 수익증권Fund으로는 자금이 거의 유입되지 않는 반면, 고객예탁금은 46조 원이라는 경이로운 증가세를 보여준다.

이런 현상은 크게 2가지로 해석할 수 있다.

첫 번째, 금융기관의 매매 행태 문제다. 최근의 '라임 사태'를 포함해서 그동안 한국의 금융기관들이 개인투자자들에게 큰 신뢰를 주지 못했다는 부분이 현실에 반영된 결과다.

두 번째, 한국의 금융기관에 대한 부정적 인식이 굳어지면서, 개인투자자들이 이런 생각을 하기 시작했다. 내가 왜 수수료를 내면서 돈을 맡기고 주식을 매수하지? 내가 직접 매매하면 되지. 그만큼 최근에 시장에 진입하는 투자자들은 합리적이고 똑똑해졌다.

분명한 것은 이번 머니 무브, 이른바 동학개미운동은 여러 가지 측면에서 과거와는 상당히 다른 의미와 내용을 포함한다는 사실이다.

무엇을, 어떻게 투자하고 있을까?

삼성은 망하지 않으니까 vs 3.2%의 배당수익률

동학개미운동을 설명하는 데에 빠질 수 없는 종목이 바로 삼성전자다. 가장 두려운 시기에 가장 큰 용기는 삼성전자 매수를 시작으로 확산했다. 삼성전자를 매수하는 대중들에게는 '강남 아파트 불패'와 비슷한 멘탈리티Mentality를 읽을 수 있다. 복잡한 분석에 앞서 위기는 늘 기회였다는 학습효과가 먼저 작용했고, 구애의 대상은 오랫동안 검증된 한국의 1등 대표주 삼성전자였다.

다만, 이러한 경험적 선택 요소 외에 3월에 있었던 집중적인 개인의 삼성전자 매수에는 '배당수익률'이라는 측면도 강하게 작용했다. 이 부분을 집중해서 볼 필요가 있다. 현재의 저금리 상황에서 배당수익률이라는 요소를 주목했고, 대안 투자로서 삼성전자 매수라는 논리가 강하게 작용했다는 점은 분명 이전과는 다른 스마트한 투자자의 성격을 확인할 수 있는 대목이다.

시장공포가 극에 달했던 3월, 그 패닉 장세에서의 개인 순매수 상위 종목들은 몇 가지 공통점이 있다.

첫 번째, 코로나19 사태로 주가가 크게 하락한 삼성전자, SK하이닉스, 현대자동차, 신한지주 등 주요 대형주를 중심으로 순매수했다.

두 번째, 최근 3년간 꾸준히 배당했던 배당주를 중심으로 순매수했다.

세 번째, 현재까지 이익 성장성이 양호한 편에 속하는 종목을 대상으로 했다.

이번 사태 직전까지 개인투자자를 대변하는 수식어였던 '묻지마 테마', '하이퍼 밸류 바이오', '주도주 집중 매매', '신용 매매 등을 활용한 레버리지 투자'에서 엿볼 수 있었던 한탕주의와 변동성 매매 성격 역시 이번에도 일부 발현되고 있다. 하지만, 기대수익률 개념과 이익 성장성의 고려는 그간 유례없는 유입 규모를 기록 중인 개인투자자의 새로운 투자 코드라고 말할 수 있다.

급등하는 해외주식 투자

해외주식 직구족의 급증 역시 전통적인 개인 투자방법론에서 벗어난 새로운 트렌드의 일환으로 볼 수 있다. 올해 4월까지 국내 투자자의 해외주식 결제 금액은 388억 6,419만 달러(약 47조 원)로 집계됐다. 작년 동기 119억 4,424만 달러보다 3배 이상 늘어난 규모로, 이미 2019년 전체 결제금액(409억 8,539만 달러)에 육박하고 있다. 이른바 '주린이(주식+어린이)'라는 신조어를 탄생시키며, 주식투자 경험이 전무하고 증권사 거래 자체가 생소한 초보 투자자가 대거 유입되고 있는 상황이다. 그리고 그 한 편에는 해외투자를 통해 기회를 만들려는 해외주식 직구족의 확대가 함께 진개되고 있다.

국내 투자자의 해외주식 결제 금액(2020년은 1월 ~ 4월 합계)

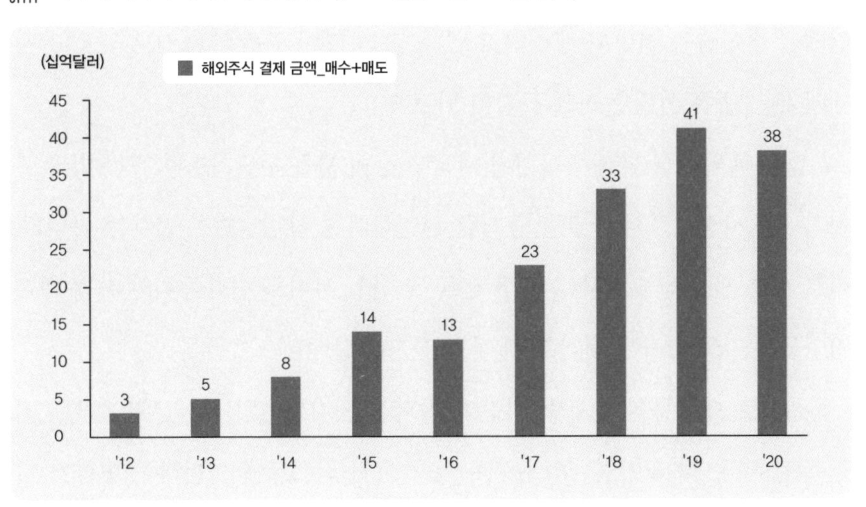

재미있는 점은 4월 들어 과거 국내 투자자들의 주요 해외주식 매수 순위권에 없었던 종목이 깜짝 등장했다는 사실이다. 지난달 국내 투자자들은 미국의 완구업체인 '헤즈브로Hasbro'를 가장 많이 사들였다. 대부분의 개인투자자에게 이름조차 생소할 이 장난감 제조기업의 4월 주식 순매수 규모는 2억 5,000만 달러에 이른다. 코로나19 영향으로 집에 머무르는 시간이 많아지면서 자녀를 위한 장난감 소비 수요가 급증할 것이라는 기대가 반영된 결과다.

코로나 뉴노멀New Normal

익숙했던 것에서 벗어나 현재의 환경에서 가장 큰 수혜를 볼 기업을 예측하고, 투자 논리로 연결하려는 시도는 매우 중요하다. 코로나19 팬데믹이 모든 생태계의 변화를 초래함에 따라 새로운 국면인 '코로나 뉴노멀New Normal'이 전개될 것이라는 전망이 팽배하고 있다. 그리고 이 전망은 포스트 코로나 시대의 투자 종목 선별 논리의 근간이 되고 있다.

많은 해외주식 직접 투자자가 미국 시장의 문을 두드리는 이유는 미국 증시가 1등 시장으로서 글로벌 증시를 견인한다는 상징성만이 전부는 아니다. 바로 향후 전개될 코로나19 이후 생활 및 산업 사이클 변화를 대변하는 대표 기업들이 미국 시장에 대거 자리 잡고 있기 때문이다.

실제로 대부분의 글로벌 시장이 최저점을 기록했던 지난 3월 19일부터 한 달간 미국 대표 기업들의 주가수익률 상위 리스트에는 이러한 변화가 가져올 기회에 대한 기대감이 고스란히 반영되어 있다.

2020년 3월 19일 이후 한 달간 미국 주요 기업 주가수익률

종목	업종	수익률	비고
Amazon.com	클라우드 컴퓨팅, 이커머스, AI, 유통 등	26.0%	홀푸드 식료품 주문 배달 서비스 등의 수요 증가분 반영
JD.com	온라인 유통	24.8%	즉석식품 등의 온라인 판매 증가분 반영
Walmart	유통	10.4%	생필품 등의 대량구매 수요 증가분 반영
General Mills	식품 가공	13.0%	외식 수요 감소 및 '봉쇄 요리(Lockdown Cooking)'수요 증가분 반영
Netflix	영상 대여 및 판매, 온라인 스트리밍	27.4%	신규 구독자 수 증가분 기대감 반영
Netease	인터넷, 게임, 미디어 등	20.9%	대표 게임인 'Peacekeeper Elite'등의 3월 매출 증가 기대감 반영
Activision Blizzard	게임소프트웨어 개발 및 공급	23.6%	대표 게임인 '오버워치'등의 매출 증가 기대감 반영
Equinix	클라우드 컴퓨팅 및 데이터 센터 등	26.0%	페이스북 등의 인터넷 기업에 대한 소비 수요 증가와 이에 따른 서버임대매출 증가 기대감 반영
Teledoc Health	메디컬 케어	26.4%	원격의료 서비스 이용 고객 증가분 반영
Zoom Video Communications	화상회의 서비스	22.0%	화상회의 서비스 이용 고객 증가분 반영
Citrix Systems	클라우드 컴퓨팅 및 소프트웨어 등	21.1%	'WFH(Work-From-Home)'에 대한 기업들의 긍정적인 반응 및 이에 따른 매출 증가 기대감 반영
Eli Lilly and Company	제약	18.3%	당뇨병 환자가 코로나19에 노출되는 위험도 증가에 따른 당뇨약 매출 증가분 반영
Tesla	전기자동차 및 2차전지	76.3%	코로나19에도 불구, 중국의 전기차 보조금 및 구매세 면제 정책이 2022년까지 연장되며 중국 판매 기대감 반영
Nvidia	그래픽 칩셋 및 자율주행 차량	37.4%	데이터 센터의 GPU 수요 증가 기대감 반영

코로나 뉴노멀에서는 개인주의 성향과 디지털 기술을 통한 '언택트Untact' 라이프 스타일이 가속화될 전망이며, 건강과 안전에 대한 인식의 전환이 일어날 가능성이 높다. 이에 따라 비즈니스의 무게 중심이 온라인으로 옮겨가고, 언택트 서비스에 대한 선호가 두드러질 것이다.

유통 업계에서 시작한 언택트는 현재 업무, 취미, 교육 등 전방위적으로

우리의 일상생활 속에 적용되고 있다. 즉, 생필품 등의 전자상거래, 운송, 재택근무, 원격의료, 게임 및 미디어 등 새로운 소비 트렌드가 형성되고 있다.

또한, 5G가 인프라 기술로 확장하면서 AR/VR, 동영상 등이 여러 비즈니스에서 활용되고 있으며, 기존의 다양한 콘텐트 서비스는 초개인화 기술이 적용되어 개인화된 플랫폼으로 진화하고 있다.

최근 수년간 4차 산업 혁명으로 인해 '디지털 트랜스포메이션Digital Transformation, 정보의 디지털화'의 흐름이 본격화되면서 비즈니스 모델의 혁신이 일어나고 있다. 언택트 라이프 스타일의 확산을 가능케 하는 기저에는 디지털 트랜스포메이션이 있다. 코로나19 이후에는 그동안 디지털 시대가 요구하는 시대적 변화의 흐름에 소극적, 보수적으로 대응해 온 기업들이 디지털 트랜스포메이션을 활발하게 적용할 것으로 예상한다. 예를 들면, 기존 시스템을 클라우드 서비스에 연계시키는 수요가 폭발적으로 증가할 것으로 기대된다. 다른 한편으로는 면역력 증진에 도움을 주는 건강기능식품에 대한 관심과 더불어, 바이오 테크놀로지가 전면으로 부상하며 빅데이터와 인공지능 기술의 접목을 가속하고 있다.

이러한 변화의 물결은 향후 수년간 시장 사이클에서 가장 주요한 투자 논리가 될 것이며, 단순한 가격 논리와 한탕주의에서 한참 진화한 개인투자자의 새로운 투자 방향이 될 것이다. 현재의 저금리, 저성장 환경에서의 확실한 투자처를 모색하려는 노력과 동시에, 위기가 야기하는 변화의 물결을 예측하고 성장 동력을 찾아 투자하는 모험 자본적 성격의 공존이 동학개미운동을 대변하는 가장 큰 색깔이 아닐까 싶다.

동학개미운동,
그 이후 시나리오

시작은 창대하지만, 끝은 허무?

세상의 모든 이치가 그렇듯 역사가 주는 교훈을 통해서 새로운 변화를 분석하고 대처해야 한다. 그래서 역사가 중요한 것이다. 과거의 실패를 반복하지 않기 위해서.

앞서 설명한 것과 같이 최근의 동학개미운동은 과거와는 다른 여러 가지 특징들이 있다. 필자 역시 시장에 참여하고 있는 한 사람으로서 가슴이 설렌다. 그런데 석 달이 지난 지금 시점에서 시작은 창대하지만, 끝은 또다시 허무한 실패로 끝날까 심히 걱정스럽다.

특히, 최근 유가 ETF, ETN 등과 관련한 개인투자자들의 큰 손실을 보면 가슴이 아프다. 어쩌면 이번 사태와 관련한 주제를 책으로 출판한다는 이야기와 함께 원고 집필을 부탁받았을 때 제일 먼저 참여하겠다고 이야기를 했을 만큼 꼭 동학개미 투자자들에게 하고 싶은 이야기가 있었다.

이야기에 앞서 금융시장의 트렌드 변화를 먼저 살펴보자. 세상 모든 분야에서 역사가 있는 것처럼 금융시장에도 되풀이되는 역사가 있다. 그것은 경기가 급격하게 악화하거나 주가가 대폭락하면, 각국의 중앙은행들이 경기 부양에 적극적으로 개입한다는 점이다. 기준금리를 인하하거나, 양적완화를 하는 방식으로 말이다.

그래서 금융시장의 역사 속에는 주가가 큰 폭으로 하락하면 중앙은행이 반드시 책임지고 경기를 살리고 주가를 올려준다는 강한 믿음이 있다. 그것이 이번 동학개미운동 시초의 한 요소일 것이다. 그리고 역시 틀리지 않았다. 경제지표는 최악의 상황인데, 중앙은행과 정부의 경기 부양책으로 주가는 급반등했고, 코로나19 이전 지수대까지 V자로 반등했다. 하지만 개인투자자들이 매수한 종목의 상당 부분은 결과가 처참하다고 볼 수 있다.

2020년 3월 16일 ~ 5월 8일 개인투자자 매수 종목 상위 10개

종목	매수 금액
삼성전자	3조 3,421억 원
KODEX 200선물인버스2X	2조 372억 원
KODEX WTI원유선물(H)	1조 5,700억 원
현대차	7,484억 원
삼성전자우	5,608억 원
KODEX 코스닥150선물인버스	3,817억 원
KODEX 인버스	3,695억 원
TIGER 원유선물Enhanced(H)	2,524억 원
신한 레버리지 WTI원유 선물 ETN(H)	2,351억 원
삼성 레버리지 WTI원유 선물 ETN	1,971억 원

종합주가지수가 본격적으로 하락하기 시작한 3월 16일부터 코로나19 이전 수준에 근접한 5월 8일까지 개인투자자가 주식시장에서 매수한 종목 중에서 실패한 종목들이 보인다. 위 표에서 보다시피, 유가 관련 ETF와 ETN 상품이 무려 4개 종목이나 된다. 총금액은 무려 2조 원을 넘어서고 있다. 왜일까?

아마도 망하지 않을 상품이니 주식이 쌀 때 매수하고 중기적으로 가져가면 된다는 학습효과에 따른 투자가 아니었나 추측한다. 석유라는 상품이 없어지지는 않을 것이고, 역사적으로 유가가 20~40달러면 너무 싸다고 생각했기 때문일 것이다. 다만, 주의해야 할 점이 두 가지 있다.

첫 번째가 시장의 불확실성이고, 두 번째가 오랫동안 반복되어 온 대중들의 학습효과에서 오는 선입견이다. 이번 시장은 두 번째 경우에 해당한다. 유가는 보유하면 된다. 하지만 다들 알다시피, 석유는 현물을 살 수 없다. 개인이 집 안에 석유를 보관할 100평짜리 창고를 둘 수는 없으니 말이다. 그래서 부득이하게 선물이라는 상품으로 거래하는 것이고, 그것을 기반으로 만든 것이 ETF와 ETN이라는 상품이다.

그런데 이런 상품은 선물 거래 특성상 롤 오버 비용이 존재한다. 그리고 ETN 같은 상품은 매수세가 과도하게 몰리면 괴리율이 왜곡되기 마련이다. (후반부에 ETF 섹터에서 자세하게 다루고 있으니, 참고하면 될 듯하다) 필자가 이야기하고 싶은 것은 무조건 쌀 때 매수해두면 상승할 것이라는 오랫동안 습득된 학습효과에서 오는 선입견이 ETF와 ETN의 구조적 특징에 관한 공부도 없이 덜컥 매수하는 오류를 범하게 했다는 사실이다.

지수가 강하게 상승하는데, 위 표를 보면 인버스 지수 ETF 상품이 너무 많다. 놀라운 것은 KODEX 200선물인버스2X라는 지수 ETF 상품에 지나치게 높은 금액이 투자되고 있다는 사실이다. 이 상품도 2조 원이나 매수했다. 이 상품을 쉽게 설명하면, 지수가 하락하면 지수 하락의 2배 수익을 주는 ETF 상품이다. 다시 말해, 지수가 하락하지 않고 반대로 상승하면 2배의 손실이 난다는 말이다. 완전히 엇박자 매매를 하는 것이다.

그럼 이렇게 반론하는 사람도 분명히 있을 것이다. 나중에 지수가 다시 하락하면 수익이 2배로 나지 않나요? 중기로 보유하면 문제 될 것이 없지 않나요? 하지만, 이 2배짜리 지수 ETF 상품도 유가 ETF 상품과 마찬가지로 단순한 구조가 아니다. 아래의 차트를 보자.

종합주가지수 월봉 차트

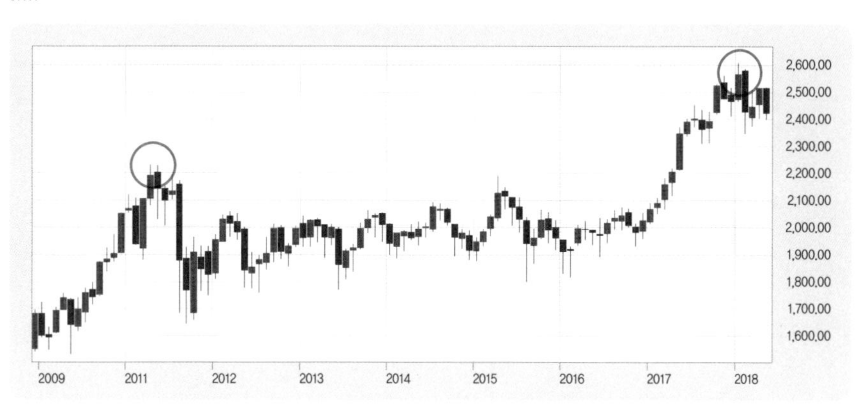

종합주가지수는 2011년 5월 2,231로 고점을 맞고 하락하다가 2018년 1월 2,607로 최고점을 찍고 다시 하락한다. 이 기간의 고점끼리만 계산해도 17%의 상승 폭을 보여줬다. 아래 차트를 한번 보자.

KODEX 레버리지 ETF 월봉 차트

주가가 상승하면 2배의 수익이 난다는 KODEX 레버리지 ETF 상품의 월봉 차트다. 단순하게 계산하면 같은 기간 종합주가지수 상승치의 2배가 상승해야 한다. 17% × 2 = 34% 즉, 34% 수익이 나와야 한다. 하지만 결과는 어떤가? 단 3.5%의 수익이 발생했다. 이런 희대의 사기가 어디 있는가? 레버리지 ETF 상품에는 유가 ETF나 ETN처럼 상당한 수익률 계산의 오류가 숨겨져 있다. 아래 표는 그 예를 계산해둔 것이다.

지수 ETF 와 레버리지 ETF 수익률 계산 예시

기초자산(지수 ETF)	변경값	수익률	자산가격
100	10	**+ 10%**	110
110	– 10	– 9%	100
기초자산(레버리지)	**변경값**	**수익률**	**자산가격**
100	20	**+ 20%**	120
120	– 20	– 18%	98

그럼 위에서 본 개인들이 매수한 KODEX 200선물인버스2X, 즉, 지수 하락 시 2배의 수익이 나는 상품 역시 지수가 급락하지 않고, 박스권으로 간다면 레버리지 ETF 상품과 똑같은 수익률 계산이 나온다. 결국, 지수가 하락해도 손해입는 구조다. 이것이 ETF 2배 상품의 숨겨진 진실이다.

이러한 구조를 잘 알아보지도 않고 유가처럼 지수 ETF 2배 상품도 단순 계산을 통해서 매수하고 있다. 그 옛날 동학농민군은 치밀하게 조직적으로 움직이면서 일본군에게 대항한 역사가 있지만, 이번 동학개미의 매수는 이름만 동학운동을 붙였을 뿐 당나라 군대가 될 수도 있다.

마지막으로 삼성전자를 보자. 이전 표에서 삼성전자와 삼성전자우에 대한 매수 금액은 무려 4조 원이다. 왜 이런 것일까? 이것 역시 학습효과에 따른 선입견, 즉, 삼성전자는 하락했을 때 사두면 무조건 이익이 난다는 학습효과에서 나오는 매매 패턴으로 보인다. 하지만 이번 상승 시기에 가장 수익률이 저조한 주식이 되어 버렸다. 시가총액 30% 캡 룰에 걸려있고, 지수는 반등하는데 이런 삼성전자의 캡 룰을 없애는 방법은 삼성전자를 묶어두고 나머지 종목들을 올리면서 기존의 대형주들의 시가총액을 변화시키면 된다.

또 한 가지 이유는 실적 측면에서 삼성전자 같은 메모리 주식은 작년 하반기부터 올해 초까지 2020년 최고의 실적을 선先반영했다는 점이다. 물론 앞에서 말했듯이, 구국적 매수라는 감성적인 의미를 내려놓고 봐도 삼성전자와 같은 주식의 매수는 절대 나쁘지 않다. 단, 애초 생각대로 중 · 장기적으로 보유한다는 전제조건에서는 말이다. 그런데 지수보다 상승하지 못하고, 상승하는 지수를 추종하면서 그대로 따라가는 삼성전자를 보면 마음이 급해지는 것이 투자자의 심리다.

특히, 다른 종목들이 더 많이 상승하는 경우를 보면 더 말할 것도 없다. 나만 소외되는 느낌이 들고, 결국 중 · 장기적으로 보유하지 못하는 상황에 놓이게 된다. (제발 그러지 말고, 꼭 2년 이상 보유하기를 진심으로 바란다) 이런 조급함이 최근 개인투자자로 하여금 급격한 지수 변동성을 이용해서 지수 ETF 2배 상품인 레버리지와 인버스 2X 상품을 단기 매매하도록 만들었다. 마치 삼성전자의 수익률 저조를 만회하려는 듯이 말이다.

물론 모든 동학개미 투자자가 다 그런 것은 아니다. 정말 쌀 때 우량주를 매수해서 지금 당장은 지수 상승률보다 수익이 저조하더라도 끝까지 보유하는 사람들도 많다. 필자가 적극적으로 추천하고 응원하는 투자 방식이다. 하지만 그 반대 케이스에 해당하는 개인들의 실패가 지난 역사 속에서 경험한 펀드 및 자문사 열풍의 실패로 이어질까 심히 걱정스러울 뿐이다.

필자는 개인투자자들이 학습효과에서 오는 선입견에 의존하는 매수가 아닌, 공부와 분석을 통해서 조금 더 합리적이고 스마트한 투자를 했으면 좋겠다. 우리의 자랑스러운 동학농민군처럼 말이다.

새로운 트렌드에 맞는 투자 DNA

선입견과 편견을 버려라

아마도 많은 투자자가 코로나19 이후의 사회, 문화 등 우리 생활 곳곳에서 많은 변화를 예상한다. 필자는 금융 분야에서 더 많은 변화가 나타날 것으로 전망한다. 그렇다면 미래 금융시장의 변화와 새로운 트렌드에 어떻게 접근해야 효과적으로 대응할 수 있을까?

먼저, 새로운 금융 트렌드에 맞는 방식으로 투자 방식을 변화시켜야 한다. 필자의 오랜 주식시장 경험을 바탕으로 한마디 하자면, 투자와 정치는 정말 살아있는 유기체와 같다. 선입견과 편견에 얽매이지 말고, 항상 유동적인 사고를 유지해야 한다.

이번 코로나19 팬데믹 이전으로 돌아가서 주식시장에서 오랫동안 반복된 시장의 학습효과에서 오는 투자 선입견 두 가지를 짚고 넘어가자.

첫 번째, 과거의 데이터를 통해서 미국 대선, 특히 재선이 있는 해에는 절대 주가가 하락하지 않는다는 선입견이다. 과거 데이터가 대체로 그러했고, 현직 대통령이든, 상대방 후보든 주가 부양을 위해서 적극적으로 노력한다는 논리적인 근거도 포함되어 있다. 특히, 작년 트럼프 대통령은 미국 주가지수에 더 민감하게 반응하는 모습을 보여주었을 뿐만 아니라, 많은 언론에서도 주가 부양을 본인의 유일한 치적으로 삼고 있다는 말을 많이 한 덕분에 대중들의 머릿속에 쉽게 각인되었다.

하지만 이 선입견은 2020년 3월 단 한 달 만에 처참한 결과로 이어졌다. 물론 이런 영향으로 한국에서 동학개미운동이라는 새로운 변화를 가져온 긍정적인 부분도 있었지만, 분명한 것은 이런 선입견은 앞으로의 금융시장에서는 사라져야 한다는 것이다.

역대 바이러스 VS 코스피 지수

구분	시기	3개월간 지수 변동		
사스	2003년 02월	2월 저점 : 562	3월 저점 : 512	5월 저점 : 633
신종플루	2009년 04월	4월 저점 : 1201	5월 저점 : 1315	6월 저점 : 1350
메르스	2013년 09월	9월 저점 : 1921	10월 저점 : 1981	11월 저점 : 1963
에볼라	2014년 03월	3월 저점 : 1913	4월 저점 : 1955	5월 저점 : 1934
지카	2016년 01월	1월 저점 : 1830	2월 저점 : 1817	3월 저점 : 1935
코로나19	2019년 11년	11월 저점 : 2081	3월 19일 저점 : 1439 (30.8% 하락)	

두 번째, 바이러스와 주식시장에 대한 선입견이다. 대부분의 투자자들은 과거 데이터를 통해 학습된 선입견으로 바이러스의 주식시장 영향력이 미비

하다고 생각했고, 많은 언론이나 방송에서의 분석도 마찬가지였다. 당연한 결과라고 생각한다. 위 표를 보면 과거 어떤 경우도 바이러스가 금융시장이나 더 나아가 우리 사회 전반을 이렇게 변화시키지는 못했다. 코로나19를 제외하고는 말이다.

뒤에서 구체적인 예를 들어서 설명하겠지만, 앞으로의 블랙스완 금융시장에서는 우리의 투자 DNA를 새롭게 변화시키지 않으면 살아남기가 쉽지 않을 것이다. 그런 투자 DNA로의 체질 변화는 단순히 역발상적 사고思考가 아닌, 우리 뇌 구조 자체를 완전히 변화시키지 않으면 힘들다. 그리고 그런 훈련이 필요한 시점이 다가오고 있다.

성공적인 결말을 위한 유리한 포석을 두자

이전 장 마지막에 투자 DNA를 완전히 변화시킬 수 있는 체질을 만들자고 제안했다. 사실 말이 쉽지, 굉장히 어려운 일이다. 그래서 어떻게 하라는 이야긴데? 이런 독자들의 질문이 벌써 필자의 귀를 두드리는 것 같다. 옳은 말이다. 결과가 없다면 과정은 중요하지 않다. 어렵겠지만 지금부터 결과를 위한 몇 가지 의견을 제시하고자 한다.

먼저 4월에 있었던 아주 재미있는 에피소드를 하나 소개하고자 한다. 이 챕터를 공동집필하고 있는 저자와 식사 자리에서 나눈 이야기다. 최근 시장에서 시사하는 바가 큰 것 같아서 소개한다.

코로나19 이후 주식시장의 변화를 이야기하는 과정에서 미래 에너지 관련 섹터를 주제로 이야기하던 중에 나온 이야기다. 석유를 기반으로 하는 현재의 산업 트렌드가 과연 코로나19 이후에도 지속될 수 있을까에 대한 논의를 하였는데, 재미있는 분석이 나왔다. 앞서 많은 개인투자자가 유가가 20~40달러면 충분히 싸다는 생각에 기반해서, 유가 관련 ETF나 ETN을 매수했다고 말했다. 여기서 충분히 싸다고 판단한 근거는 코로나19 이후에도 석유를 기반으로 하는 산업 트렌드가 변하지 않을 것이라는 마인드에서 나온 것일 테다.

석유 산업, 화석 연료 위주의 산업과 관련하여 인류가 가장 고민하는 부분은 대기오염이었다. 즉, 이산화탄소 배출이라는 가장 큰 난제를 과연 어떻게 해결할 것인가에 대해서만 고민했다. 그런데 경기가 큰 폭으로 하락하면서, 석유의 공급이 석유의 수요보다 많아지면서 인류는 많은 어려움에 부닥쳤지만, 생각지도 못하게 대기오염이라는 난제는 자연스럽게 해결되었다. 코로나19 이전에는 의구심이 많았던 재택근무 시스템이나 언택트 산업의 가능성을 보게 된 것과 비슷한 맥락이다.

어차피 경기 하락은 오랫동안 지속될 것이다. 미국의 셰일Shale 기업이나 러시아와 중동의 공급 전쟁과 패권 싸움으로 인해 유가 변동성이 지금처럼 유지된다면, 그 리스크를 헷지Hedge하는 차원과 더불어 대기오염이라는 2가지 문제점을 한 번에 해결할 수 있는 천연가스 산업 위주로 트렌드가 변화할 수 있다.

고정관념을 버리면 새로운 길이 보인다

만약 이런 새로운 가능성에 대한 역발상적 접근이 시작된다면 마치 새로운 뿌리를 내리듯, 가능성 있는 다양한 의견이 연결해서 나올 수 있다. 예전에는 유가가 80달러 이상일 때만 대안으로 생각했던 친환경 에너지에 대한 편견도 바뀔 가능성이 있다. 어디 그뿐인가? 예전에는 유가가 좋으면 중동국가들이 오일 달러를 많이 벌어들이고 그렇게 가져온 오일달러를 자국의 새로운 플랜트 산업에 투자한다는 고정관념이 있었다. 하지만 이번처럼 유가가 급락하고 공급 전쟁으로 인한 치킨게임이 계속되면서 생존의 문제가 지속되면, 오히려 새로운 산업에 대한 투자를 서두를 수도 있다. 즉, 과거의 '유가 상승 = 중동 플랜트 산업 부각'이라는 고정관념이 완전히 깨질 수도 있다. 특히 소프트뱅크에 투자한 사우디아라비아로서는 최근 언택트 산업의 대표 수혜기업 중 하나인 쿠팡이나 아마존의 수익 구조를 보면 더 주저할 필요가 없다. 결국, 지분 투자이익을 넘어선 새로운 산업에 서둘러 투자해서, 유가가 주는 재정 리스크를 분산시켜야 할 필요성이 부각되고 있다.

이렇듯, 우리가 코로나19 이후 새로운 트렌드에 주목할 때, 고정관념을 버리고 새로운 투자 DNA로 변화한다면 다양한 접근이 가능해진다.

중앙은행이 달라졌어요

또 한 가지 코로나19 이후에 나타난 재미있는 사실이 있다. 바로 각국 중앙은행의 스탠스 변화다. 조금 어려울 수도 있지만, 최대한 쉽게 설명해보겠다. 향후 투자의 패러다임을 변화시킬 중요한 변화다.

지금까지 인류는 수많은 금융위기, 경제위기를 경험했다. 특히, 2000년대에 들어와서 각국 중앙은행들은 유독 그런 위기의 상황이 올 때마다 소방수 역할을 자처했다. 아니, 소방수라기보다는 슈퍼맨에 가까웠다. 소방수는 불을 끄는 역할만 수행하지만, 지금까지 중앙은행들은 마치 슈퍼맨처럼 불도 끄고 경기도 살리고 주가도 부양했다. 그리고 이러한 슈퍼맨 역할을 위해 무차별적으로 금리를 인하하는 것은 물론이고, 강도 높은 양적완화를 시행해왔다. 그런데 이번 코로나19 사태에서 중앙은행의 역할은 겉으로 보기에는 이전과 같이 천문학적인 유동성을 공급하는 것처럼 보이지만, 이전의 금융위기 때와는 완전히 다른 형태로 유동성을 공급하고 있다. 실로 놀라운 변화다.

2008년 미국발 금융위기 때와 현재를 비교하면 쉽게 이해할 수 있다. 2008년에 중앙은행은 주로 양적완화를 대표하는 10년물 국채나 모기지 증권 같은 장기물 채권을 은행으로부터 매수했다. 그리스 위기 및 유럽 재정위기 같은 상황이 올 때마다 1차, 2차, 3차 양적완화를 통해서 수많은 장기물 국채를 매수했다. 그런데 지금의 양적완화는 장기물 국채 매수가 30% 정도만 해당하고, 대부분 대출 형태로 유동성을 공급한다. 즉, 국가에 돈을 빌려주는 여신與信이라고 표현하는 것이 더 정확할 듯하다. 그것도 최대가 5년이고 대부분은 1년 미만의 대출을 통해 유동성을 공급하고 있다.

그게 무슨 차이가 있을까? 쉽게 설명해보겠다. 주가가 급락하거나 경기가 굉장히 안 좋은 상황이 와서 은행이 보유한 유동성에 위기가 왔다고 생각해보자. 그럼 은행 입장에서는 가지고 있는 자산을 팔아서라도 돈을 마련해야 한다. 그런데 고맙게도 중앙은행에서 은행이 보유한 10년짜리 국채나 모기지 증권을 매수해주겠다고 한다. 그럼 은행은 해당 국채나 모기지 증권을 10년이 지나기 전에 중앙은행으로부터 다시 사 올 이유가 없다. 만기가 10년이니까. 금리도 낮게 사준다는데 뭐하러 다시 국채를 사 오겠는가?

이제 위기가 3년 안에 해결되었다고 가정해보자. 그런데도 아직 7년 동안은 돈을 갚을 이유가 없다. 국채를 다시 사지 않아도 된다는 말이다. 그럼 그 돈으로 은행은 무엇을 할까? 낮은 이자로 받아온 돈을 주식이나 부동산에 투자한다. 그렇다 보니 자연스럽게 주식, 부동산 등의 자산 가격이 상승한다.

미 연준은 시중은행(상업은행)에 금리를 낮춰주고 10년짜리 국채를 사주면, 은행은 그 돈으로 유동성 위기를 극복하고 기업과 개인에게 대출해주며 유동성이 확대하기를 기대했을 것이다. 하지만 은행은 그 돈으로 주식, 부동산 등의 자산을 통해 자산가치를 올리고 시중에는 돈을 풀지 않는다. 경기는 계속 침체하는데 자산가치는 계속해서 올라간다. 우리가 배워왔던 고전 경제학에서의 이론이 실제 상황에서는 일어나지 않는 것이다.

악순환이 계속되니 경제위기가 발생한다. 그때마다 2차 양적완화, 3차 양적완화라는 명분으로 계속 은행에 유동성을 공급하고, 은행은 그 돈을 다시 자산에 투자할 뿐 기업과 개인들, 즉, 시장에는 돈을 풀지 않는다. 결국, 부의 효과가 자산을 많이 가진 상위 20%에게만 계속 몰리면서 부의 양극화가 벌어졌다. 글로벌 경제학자들이 이런 중앙은행의 역할을 비난하는 이유가 바로 여기에 있다. 자산가치는 계속 올라가고 실물경제로는 돈이 흘러가지 않아 경기가 쉽게 반등하지 못하고 위기가 반복되는 비이상적인 경제 구조가 나타났다. 그런데 이러한 비난과 부정적인 효과를 코로나19 사태 이후로 중앙은행이 깨닫기 시작한 것처럼 보인다.

이번에는 10년짜리 국채를 많이 사주는 방법 대신에 정부에 돈을 빌려주고 회사채나 임금을 주는 방식으로 바뀌었다. 필요한 곳에 직접 돈을 주는 것이다. 은행도 마찬가지다. 그것도 주식, 부동산에 투자하지 못 하도록 예전처럼 10년 만기가 아닌 1년 미만의 대출 기간으로. 즉, 위기가 극복되면 딴짓(자산투자)하지 말고, 바로 돈을 갚으라는 말이다.

결국, 정말 필요한 실물에 유동성을 직접 공급하는 셈이다. 그것도 기간을 확실하게 정해서. 이것이 과거의 경제위기와 이번 코로나19 사태의 차이다. 그럼 이러한 변화가 어떤 변화를 가져올 것인지 정리해보자.

1. 양적완화가 최소화되니, 과거처럼 자산가치만 상승하는 그런 시대는 오지 않는다.→ 부동산이나 거품이 많은 자산가치의 상승이 제한된다. 최근 강남의 부동산 부자들이 부동산을 팔고, 주식을 산다는 말과도 연관이 있다.

2. 중앙은행이 돈을 직접 은행에 10년 동안 대출해주는 것이 아니라, 정부가 국채를 발행하면 그 국채를 중앙은행이 대신 사주면서 정부에 돈을 빌려주는 형태다. 즉, 중앙은행의 입김이 아니라 정부의 영향력이 커진다. 정부가 중앙은행으로부터 큰돈을 빌려서 어디에 투자할지 결정하는 구조로 변화한 것이다. 즉, 현대통화이론Modern Monetary Theory이 등장했다.→ 정부가 강력하게 밀어주는 업종은 앞으로도 반드시 주목해야 한다.

3. 전 세계적으로 달러를 엄청나게 풀어도 터키, 브라질, 러시아, 인도 같은, 미국과 통화 스와프를 못 할 정도로 재정이 취약한 국가는 달러를 많이 보유할 수 없게 된다. 미국이 달러를 줄 때 미국 국채를 담보로 빌려주거나, 해당 국가의 재정 건전성이 튼튼하지 않다면 그 나라의 통화와 달러를 교환해주는 달러 스와프를 하지 않기 때문이다. 회사채도 마찬가지다. 올해 3~4월 사상 최고의 회사채 발행이 이루어졌다. 그런데 우량한 회사는 낮은 금리로 회사채를 발행해도 엄청난 자금이 몰리는 반면, 그렇지 못한 회사는 유동성을 이렇게 많이 풀고 있어도, 회사채에 자금이 몰리지 않아 정부가 직접 회사채를 사주면서 급한 불을 꺼주는 실정이다. 즉, 국가별, 회사별 유동성의 빈익빈 부익부 현상이 심화하고 있다.→ 유동성의 쏠림 현상이 더 심해질 수 있다. 조만간 국가별, 회사별 주가에서도 극심한 차별화가 나올 가능성이 크다.

큰 흐름만 잡아도 이 정도다. 왜 워런 버핏이 2008년 금융위기 때는 뱅크 오브 아메리카Bank of America의 주식이나 그 외의 주식을 그렇게 많이 매수했지만, 이번 코로나19 사태 때는 주총에서 항공주도 전액 매도하고 살 주식이 없다고 이야기하는지를 단적으로 보여준다.

잘 생각하고 고민해야 하는 시기다. 이전의 위기와는 분명히 많은 부분이 다르다. 사회, 문화는 물론이고 금융이나 중앙은행의 정책도 다르다. 이런데도 과거의 방식으로 투자할 것인가? 동학개미운동, 정말 좋은 긍정적인 움직임이다. 다만, 동학개미운동이 성공하려면, 개인투자자들을 이끄는 리더가 중요하다. 정확한 변화와 트렌드를 꿰뚫는 그런 리더가 있어야 한다. 그러려면 먼저 투자자 스스로가 많이 공부해서 좋은 리더를 선택할 수 있는 안목을 가지는 것이 우선이다. 그것이 바로 시작과 끝이 모두 창대한 동학개미운동을 위한 좋은 포석이 되지 않을까 싶다.

동학개미운동이 어떤 결말을 맞게 될지 속단하기에는 아직 이르다. 경험으로 보았을 때, 한국의 개인투자자는 집단으로서 성공한 경험이 별로 없다. 그러나 이러한 작금의 투자패턴과 행태가 단단해진다면, 개인투자자가 한층 성숙해지는 계기가 될 것이라 확신한다.

동학개미운동은 과거 어느 때보다 막대한 규모의 자금이 준비되어 있고, 지난날 실패했던 일확천금을 노리는 투자가 아닌, 사회 구조의 변화에 맞춘 적절한 주식을 선택하고 있다는 점에서 의의가 있다. 또한, 이러한 시도를 통해 위험자산인 주식이 미래 가계 소득의 안정화를 위한 좋은 대안으로 자리잡을 수 있다면, 동학개미운동은 이미 충분한 소득을 거둔 것이 아닐까 생각한다.

과거 1991년부터 2005년까지 미국의 유명 투자 그룹, 레그 메이슨에서 펀드 매니저로 근무할 당시 15년 연속 연평균 투자 수익률 +16%를 달성, 같은 기간 내 미국 증시 대표 벤치마크 지수(S&P 500 지수)의 +11%를 웃도는 실적을 달성한 유명 투자자로 회자되는 이가 빌 밀러Bill Miller다.

지난 2020년 4월 20일, 빌 밀러가 자신의 헷지펀드 '밀러 밸류 파트너스Miller value Partneres' 공식 웹사이트에 올린 "2020년 1분기 투자 서한Bill Miller 1Q 2020 Market Letter"을 위대한 동학개미 투자자와 함께 나누면서 이 챕터를 마무리하려 한다.

Special Insight 1

"2020년 1분기 투자 서한 Bill Miller 1Q 2020 Market Letter"

투자 인생을 통틀어서 '일생일대의 주식 투자 기회'는 지금껏 총 4번 찾아왔으며, 이번 코로나19가 야기한 주식시장 상황을 5번째 최대 투자 기회라고 할 수 있습니다.

첫 번째 투자 기회는 지난 1973~1974년 시기로 거슬러 올라갑니다. 당시 베트남 전쟁이 한창이었습니다. 1973년 10월 발발한 중동전쟁의 여파로 원유가, 인플레이션, 이자율 모두 천정부지로 폭등하게 됩니다. 글로벌 경제 침체기가 도래하는 한편, 미국 닉슨 대통령의 전격사임 등 정치적/경제적 측면에서 대혼란 시기였습니다. 당시 저는 미군 중위로 매달 벌어들인 400달러 봉급 중 25달러를 템플턴 성장주 펀드에 매달 적립식으로 투자했습니다. 그리고 1974년 가을, 군 제대 후 독일 뮌헨 주재 메릴린치 투자은행을 통해 당시 바닥을 치던 주식시장에 본격적으로 투자했습니다.

두 번째 인생 투자 기회는 1982년 여름에 찾아왔습니다. 1982년 봄부터 본격적으로 가치투자 전략을 추진해온 우리 헷지펀드는 당시 약 1년여 전부터 지속한 시장 하락세를 관전, 최대한 탄약(현금)을 비축하며 '매력적인 매수 타이밍'을 기다려왔습니다. 1982년에 발생한 멕시코 국가 부도 사태로 급기야 금융시장은 폭락세를 경험하게 되었으며, 때를 기다려온 우리는 같은 해 7월 올인(All-In) 투자를 감행했습니다. 이후 당시 미 연준 의장이던 폴 볼커(Paul Volcker)의 '인플레이션 잡기' 금리 정책에 힘입어 미국 증시는 향후 5년간 최고의 주식 랠리를 경험합니다.

제 투자 인생을 통틀어 3번째로 꼽는 최고의 투자 기회는 1987년 10월 블랙 먼데이(Black Monday) 시기로 거슬러 올라갑니다. 지난 1987년 10월 19일 월요일, 다우존스 산업평균지수(DJIA: Dow Jones Industrial Average Index)는 당일 무려 -22.6% 폭락세를 경험했고, 이는 지난 1929년 당일 증시 폭락세의 2배에 달하는 초유의 금융위기 사태였습니다. 당시 여름에 막 외부 투자금 유치에 성공한 우리 헷지펀드는 채권 시장 대비 현저히 고평가된 주식시장을 관전하며 버블 조짐을 간파했으며, 1987년 8월로 접어들면서 점차 하락세로 전향하는 주식시장 흐름을 주시해왔습니다. 결국, 1987년 10월 주식시장 폭락세에 따른 투자자들의 불안감과 절망적 심리가 만연하던 상황(대부분의 투자자는 주식투자를 외면, 현금 보유에 연연하는 소극적 투자 자세에 빠졌던 상황) 속에서 우리는 보유해온 모든 현금을 주식시장에 쏟아붓는 주식 올인 전략을 추진, 1988년 최고의 투자 성적을 기록하게 됩니다.

4번째 투자 기회는 지난 2008~2009년 미국 서브프라임 모기지 금융 붕괴 시기였습니다. 앞서 언급된 3번의 투자 기회 때와는 달리 지난 2008~2009년에는 우리 헷지펀드 역시 투자 손실에서 100% 자유로울 수 없었습니다. 그러나 당시 폭락장 속에서 보유 중이던 주식 포트폴리오에 대한 대대적/능동적 재편을 통해 재무장한 우리는 이후 10년 넘게 지속되어온 증시 호황기(bull market) 속에서 최고의 투자 수익률을 창출하게 되었습니다.

현재와 같은 금융위기 상황에 직면할 때마다 저는 지난 1937년 금융시장 붕괴 사태 속에서 세계적인 경제학자이며, 투자가로 유명한 케인스(Keynes)가 임원진에 띄운 투자 서한 내용을 회상하고는 합니다. 시장이 무너지는 위기 속에서 케인스가 근무하던 투자 기관의 임원진은 케인스가 투자한 포트폴리오를 매각함으로써 투자 손실을 최소화할 것을 촉구했으나, 회의적 투자 관점에 사로잡혔던 임원진을 상대로 케인스는 다음과 같이 설명했습니다.

"만일 시장의 비이성적 투매(panic selling) 추세에 너도나도 동조한다면, 이는 곧 시장의 하락세라는 불길에 원유를 들이붓는 것과 같다. 이는 미국 국가 경제 전반에 대혼란을 초래하게 될 것이다. 진정한 투자가라면, 때로는 막대한 투자 손실을 경험할지라도 '자신의 투자 철학'에 절대 흔들리지 않는 확고부동한 평정심을 가져야 한다. 나의 투자 전략은 주식이 상대적으로 저평가되었다는 투자 확신이 확고해지는 시점에서 주식시장에 올인 투자 전략 접근법으로 종합된다."

지난 2020년 3월 23일 S&P500 지수(미국 증시 대표 벤치마크 지수)가 2,191선 최저점을 기록한 이후, 최근 반등세를 보여주고 있음은 경기 침체기 도래에 대한 시장의 우려 심리가 점차 회복되고 있음을 시사하는 것이며, 이는 지난 1973~1974년 금융위기 사태 이후 회복세를 보여준 과거 기술적 반등 사례들을 통해서도 입증된 패턴입니다. 통상적으로 시장이 바닥을 치는 시점에서 가장 저조한 주가수익률을 경험하는 기업 주식들은 낮은 PE 지수, 경기민감주, 높은 레버리지 비율에 노출된 기업입니다. 이들의 실망스러운 주가 폭락세는 최근 코로나19 후폭풍 속에서는 물론이고, 지난 2018년 가을, 지난 2016년 첫 6주간 주가 흐름에서도 목격되어왔습니다. 그러나 아이러니한 점은 이 기업들(low PE/cyclical names with operating or financial leverage)의 주가를 끌어내렸던 근본 원인(즉, 경기 침체기 도래에 대한 시장과 투자자들의 우려론)이 실제로 발생하지 않게 될 경우, 가장 큰 폭의 주가 회복세를 경험하게 되는 주식들 역시 이들이라는 점입니다.

이러한 이유는 너무나 당연합니다. 이들 기업의 수익성 지표(ROIC: Return on Invested Capital)는 경기 변동(economic change)에 민감하겠으니, 만일 경기 침체기가 올 것이라는 시장의 비관론이 만연한 상황에서는 다른 비민감 투자 종목들(예를 들면, 필수 소비재, 유틸리티, 채권 및 반복적 매출 구조를 띤 기업 주식들)보다 큰 폭의 주가 하락세를 경험하게 됩니다. 또한 높은 레버리지 지표(Higher Debt-Leverage Ratios: 이자 발생 부채비율)에 노출된 기업 주식들 역시 경기 침체가 초래할 대공황 속에서 현금 흐름 및 유동성 악화에 따른 기업 파산 위험 리스크에 노출된다는 시장의 비관론에 직격탄을 맞게 됩니다. 그러나 이러한 회의적 투자 여론이 점차 그 모습을 감춤과 동시에 시장이 곧 회복될 것이라는 낙관적 투자 여론의 목소리가 커질수록, 이들 기업의 주가는 빠른 반등세를 경험하게 되며, 이러한 기술적 패턴은 지난 2020년 4월 10일 큰 폭의 주가 회복세 사례를 통해서도 재입증되었습니다.

일부 애널리스트들 사이에서는 여전히 지난 2020년 3월 23일 경험했던 시장 바닥세로부터의 회복 흐름은 일시적이겠으며, 코로나19 후폭풍에 따른 또 다른 시장 바닥 형성 소지가 다분하다는 회의적 투자 시각도 빈번히 언급되는 상황입니다. 만일 사실로 판명된다면, 현재 빠른 회복세를 보여주던 이들 기업(경기민감, 높은 레버리지 비율 및 낮은 P/E 비율로 대변되는 기업들) 주가 역시 하락세로 전환되겠죠.

CNBC 등 유명 투자 미디어에 출연하는 일부 투자 전문 패널들은 시청자들과 투자자들에게 "여러분의 주식 포트폴리오를 '업그레이드(upgrade)'하라!"라는 투자 조언을 피력하고 있습니다. 그들의 말은 "주가 변동성 및 경기 회복 가능성이 불명확한 현재와 같은 시장 환경에서 높은 퀄리티의 주식들에 대한 적극적 매수 전략과 동시에 투자 리스크 요소에 노출된 저퀄리티 위험주들에 대한 투자는 피해야 한다!"로 해석됩니다. 이들이 언급하는 주요 블루 칩(고퀄리티) 주식에는 알파벳(주식 코드: GOOGL), 월트 디즈니(DIS), 나이키(NKE), 아마존(AMZN), 페이스북(FB), 프록터&갬블(PG), 클로락스(CLX) 등이 포함되며, 우리 헷지펀드(밀러 밸류 파트너스) 역시 일부 주식들에 대한 투자를 진행하고 있습니다. 이들 블루 칩 주식들은 주식시장 내 비관론이 만연함에도 나름 양호한 주가 흐름으로 선방해 왔으며, 일부 투자자들은 이들에 대한 집중 투자를 통해 불확실한 주식시장에서 나름의 안도감에 취해버리게 됩니다. 그러나 만일 투자자들이 단순히 투자 불안감에서 해방되기 위한 소극적 투자(즉, 고퀄리티 주식들로만 편중된 주식 투자) 태도만을 고수한다면, 시장이 회복되는 시점에서 상대적으로 저조한 주가수익률을 경험하게 될 것입니다. 밀러 밸류 파트너스는 지난 2020년 3월 말처럼 시장 급락세에 따른 높은 주가 폭락세를 경험한 일부 주식들(블루 칩 고퀄리티 주식들은 아니지만, 나름 합당한 가격 조정을 받은, 그러나 미래에 빠른 실적 회복세가 예측되는 주식들)에 대한 선별적/적극적 투자 전략을 통한 나름의 포트폴리오 업그레이드를 실현 중입니다.

전설적 투자가, 존 템플턴은 "시장에 대한 회의론이 극에 달하는 그 시점(the point)에서 주식 매수를 추천한다!"라는 조언을 남겼습니다. 문제는 그 누구도 그 시점이 언제 도래했음을 직감하지 못한다는 점입니다. 지난 2008년 10월 당시 미국 서브프라임 모기지발 금융위기 상황에서 주식시장에 대한 회의론이 최고 수준에 도달했던 시점, 현존하는 최고의 가치투자가, 워런 버핏(Warren Buffett)은 뉴욕 타임스 기사를 통해 미국 경제 회복 및 미국 주식 사재기 전략에 대한 자신의 투자론을 만천하에 공개했습니다. 몇 년 후 사람들은 워런 버핏에게 "어떻게 당시 주식시장이 바닥을 형성했음을 간파하고 그토록 과감한 미국 주식 매수 전략을 추진할 수 있었나?"라는 질문에 "주식시장이 바닥을 쳤다는 정확한 시점은 몰랐으나, 당시 주식시장이 본질적 가치 대비 상대적으로 저평가되었다는 분석에 입각한 매수 전략이었다"라고 답변했습니다.

– 빌 밀러(Bill Miller) –

(원문 출처 : '밀러 밸류 파트너스(Miller value Partneres)' 공식 웹사이트)

Special Insight 2

외국인 및 연기금 누적매수 상위 30종목

(2019년 1월 1일 ~2020년 5월 10일)

개인적으로 20년 동안 한국경제TV에 출연하면서 시장 메이저 수급 중 기관투자자들은 필자 역시 그다지 신뢰하지 못하는 편이다. 특히, 금융 투자나 투신권은 최근 들어 신뢰성이 점점 약해지는 것이 사실이다. 따라서 중기적으로 가장 신뢰할 만한 매수 주체는 연기금 및 외국인이라고 생각한다. 결국, 중기투자 측면에서 운영 자금에 여유가 많은 연기금 및 외국인들의 '최소 1년 이상의 누적 매수 종목'이 중요한 투자 자료다. 그런 종목 중에서 올해 크게 상승하는 종목이 나올 가능성이 높아 보인다. 이런 종목들을 선별하는 작업은 독자의 투자에 도움이 될 것 같다. 순전히 오랜 경험에서 나오는 필자의 개인적인 의견이다.

이 부록 페이지는 작년 2019년 1월 1일부터 2020년 5월 10일까지 무려 1년 5개월간 외국인 및 연기금 누적 매수 상위 30종목을 거래소 및 코스닥 시장으로 분류하여 선별한 것이다. 아울러 필자가 생각하는 코로나19 이후의 유망 섹터와 관련 종목도 같이 선별했다. (후반부에 언택트 파트에서 자세하게 다루고 있으니, 참고하면 될 듯하다) 투자에 참고하였으면 하는 마음에서 오랜 기간 통계작업을 한 것이니 도움이 되었으면 한다.

– 조일교, 現 에이원 리서치 대표 –

코로나19 이후 관심을 가져야 할 섹터 및 종목군

업종	업종 내 연관 종목군
플랫폼 & 콘텐트 업종	NAVER, 카카오, CJ ENM, 스튜디오드래곤, 제이콘텐트리
바이오/제약	셀트리온, 셀트리온헬스케어, 삼성바이오로직스, 한올바이오파마, 유한양행, 녹십자, 제넥신
IT 섹터	삼성전자, 삼성전기, 원익IPS, 고영, 덕산네오룩스, 비츠로셀, 에스에프에이, 네패스, LG이노텍
중국 소비 관련주	호텔신라, 오리온, 휠라코리아, LG생활건강, 아모레퍼시픽, 한국콜마, 코스맥스, 매일유업
5G 관련주	SK텔레콤, LG유플러스, 케이엠더블유, 오이솔루션
LNG 기반 산업	조선업종, 동성화인텍, 한국카본
중동 플랜트/SOC/기타	삼성엔지니어링, 대림산업, GS건설, 고려아연
게임/엔터	엔씨소프트, 펄어비스, 네오위즈, 에스엠, 넷마블
전기차/수소차	삼성SDI, LG화학, 일진머트리얼스, 한온시스템, 에스퓨얼셀, 두산퓨얼셀

외국인 거래소 매수 종목(상위 30위)

단위 : 백만 원

순위	종목명	금액
1	삼성전기	1,168,445
2	카카오	1,049,045
3	삼성바이오로직스	645,373
4	삼성SDI	527,750
5	한진칼	412,654
6	우리금융지주	227,612
7	메리츠증권	224,079
8	한국금융지주	206,314
9	한국항공우주	191,687
10	CJ대한통운	184,360
11	현대글로비스	174,503
12	오리온	174,384
13	엔씨소프트	154,106
14	LG이노텍	153,782
15	호텔신라	133,107
16	미래에셋대우	131,175
17	더존비즈온	122,711
18	한미약품	118,814
19	한화에어로스페이스	115,145
20	고려아연	110,919
21	한솔케미칼	109,041
22	한온시스템	96,914
23	셀트리온	93,264
24	삼성증권	92,120
25	한전KPS	88,007
26	키움증권	80,252
27	현대위아	71,883
28	일진머티리얼즈	70,707
29	포스코인터내셔널	67,996
30	GS건설	64,844

외국인 코스닥 매수 종목(상위 30위)

단위 : 백만 원

순위	종목명	금액
1	펄어비스	198,475
2	NHN한국사이버결제	118,137
3	스튜디오드래곤	108,565
4	고영	84,425
5	파라다이스	83,508
6	아프리카TV	69,234
7	케이엠더블유	68,155
8	덕산네오룩스	65,027
9	컴투스	57,490
10	차바이오텍	52,758
11	서울반도체	51,483
12	원익IPS	46,345
13	비츠로셀	44,276
14	리노공업	43,524
15	오스코텍	42,486
16	메가스터디교육	38,347
17	매일유업	38,144
18	에이비엘바이오	37,079
19	삼천당제약	34,943
20	티씨케이	33,188
21	케이아이엔엑스	32,199
22	알테오젠	32,001
23	엠씨넥스	31,370
24	레고켐바이오	29,041
25	NICE평가정보	29,028
26	에코프로비엠	28,933
27	슈피겐코리아	27,126
28	SKC코오롱PI	26,021
29	하림지주	24,694
30	에코프로	24,635

연기금 거래소 매수 종목(상위 30위)

단위 : 백만 원

순위	종목명	금액
1	삼성전자	3,535,513
2	SK하이닉스	1,479,357
3	셀트리온	853,818
4	NAVER	816,020
5	현대차	815,839
6	카카오	469,032
7	LG생활건강	370,451
8	현대모비스	341,460
9	SK텔레콤	327,320
10	삼성물산	282,754
11	POSCO	274,524
12	KT&G	260,098
13	삼성에스디에스	259,346
14	삼성바이오로직스	247,607
15	휠라홀딩스	244,422
16	기아차	186,531
17	맥쿼리인프라	154,312
18	NHN	146,354
19	한국전력	143,229
20	LG	143,119
21	한화솔루션	137,981
22	두산밥캣	121,717
23	SK이노베이션	119,707
24	삼성생명	119,212
25	이마트	116,220
26	삼성화재	114,516
27	신한지주	110,373
28	삼성증권	106,550
29	아모레퍼시픽	105,416
30	LG화학	101,782

연기금 코스닥 매수 종목(상위 30위)

단위 : 백만 원

순위	종목명	금액
1	셀트리온헬스케어	132,664
2	에스에프에이	62,218
3	SKC코오롱PI	53,190
4	아이티엠반도체	42,561
5	SK머티리얼즈	41,556
6	스튜디오드래곤	40,653
7	비에이치	39,815
8	AP시스템	35,674
9	원익IPS	35,185
10	이오테크닉스	34,210
11	삼천당제약	32,423
12	위메이드	30,891
13	GS홈쇼핑	30,083
14	유니테스트	28,959
15	천보	27,862
16	슈피겐코리아	27,790
17	유진테크	27,138
18	덕산네오룩스	25,725
19	파라다이스	25,241
20	지트리비앤티	24,911
21	에코마케팅	23,776
22	젬백스	22,696
23	메드팩토	21,720
24	테스나	21,526
25	동진쎄미켐	21,281
26	콜마비앤에이치	18,679
27	엔지켐생명과학	18,303
28	네패스	17,458
29	에치에프알	16,400
30	에코프로비엠	15,028

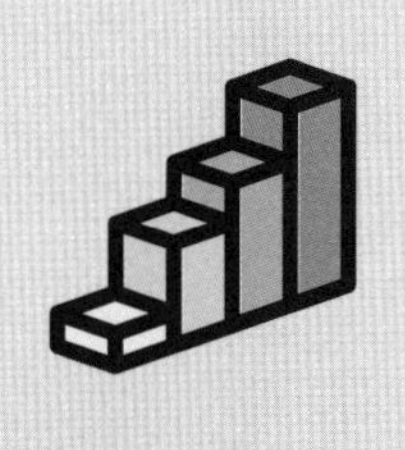

PART 2.

언택트 시대에 투자하라

리서치알음 대표 **최성환**
유안타증권 Global Investment 본부장 **유동원**
하나금융투자 코스닥벤처 팀장 **이정기**

CHAPTER 1. 새로운 변화의 물결, 언택트

코로나19, 언택트 시대를 열다
대한민국의 증시가 성숙해지다
언택트란 무엇인가?
언택트 관련 유망 종목

CHAPTER 2. 글로벌 언택트 시대가 온다

언택트가 바꾼 투자
언택트 관련 미국 ETF
언택트 관련 미국 개별 종목

Special Insight 3. 언택트 시대, 5G · 클라우드 섹터 전망

1
CHAPTER

새로운 변화의 물결, 언택트

코로나19, 언택트 시대를 열다

코로나19는 건강 문제를 넘어 경제적, 정치적 문제로 이어지며, 우리 삶에 많은 것을 변화시키고 있다. 우리 사회가 근본적인 문화의 변화를 요구받고 있다. 코로나19 사태에 따른 사회적 거리두기로 언택트 소비문화가 확산하며 언택트 시대를 맞이한 우리 사회의 문화, 금융 그리고 산업은 어떻게 변화할까? 위기가 오면 기회도 찾아오기 마련이다.

국내 코로나19 확진자 수는 확실하게 줄어들었다. 하지만 정부는 올 하반기에 코로나19가 2차 유행할 수 있다고 주의시키고 있다. 그래서 그런지 여전히 우리는 마스크를 쓰고, '사회적 거리두기'를 실천하고 있다. 일상의 모든 것이 변화했다고 말해도 과언이 아니다. 먼저 아이들이 등교하지 않고, 개학이 온라인 개학으로 대체되었다. 회사도 마찬가지다. 이전에 대면을 통해 이루어지던 비즈니스, 미팅 등이 온라인 회의, 화상 회의, 컨퍼런스 콜 등으로 대체되고 있다. 근무 자체도 재택근무를 시행하는 기업이 많아졌다. 필자는 기업을 탐방하며 기업가치를 분석하는데, 올 2월부터 대부분의 탐방 일정이 취소되었다. 이런 맥락에서 개인투자자도 정보에 대한 갈증이 많을 것이다.

과거의 전염병 사례를 통해서 살펴보는 코로나19 사태

과거를 짚어보고 현재를 보면 미래가 보인다고 한다. 과거의 사례를 알아보자. 실제로 몇몇 전염병은 세계를 급격하게 바꾼 중요한 계기가 되기도 했다. 페스트가 유럽에서 크게 유행하며, 이를 기점으로 중세 시대의 귀족을 중심으로 한 기득권이 해체되기 시작했다. 전염병은 점점 퍼지고, 피해는 늘어나는데, 기득권이 전혀 대응하지 못했다. 오히려, 지식인들이 적절한 방역 체계를 제시하면서, 권력이 귀족에서 지식인에게 옮겨갔다. 페스트를 겪으며, 자본주의가 성숙해졌다고도 표현할 수 있겠다. 이때부터 위생 기술이 발달하기 시작하면서 위생이 중요한 사회로 변화했다.

천연두 같은 경우는 신대륙으로부터 들어왔고, 페스트와 마찬가지로 기득권이 전혀 대응하지 못하며 극심한 피해를 보았다. 백신이 개발되고 나서야 천연두의 위협이 사라졌고, 이를 기점으로 백신 중심의 방역 체계가 만들어지기 시작했다. 결과적으로 전염병이 사회적 변화를 일으키는 중요한 요인 중 하나로 작용했다고 볼 수 있다.

과거 다른 전염병 사례와 최근 코로나19 사례와는 어떤 차이가 있을까? 일단 코로나19의 전염력이 기존 전염병과 비교해 월등히 강력하다. 일부 전문가는 전염력에 있어서만큼은 홍역 이후 가장 강력하다고 주장한다. 이번 코로나19는 대면 접촉을 차단했고, 개인의 일상생활부터 기업 간의 비즈니스, 국가 간의 소통에 어려움을 만들고 있다. 그렇다 보니 대면하지 않고도 커뮤니케이션할 수 있는 기술의 발달을 촉진하고 있다. 현재 코로나19가 우리 사회를 변화시키고 있는 방식이다.

코로나19가 불러온 시장의 변화

코로나19 사태로 인해 금융시장도 출렁였다. 급락이 나온 이후, 최근 들어 급반등하고 있다. 어느 정도 낙폭을 만회한 현재의 시장을 어떻게 전망해야 할까? 증시가 어떻게 변화할지 고민하기 전에 어떤 산업이 변화할지를 먼저 고민하고 그 산업에 집중적으로 투자한다면, 성공적인 투자를 할 수 있다. 즉, 전반적인 시장의 침체 또는 상승을 보지 말고, 변화된 사회에 어떤 종목, 어떤 산업이 유망할지를 봐야 한다.

유통 산업의 변화로 예를 들어보자. 소비자가 오프라인 마트나 백화점보다 온라인 쇼핑을 이용하는 빈도가 기존보다 훨씬 잦아졌다. 최근 쿠팡이 예년과 비교해서 좋은 실적을 발표한 바 있다. 쿠팡의 경우, 식품을 새벽에 배송해주는 '로켓 프레시Rocket Fresh' 서비스가 큰 몫을 한 것으로 예상한다. 이전에는 주로 공산품만 온라인으로 유통됐지만, 최근에는 식품까지도 온라인으로 유통되고 있다. 이처럼 많은 분야에서 온라인, 비대면, 언택트 방식으로 비즈니스가 이루어지고 있다.

코로나19 이후 증시 전망

중국에서 발생한 코로나19가 전 세계로 확산하고 국제유가가 급락하면서 세계 증시가 패닉에 빠졌다. 미국 S&P500 지수는 단 3주 만에 3,000선에서 2,200선까지 급락했으며, 코스피 또한 2,100선에서 1,500선까지 빠지면서 2008년 미국발 금융위기를 떠올리게 했다. 하지만, 2008년과 달리 실물 경제가 직접적인 타격을 받았다는 점과 유가 전쟁 장기화에 따른 미국 에너지업체의 도산 가능성이 높아진 점이 크게 작용하여 증시가 장기간 침체할 것으로 예상했었다.

코로나19 전후 미국 S&P500 지수 변화

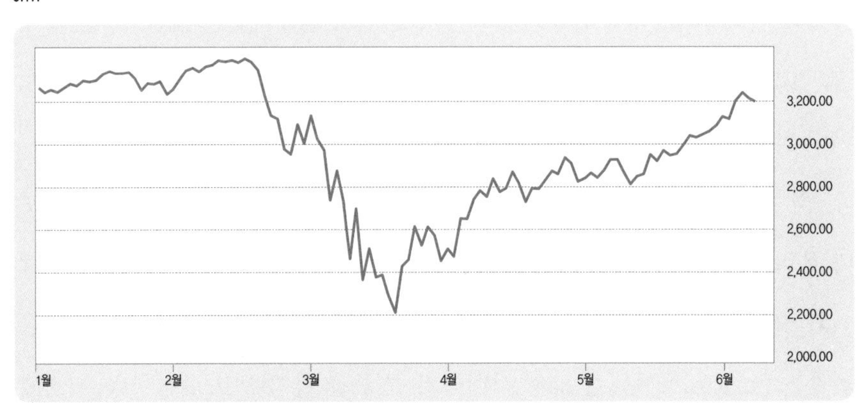

자료 출처:Investing.com

코로나19 전후 코스피 지수 변화

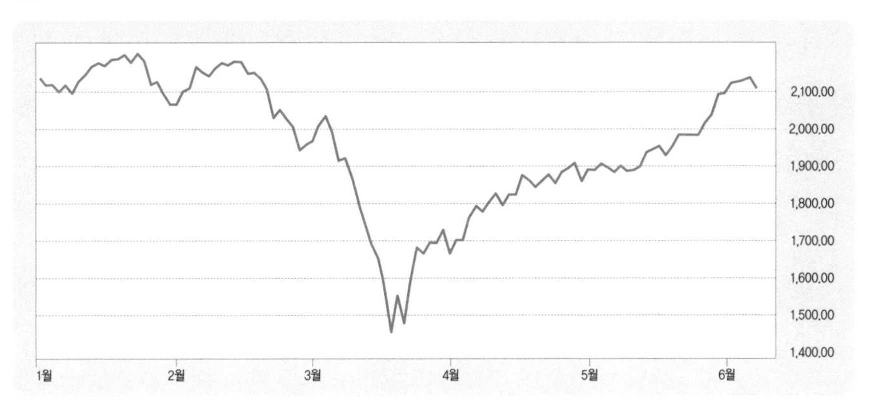

자료 출처:Investing.com

하지만 미 연준의 금리 인하, 무제한 양적완화, 회사채 매입 등의 조기 대처와 약 2조 달러 규모의 경기 부양책이 시행되면서 증시는 빠르게 안정을 찾아가고 있다. S&P500은 2,830선, 코스피는 1,950선까지 반등했다. 특히, 우리나라는 우수한 의료진을 기반으로 조기 방역에 성공함에 따라 코로나19 신규 확진자 수가 한 자릿수로 급격히 감소했다. (2020년 5월 1일 기준, 신규확진자 9명)

5월 5일부로 사회적 거리두기 기간이 만료됨에 따라 2분기에는 이연移延 소비가 나타나며 경기 회복을 이끌 전망이다. 백화점, 요식업, 편의점, 전시회 등의 산업이 기지개를 켤 것으로 전망한다. 하지만, 증시 격언 중에는 '5월에 팔고 떠나라Sell in May and go away'라는 말이 있을 정도로 역대 통계를 보면 5월엔 하락장이 많았다. 5월에는 대부분 기업의 1분기 실적 발표가 있고, 코로나19 여파로 실적 악화가 불가피했다는 점에서 '5월 증시 하락설'은 올해에도 발생 가능성이 충분한 주장이다.

그렇다 하더라도 올해 국내 증시는 조금 다른 양상을 띨 것으로 기대한다. 우선 정부의 고강도 규제로 부동산 시장이 얼어붙었다. 그로 인해 대규모의 부동산 자금이 증시로 쏠릴 것이라는 의견이 지배적이다. 강남 3구 아파트 값이 8년 만에 최대 하락 폭을 기록했으며, 2020년 3월 서울 아파트 거래량은 전월 대비 71%가량 하락했다.

반면, 2020년 3월 개인투자자의 주식 순매수는 12조 7,000억 원으로 전월 대비 110% 증가하면서 외국인이 빠져나간 증시의 공백을 메꾸었다. 또한, 4월 한 달 평균 투자자 예탁금 추이는 44조 5,000억 원으로 전월 대비 약 20% 증가하며, 많은 개인투자자가 주식투자를 위한 실탄을 확보한 것으로 파악된다. 가령 '5월 증시 하락설'이 현실이 되더라도, 그 하락 폭은 예년과 비교해 완만할 것으로 전망한다.

올해 월평균 투자자 예탁금 추이

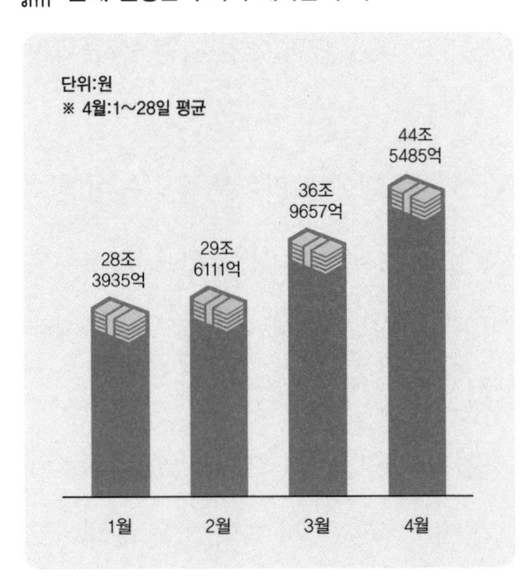

자료 출처:금융투자협회

대한민국 증시가 성숙해지다

코로나19를 통해 성숙해지고 있는 증시

워런 버핏의 어록 중 "썰물이 졌을 때, 비로소 누가 발가벗고 헤엄치고 있는지 알 수 있다."라는 명언이 있다. 최근의 증시는 이와 같은 상황을 정확히 반영하고 있다. 코로나19 여파로 인해 부실기업이 속속들이 수면 위로 드러나고 있다. 그중에서도 경기 변동에 민감하며, 레버리지 비율이 높은 항공사와 중공업이 큰 타격을 입었다.

기업으로 보면 대한항공과 두산중공업이 대표적이다. 국제항공운송협회(IATA)에 따르면 세계 항공 산업의 코로나19 팬데믹으로 인한 피해 규모는 2,520억 달러(약 308조 5,000억 원)에 달할 것이며, 올 상반기 국내 국적 항공사 매출 피해 규모는 6조 3,000억 원에 달할 것이라고 발표했다. 거의 모든 항공사가 코로나19 영향으로 영업이 사실상 중단된 상태인데, 고정비(항공기 리스료, 인건비 등)와 각종 금융 비용을 계속해서 지출해야 하는 구조적 문제를 안고 있다.

아시아나항공 및 대한항공 부채비율 추이

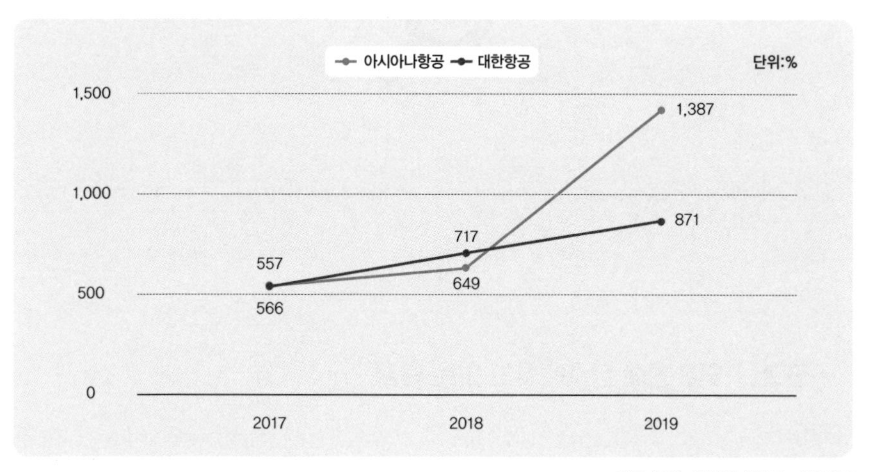

자료 출처:아시아나항공, 대한항공

산업간 부채비율 및 차입금 의존도 수치 비교

단위 : %

구분		2012	2013	2014	2015	2016	2017	2018
부채비율	전체	106.7	102.9	98.9	95.0	89.7	85.1	82.40
	항공운송업	700.1	769.9	877.1	836.6	1,003.8	561.3	457.83
차입금 의존도	전체	27.2	26.9	26.4	26.1	24.6	23.5	23.30
	항공운송업	63.3	64.0	64.9	64.0	63.7	55.4	51.46

※ '전체'는 금융기관과 공기업 등을 제외한 외감기준 전체 산업(부동산 임대업은 제외)의 합산재무제표 기준으로 산출된 값.

자료 출처:나이스신용평가 2020 산업 전망 및 산업 위험 평가-항공운송

대한항공은 현재 부채 규모가 3조 4,000억 원 수준이며, 오는 6월까지 3,600억 원 규모의 ABS와 2,100억 원의 신종자본증권 만기가 도래함에 따라 유동성 위기에 빠지고 말았다. 이에 따라 유휴자산 및 자회사 매각까지 고려하고 있다. 지난 4월 7일에는 HDC현대산업개발의 아시아나항공 인수 작업이 사실상 무기한 연기됐다. 아시아나항공은 지난 3년간 부채비율이 566%에서 1,387%로 증가했으며, 2019년부터 영업이익은 −4,437억 원으로 적자를 기록하면서 매각에 어려움을 겪고 있다. LCC 항공사 또한 상황은 여의치 않다. 이스타항공은 직원을 대상으로 희망퇴직 신청서를 받고 있으며, 300여 명을 구조조정 대상자로 확정했다. 제주항공, 진에어, 티웨이항공도 무급휴직, 순환휴직 등 자구책을 내놓으며 벼랑 끝까지 내몰렸다.

이에 정부는 2월 17일 코로나19 대응 '항공 분야 긴급 지원대책'을 발표했다. 주요 내용으로는 LCC 항공사에 대하여 최대 3,000억 원 범위 안에서 유동성을 적시 지원, 전년 동기 대비 여객이 감소한 항공사는 최대 3개월간 공항 시설사용료에 대한 납부 유예, 상반기 중 항공 수요가 회복되지 않으면 6월부터 2개월간 착륙료 10% 감면, 인천공항 조명료 등의 각종 사용료 감면기한 연장의 검토가 포함됐다. 최근에는 정부가 산업은행과 수출입은행을 통해 대한항공에 1조 2,000억 원, 아시아나항공에 1조 7,000억 원을 지원하며 국가기간산업인 항공업을 살리기 위해 노력하고 있다. 그런데도 업계에서는 '언 발에 오줌 누기'라는 말이 나올 정도로 정부의 대응 수준이 미미하다는 지적이 나온다. 이에 전문가들은 대형 M&A, 비영업용 자산 매각, 대규모 구조조정 등을 통해 항공업의 대대적인 재편이 필요하다고 말한다.

항공 산업은 기간산업으로서 고용 유발 효과가 크고 국가 경쟁력은 물론 국방력과도 직결되는 산업이다. 이에 정부는 항공 산업에 대한 추가 구제방안을 마련할 예정이지만, 이에 앞서 각 항공사의 자구적 노력이 전제되어야 할 것임을 당부했다. 4월 29일 항공사 사장단 간담회에서 손명수 국토부 제2차관 또한 "고용안정과 자본 확충, 재무구조 개선을 위한 자구노력을 병행할 때 정부 지원도 강화할 것"이라며 항공사의 자생적 노력을 강조했다.

따라서 항공사는 유동성 확보를 위해 모든 자구책을 마련할 예정이며, 그동안 보유했던 알짜배기 자산들을 매각할 것으로 보인다. 따라서 투자자는 각 항공사의 재무구조, 자회사 지분, 비영업용 자산가치 등을 꼼꼼히 따져 최후의 생존자가 누구일지, 옥석을 가리는 데에 집중한다면 만족할 만한 결과를 얻을 수 있을 것이다.

두산건설 실적 추이

단위 : 원

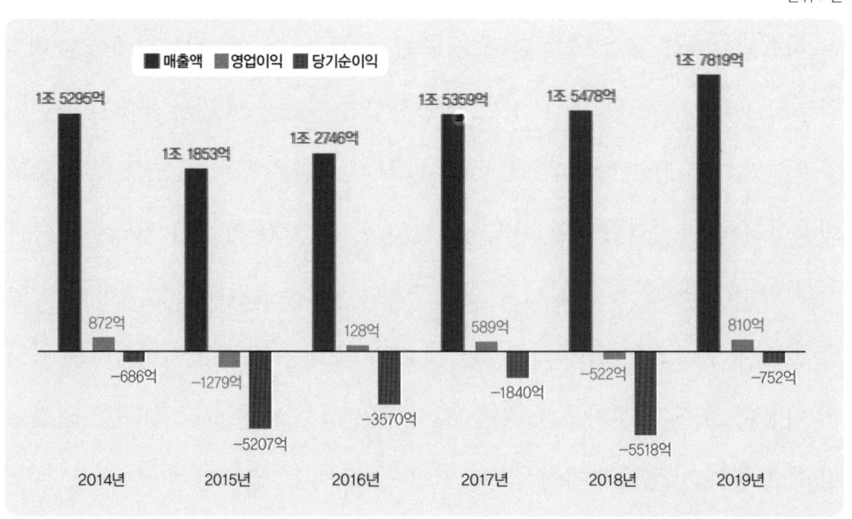

자료 출처: 금융감독원 전자공시시스템

두산중공업 실적 추이

단위 : 원

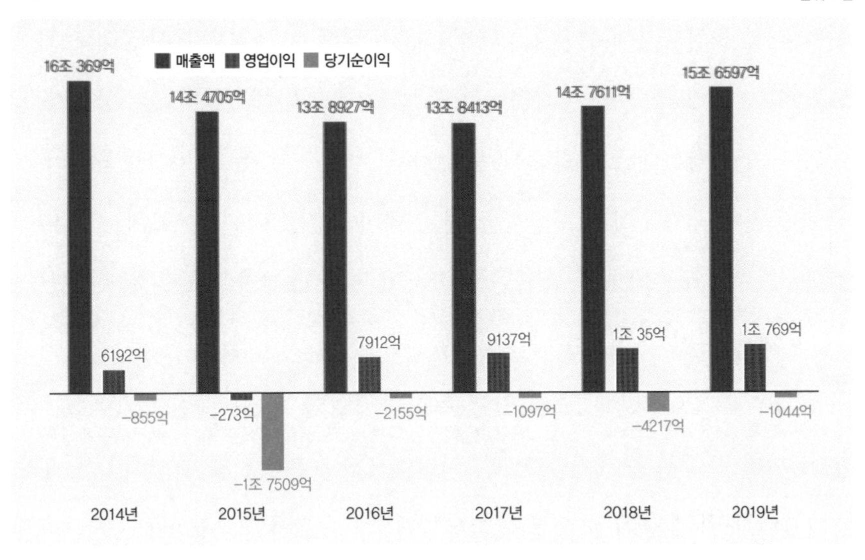

자료 출처:금융감독원 전자공시시스템

1991년, 두산전자의 '낙동강 페놀 유출사건'을 계기로 OB맥주를 비롯한 두산이 영위하는 소비재 전반에 대한 불매 운동이 발생했었다. 이에 두산 그룹은 OB맥주, KFC, 버거킹, 네슬레, 3M 등의 소비재 중심 사업부를 매각 및 조정했다. 매각 대금으로 한국중공업, 대우종합기계, 밥캣 등을 공격적으로 인수하면서 중공업을 주력 사업으로 재편했다. 지속적인 투자와 끊임없는 기술 개발을 통해 원전, 가스터빈, 수처리, 신재생에너지 등에서 독자적인 기술을 갖추며 승승장구했고, 2011년에 매출 기준 세계 500대 기업에 오르기도 했다.

하지만 2008년 금융위기 이후 부동산 경기 침체가 두산 그룹을 덮쳤다. 그룹 계열사인 두산 건설은 일산 위브더제니스 대규모 미분양 사태로 극심한 자금난을 겪었고, 이를 해결하기 위해 두산중공업이 자금줄 역할에 나섰다. 두산 건설 유상증자에 현금 3,000억 원을 지원했고, 폐열회수 보일러 사업도 5,700억 원 규모의 현물 출자 방식으로 넘겼다. 지난해 5월에도 유상증자 참여와 차입금 상환대금을 합해서 총 6,000억 원을 지원했다. 두산중공업의 자금 총동원에도 불구하고 두산 건설의 부채비율은 2017년 195%에서 2019년 257%로 오히려 증가했고, 자금난을 이기지 못한 채 상장폐지 수순을 밟았다.

문제는 두산 건설로부터 시작한 자금 경색이 두산중공업까지 이어졌다는 점이다. 2016년에 264%였던 두산중공업의 부채비율은 2019년 들어 300%까지 꾸준히 증가했다. 또한, 지난해 1조 800억 원의 영업이익을 내고도 1,044억 원의 당기 순손실을 기록했다. 대규모 차입금에 따른 금융 비용이 영업이익을 잠식한 것이다. 더군다나 올해 갚아야 할 부채 규모가 약 4조 2,000억 원에 달하며, 계열사, 사업부 매각이 논의되는 등 창사 이래 최대 고비를 맞았고, 존폐의 기로에 놓여 있다.

이미 몇 차례 재무 건전성 문제로 곤혹을 경험한 국내 건설사들의 업종평균 부채비율은 2019년 기준 140%로 10년 전 금융위기 당시 500%에 비하면 매우 양호하다. 과거의 아픔을 겪으면서 산업 자체가 성숙해졌다. 반면, 항공업과 중공업을 비롯한 산업 전반은 이번 코로나19를 계기로 레버리지에 대한 재고가 있을 것으로 판단된다.

성숙해지고 있는 투자자

이번 코로나19를 겪으면서 개인투자자도 엄청난 고통을 겪었다. 증시가 2018년 고점을 찍은 뒤로 매년 하락세를 보였음에도, 꿋꿋이 버티던 투자자마저 좌절시킬 정도로 강력한 충격이었다. 덩치가 큰 투자자일수록 손실이 더 클 수밖에 없었다. 주식시장에서 큰 수익을 냈던 경험이 있는 투자자 대부분은 레버리지를 효율적으로 사용했는데, 이것이 오히려 독이 됐다.

이번 코로나19로 인한 증시 하락은 기간은 상당히 짧지만, 그 폭이 상당히 크다는 특징이 있다. 반년 가까이 이어진 2008년 금융위기와 비교하면 확연히 짧은 기간이지만, 하락 폭은 비슷하다. 평소에 레버리지를 상당 부분 사용했던 투자자들은 반대 매매에 속절없이 무릎을 꿇었고, 보수적인 투자자들도 기회라고 섣부르게 대응했다가 속절없이 당했다.

이번 하락장을 통해 과도한 신용거래, CFD(차액결제 거래) 계좌를 운용했던 개인투자자의 투자 행태가 전환될 필요성이 대두되었다. 주식투자는 한번 배우면 평생을 써먹는 '운전'과 같다. 늘 조심하고 또 조심해야 한다. 우리가 운전하면서 한눈팔지 않듯이, 주식투자에 있어서 레버리지 관리에 항상 주의해야 한다.

코로나19를 통해 증시의 주도 세력이 변하고 있다. 기존 국내 시장을 좌지우지했던 외국인이 연일 '팔자세'를 보인다. 올해 초 코스피 기준으로 39% 수준이었던 외국인 보유 비중이 4월 말 기준으로 36%대까지 떨어졌다. 하지만 이를 이른바 '스마트 머니', 스마트한 개인 자금이 감당하는 중이다. 빠져나간 외국인 수급이 국내로 재진입할 때까지 시장을 개인이 받쳐준다면, 우리 증시의 레벨 업도 가능할 것이다. 하지만 장밋빛 전망으로 또다시 실수를 반복해서는 안 된다. 레버리지 관리를 철저히 하고 항상 기업의 재무 건전성에 유의하며 투자 결정을 내려야 한다. 레버리지는 러시안룰렛과 같아서 10번 중 9번을 맞춰도 마지막 1번의 실수가 모든 것을 끝낼 수 있다.

성공적인 매수를 성공적인 매도로 이어가야 할 때

이번 코로나19 사태 이후에 개인투자자 대부분이 매수에 성공했다. 굉장히 저렴한 가격에 매수했다. 어떻게 가능했을까? 지금까지의 금융위기는 해외시장이 먼저 겪은 뒤에 국내로 들어왔다. 해외시장이 위기를 이미 극복했거나 시장이 안정될 즈음에 우리나라는 위기가 시작됐다. 그렇다 보니 외국인이 우리나라가 저점일 때 매수하고, 어느 정도 반등이 일어나는 시점에 수익을 올렸다. 반대로 개인투자자는 이미 반등한 이후에 매수하는 경우가 많았다.

하지만 이번에는 외국인보다 개인투자자가 먼저 저점에서 매수하는 데 성공했다. 이번 코로나19 사태가 중국과 한국에서 먼저 터지면서, 해외시장보다 국내시장이 먼저 위기를 겪다 보니 발생한 결과다. 과거의 외국인 관점에서 국내 개인투자자가 매수한 셈이다. 이제 성공적인 매수를 성공적인 매도로 이어가야 할 차례다.

언택트란 무엇인가?

Un + Contact = Untact

'언택트 유망업종', '언택트 수혜주' 등 최근 들어 '언택트'라는 표현을 다양한 분야에서 볼 수 있다. 언택트의 정확한 뜻은 무엇일까? 사실 언택트는 일종의 콩글리시 표현이다. 부정을 뜻하는 영어의 접두사인 'Un-'과 연결을 뜻하는 단어인 'Contact'가 합쳐지며 생겨난 말인데, 합쳐지는 과정에서 줄임말이 되어 '언택트Untact'가 되었다. 실제로 해외에서는 'No-Contact', 'Non contact', 'Zero Contact'라는 용어를 주로 사용한다. 뜻은 말 그대로 '접촉하지 않는 문화, 비대면 문화' 정도로 풀이된다.

언택트 관련 유망 섹터

코로나19는 비대면 시장이 본격화되는 계기로 작용할 것이고, 산업 전반에 걸쳐 영향을 미치고 있다. 1인 가구의 급증과 사물 인터넷IOT의 발달 또한 언택트 문화를 가속하는 요인이다. 2017년 정보통신기획평가원에서 발표한 '무인화 추세를 앞당기는 키오스크' 보고서의 한 설문에 따르면 키오스크가 매장 직원보다 편하다는 응답이 74%에 달했다. 많은 소비자가 낯선 사람과의 대화를 꺼리다 보니, 대면 커뮤니케이션보다 디지털 커뮤니케이션이 효율성과 심리적 안정감 측면에서 더 낫다는 것이다.

서양에서는 이미 '퍼스널 스페이스Personal Space'라는 개념이 자리 잡았다. 이는 다른 사람에게 방해받고 싶지 않은, 무의식적으로 생각하는 나만의 물리적 공간이다. 지하철의 가장자리에 앉고 싶어 하는 것, 무인 매표소를 더 선호하는 것, 만원滿員 엘리베이터가 불편한 것 등이 단적인 예다. 현대인은 일상생활과 직장에서 너무 많은 대인 관계에 노출되어 있고, 거기서 오는 스트레스에서 잠시나마 해방되고자 하는 욕구를 내재하고 있다. 결과적으로 언택트 문화는 거스를 수 없는 메가 트렌드로 자리매김할 것이다.

코로나19 이후 우리나라는 어떻게 될 것인가?

많은 전문가가 코로나19 이후 어떤 산업이 수혜를 누리고, 어떤 산업이 도태될지 분석한다. 하지만 필자는 다른 방식으로 접근하고자 한다. 코로나19 이후에 '우리나라는 어떻게 될 것인가'에 대한 논의가 필요하다.

이번 코로나19 방역을 효과적으로 대처하면서 한국의 국격이 상당히 올라갔다. 개방성, 투명성, 민주성이라는 3대 원칙을 기반으로 현명하게 대처한 성과라고 판단한다. 지금 우리나라는 높은 수준의 의료기술을 바탕으로 전 세계를 리드하는 입장이고, 세계 각국으로부터 도움 요청을 받고, 영향력을 행사할 수 있는 국가로 우뚝 섰다.

또한, 현재 중국은 코로나19의 근원지로서 전 세계로부터 공공의 적이 된 상황이며, 피해 보상까지 요구받는 실정이다. 그런데도 우리 정부는 중국과의 관계를 유지하는 데 최선을 다했다. 중국에게 우리나라는 상당히 고마운 존재가 아닐 수 없으며, 대외적으로 고립된 상황 속에서 유일하게 손을 내밀 수 있는 국가가 되었다. 문재인 대통령의 역할이 어느 때보다 중요한 상황이 되었고, 이를 잘 활용할 경우, 정부의 제1과제인 '평화 프로세스' 구축에 탄력을 받을 것으로 전망한다. 더불어 올해 시진핑 중국 국가주석의 방한이 예정되어 있어 양국의 경제협력에 대한 논의도 활발하게 이루어질 것이다.

이러한 상황을 고려할 때, 투자자로서 중국향向 비즈니스를 주목할 필요가 있다. 2005~2007년은 대對중국 사업으로 랠리가 나타났던 시장이었다. 수급 측면에서도 미래에셋이 열풍을 일으킨 적립식 펀드로 개인투자자의 대규모 시장 진입을 이끌었던 시기였다. 최근의 흐름을 비추어 보았을 때, 당시의 상황이 재현될 수 있다. 해당 시기를 주도했던 주요 업종은 화학, 조선, 건설 등 중후장대重厚長大 산업이었다.

최근 20년간 코스피 지수 추이

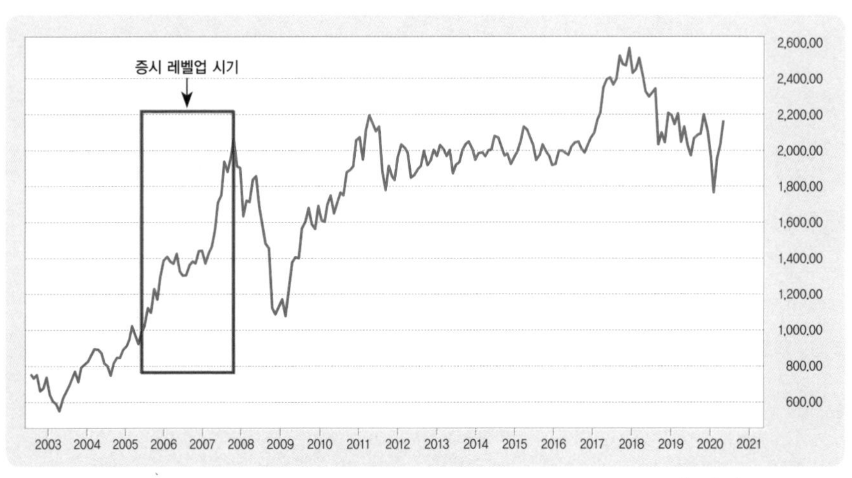

자료 출처: Investing.com

이번 랠리는 중국과 밀접한 관련이 있는 K-메디컬, 소비재, 엔터 · 미디어, 남북경협 등의 섹터가 주도할 것으로 판단된다. 이번 코로나19 팬데믹을 계기로 전 세계에 K-메디컬이 위상을 떨쳤고, 여러 국가로부터 진단키트를 비롯한 의료기기 원조 요청을 받으며, 글로벌 진출의 신호탄을 쏘아 올렸다. 특히 중국산 진단기기 제품이 낮은 정확도와 불량관리 등으로 세계에서 퇴짜를 맞고 있어서, 국산 의료용품이 중국을 비롯한 글로벌 시장에서 주목받을 것으로 전망한다. 위생용품과 같은 소비재는 전통적으로 중국을 대상으로 한 수출이 많은 업종이기 때문에 주목할 필요가 있다.

단기적으로도 긍정적인 요소가 있다. 최근 중국인의 보복적 소비의 최대 수혜자가 국내 기업이 되지 않을까 조심스럽게 예상한다. 물론 중국 내수 기업이 가장 큰 매출을 올리겠지만, 국외로 소비가 확산할 경우 그 첫 번째가 바로 우리 대한민국이 될 것이다. 또한, 우리나라의 방역 체계, 코로나19에 대한 대처 능력 덕분에 'Made in Korea'에 대한 신뢰도가 상당히 높아졌다. 유아용 제품이나, 화장품, 식료품 등 민감하고 신중하게 다루어져야 할 제품들이 더 큰 혜택을 받을 가능성이 있다.

한국의 온라인 강의 시스템에도 중국이 큰 관심을 보인다. 코로나19 사태로 인해 국내 교육 분야에 양방향 온라인 강의 시스템이 많이 적용되었다. 최근에는 사교육에도 이러한 시스템이 접목되며, 이 시장이 점차 확대될 것으로 전망한다. 기존에도 온라인을 통한 양방향 소통과 관련된 사업이 주목받고 있던 찰나에 코로나19 사태로 관련 사업의 성장이 촉진되고 있다.

원격 관련해서 한 가지 이야기를 더 덧붙이자면, 원격의료 시스템도 주목받고 있다. 헬스케어, 제약 · 바이오 업종 관련하여 원격의료나 디지털 의료기기 등 관련 산업이 수혜주가 되지 않을까 예상한다. 비대면 의료기기, 자가진단키트 등의 상품이 해당한다. 우리나라는 원격의료 시행에 관한 법제화가 아직 이루어지지 않았지만, 법제화가 이루어지면 급속도로 성장할 것이다. 실제로 미국 정부는 원격의료 시스템에 대대적인 투자를 예고했으며, 조만간 3조 원에 이르는 시장이 형성될 것으로 예상한다.

이외에도 엔터 · 미디어 산업에 주목할 필요가 있다. 4년 전, 중국 정부는 사드 배치 문제로 한국 드라마 등의 한류 문화 접촉을 금지하는 한한령限韓令을 선포했다. 그러나 최근 중국판 유튜브 'YOUKU'가 한국 드라마 서비스를 재개하면서 한한령 해제에 대한 기대감이 고조되고 있다. 올해 시진핑 국가주석의 방한도 예정되어 있으며, 코로나19 사태로 인해 한-중 관계가 더욱 긴밀해졌기 때문에 한류에 대한 규제가 완화될 것으로 판단한다.

중국과의 관계가 원만해지고, 지난 4월 총선을 통해 여대야소與大野小 정국이 형성되어 대북협력 사업에 대한 논의도 활발하게 진행될 것으로 전망한다. 정부 차원에서도 SOC 사업에 상당한 예산을 편성했고, 건설업을 통해 경기를 부양하고자 하는 의지가 강한 만큼 철도 산업, 건설업종도 수혜가 예상된다.

언택트 관련 유망 종목

진단키트: 씨젠(KQ, 096530)

전 세계 코로나19 확진자 및 사망자 추이

단위 : 천 명

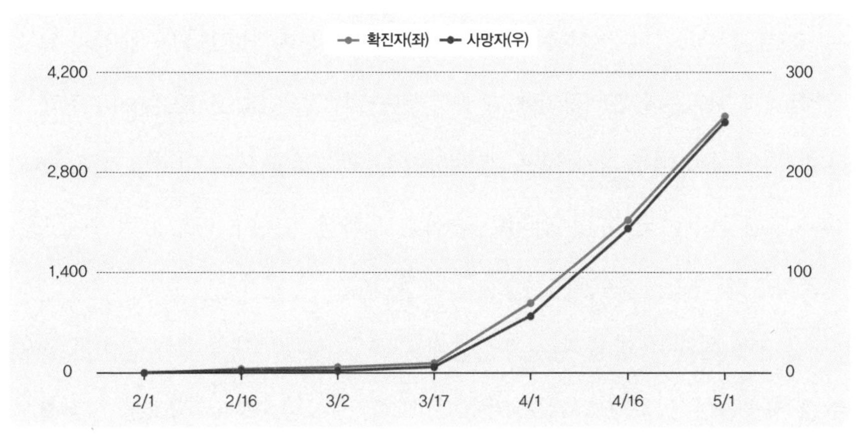

자료 출처:Worldometer

5월 1일, 미국 존스홉킨스대학은 전 세계 코로나19 확진자 수가 340만 명에 육박했으며, 총사망자 수도 24만 명을 넘었다고 발표했다. 미국을 비롯한 유럽 주요국의 확진자 수가 꾸준히 증가하면서 전자, 배터리, 자동차 등 모든 산업군에 걸친 생산공장이 문을 닫았다. 최근 들어서는 의료시스템이 열악한 남미에서 확진자와 사망자가 급증하고 있다. 남미는 국가 간 접경接境 지역이 많기 때문에 코로나19 확산 추이가 지속해서 증가할 전망이다.

이런 상황에서 전 세계의 이목이 코로나19 치료제와 진단키트에 쏠리고 있다. 지난 1일 FDA가 길리어드의 렘데시비르Remdesivir에 대한 긴급사용을 승인하면서, 세계 최초의 코로나19 치료제가 나왔다. 하지만 이는 혈중 산소량이 낮거나, 인공호흡기 등이 필요한 중증환자를 대상으로만 사용 가능하며, 염증, 저혈압 등의 부작용을 유발할 수 있어 치료제로서 온전한 역할을 하기엔 역부족이다. 이에 따라 치료제 시장은 여전히 무한 경쟁 상태며, 오리무중 상태다.

치료제와 달리 진단키트 시장은 한국산 제품이 주목받고 있다. 우리나라는 코로나19 확진자를 신속하게 진단하고 격리하며, 코로나19 방역의 모범사례로 평가받는다. 그 중심에 한국산 진단키트가 있었고 코로나19 진단에 사용하는 '실시간 유전자 증폭 검사기법'이 국제표준으로 인정받기도 했다. 앞서 말했듯이 미국, 유럽, 남미를 중심으로 확산 추이가 가속할 전망이므로, 진단키트의 수요는 지속해서 증가할 예정이다.

윤강현 외교부 경제 외교조정관에 따르면 총 121개국에서 한국산 진단키트 수출을 요청하고 있다고 밝혔다. 또한, 3월 중순부터 체코를 시작으로 중국산 진단키트 반품 사태가 벌어졌다. 이외에도 미국, 스페인, 터키, 필리핀, 영국 등 전 세계적으로 중국산 진단키트 불량에 대한 소식이 전해짐에 따라 그 신뢰성을 잃었다. 제조 · 관리 부실과 진단 시약 오염, 정확도 저하 등으로 정상적으로 사용할 수 없기 때문이다. 이러한 상황에서 인도는 한국을 지정해서 진단키트를 공급해 달라고 요구하는 등 한국산 진단키트의 위상이 나날이 높아지고 있다.

진단키트에는 크게 2가지 방식이 있다. '분자진단방식'과 '면역진단방식'이다. 분자진단은 유전자 검사로서 짧게는 1시간, 길게는 하루가 소요된다. 정확도는 높지만, 전용 장비와 진단시설이 필요하기 때문에 시설이 갖춰진 곳에서만 진단할 수 있다는 명확한 한계점이 있다. 대표적인 기업으로는 씨젠, 랩지노믹스 등이 있다. 면역진단은 항체/항원 검사다. 분자진단과 비교해 상대적으로 정확도는 낮지만, 소요 시간은 10분 내외로 짧다는 장점이 있다. 장소에 구애받지 않는다는 장점도 있다. 대표적인 기업으로는 수젠텍이 있다.

진단키트 관련주의 모멘텀을 단기적인 흐름으로 접근하는 시각도 있는데, 수출했을 때 좋은 실적을 기대해볼 만한 섹터에 주목할 필요가 있다. 우리나라에서 미 FDA 승인을 받은 진단키트 관련 회사는 씨젠, 수젠텍, 오상헬스케어, 랩지노믹스, SD바이오센서 등이 있다. 해당 기업 중 씨젠이 진단키트 부문에서 선두 주자가 될 것으로 판단한다.

씨젠은 유전자 분석 상품, 유전자 진단 관련 시약 및 기기 개발을 주요 사업으로 영위한다. 2000년에 설립되었으며, 2010년 코스닥에 상장했다. 타깃 유전자만 증폭시켜 질병의 다양한 원인을 정확히 분석할 수 있는 멀티플렉스 유전자 증폭 시약 및 분석 소프트웨어 원천기술을 보유하고 있으며 Seeplex, Anyplex ll, Allplex가 주요 제품이다.

씨젠 코로나19 진단키트 제품

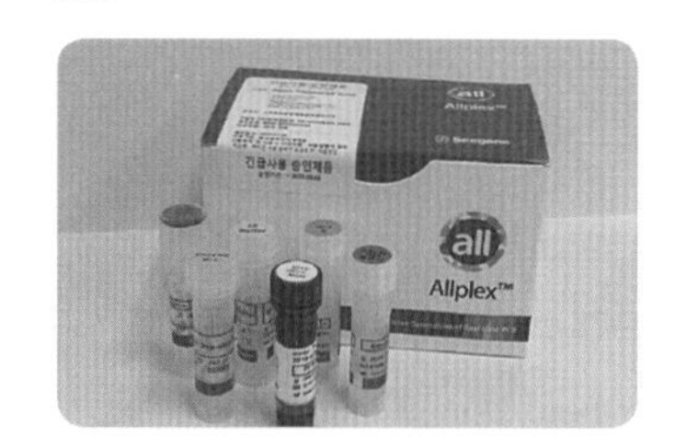

사진 출처:씨젠

씨젠 총매출액 국가별 비중

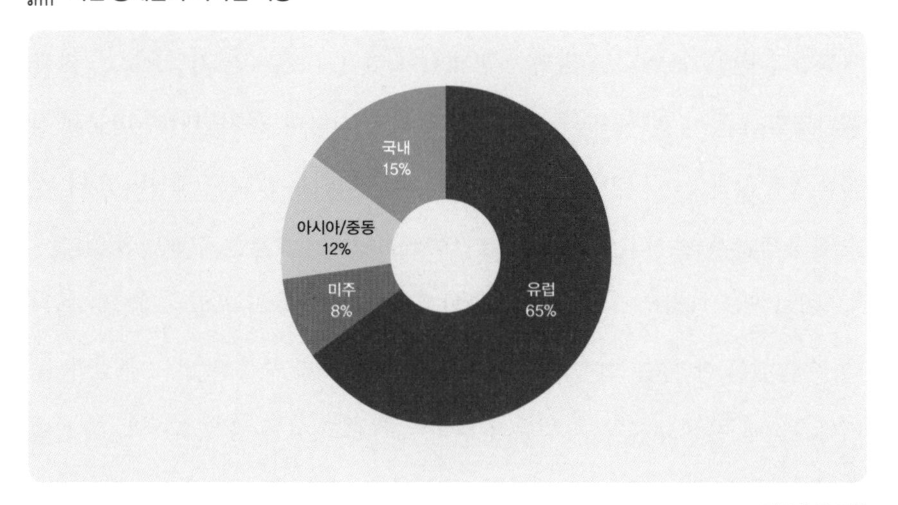

자료 출처:씨젠

총매출액 중 수출이 약 85% 수준으로 높은 비중을 차지하고 있다. 글로벌 네트워크 및 마케팅 강화를 위해 주요 국가에 현지 법인을 설립하는 등 글로벌 기업으로 도약 중이다. 2014년 이탈리아 및 중동법인, 2015년 미국 및 캐나다 법인, 2016년 멕시코 합작법인 설립, 2017년 독일 법인, 2019년 브라질 법인 설립 등을 통해 글로벌 인지도를 쌓고 있다.

올해 씨젠은 창사 이래 최대 실적을 달성할 전망이다. 진단키트뿐 아니라, 진단 시약까지 전 세계 60여 개 국가에서 1,000만 테스트 이상의 수출 실적을 기록했다. 5월부터는 수출 물량을 월 2,000만 테스트 이상으로 확대할 계획이라고 밝혔다. 코로나19의 확산이 장기화할 조짐에 따라 거듭 성장할 것으로 판단한다.

진단키트: 면역진단방식 - 바디텍메드(KQ, 206640)

씨젠과 더불어 면역진단방식을 활용해 코로나19 진단키트를 제조, 판매하고 있는 바디텍메드 또한 호실적이 기대된다. 현재 확진자 선별을 위해 수요가 확대되고 있는 유전자 진단키트의 경우 바이러스 감염 후 잠복기 상태인 환자는 검출이 불가능하다. 바디텍메드의 면역진단방식 POCTPoint Of Care Test : 현장진단장비는 바이러스 감염 정도를 수치화할 수 있다는 강점이 있다. 잠복기 상태인 환자도 효과적으로 구분할 수 있어 유전자 진단키트와 더불어 병행 수혜가 예상된다.

글로벌 체외진단기기 시장 규모

단위 : 억 달러

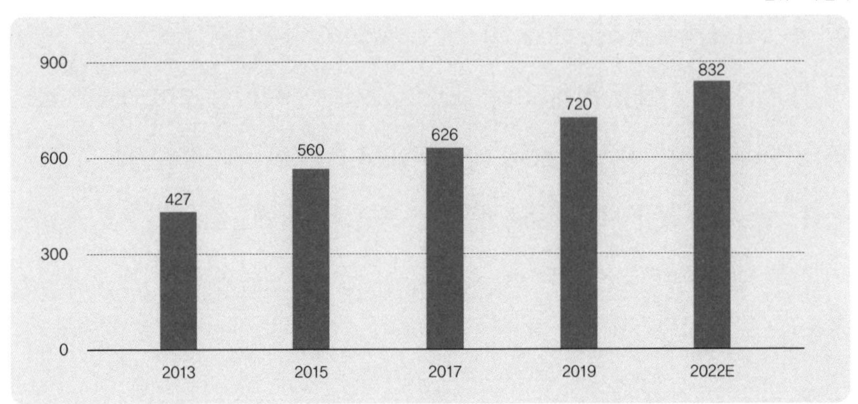

자료 출처:리서치알음

바디텍메드는 1998년 설립된 POTC 전문업체로 지난해 기준 해외 매출이 전체의 95%를 차지하고 있다. 중국과 중동, 아시아 지역이 절반 이상에 달했지만, 올해 코로나19 진단키트 판매를 통한 추가적인 수출로 시장 개척이 가능할 전망이다. 영업실적은 POCT 판매 후 지속해서 판매되는 카트리지 수요에 영향을 받는데, 2020년 기준 4,000만 개의 카트리지 수요를 확보하고 있어 귀추가 주목된다.

2017~2019년 영업실적 악화의 주요 원인으로 작용했던 Immunostics, 바디텍 바이오테크놀로지 등 자회사의 실적도 개선될 전망이다. 특히, 올해 전 세계적으로 코로나19 진단키트의 품귀현상이 발생하면서 미국 자회사인 Immunostics의 실적 턴어라운드가 예상된다. Immunostics는 2017년과 2018년 무형자산의 손상차손으로 각각 40억 원, 80억 원의 당기순손실이 발생했었다. 하지만, 지난해 일회성 비용이 소멸하면서 적자 폭이 7억 원까지 축소되었으며, 올해 미국 매출의 본격화로 흑자전환도 가능할 전망이다.

이외에도 2016년 자회사 애니벳을 설립하여 동물용 진단시장에도 진출했다. 기존 진단기기에 동물용 진단시약을 사용함으로써 개발비용을 절감했고, 현재 프랑스, 홍콩 등으로 수출 중이다. 올해에는 세계 최대 동물 의료시장인 미국에 런칭할 예정이다. 전 세계적으로 반려동물이 증가하는 추세이며, 동물용 체외진단기기 시장 또한 빠르게 확대 중이기 때문에 향후 전망이 낙관적이다.

위생용품: 한국알콜(KQ, 017890)

앞서 언급했듯, 한국과 중국 간 경제협력이 강화될 전망이고, 이에 따라 중국 소비재에도 관심 가져야 한다. 특히, 최근 산업통상자원부 발표에 따르면 우리나라의 4월 수출은 코로나19 직격탄으로 무려 99개월 만에 적자로 전환했다. 하지만 전반적인 부진 가운데에서도 눈에 띄는 부분이 있는데, 바로 방역 의료용품이다.

2020년 손소독제 수출 추이

단위 : 천 달러

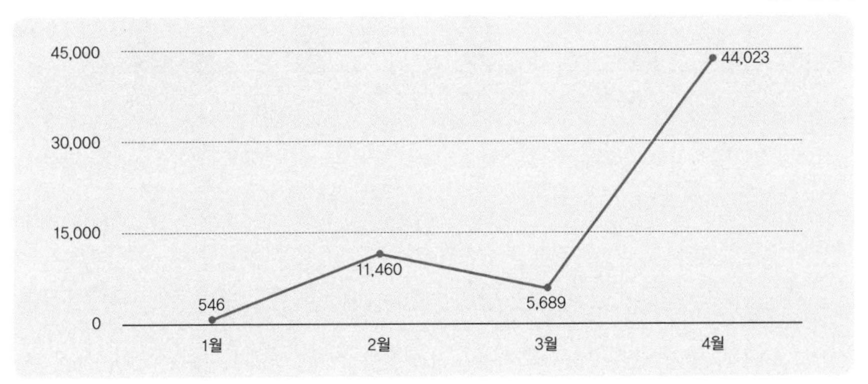

자료 출처:산업통상자원부

산업통상자원부의 자료에 따르면, 방역 의료용품 중에서도 손 소독제의 수출 증가율이 압도적으로 높다. 2020년 4월 손 소독제 수출은 4,400만 달러로 전월 대비 약 774% 증가했다. 각국에서 코로나19 방역 의료용품이 품귀品貴 현상을 빚고 있고, K-메디컬의 높아진 위상에 따라 세계 각국이 한국산 방역용품을 추구함에 따라 비롯된 결과다.

한국알콜은 화학제품 및 주정 등의 제조, 판매 등의 목적으로 1984년 설립되었으며, 1992년 코스닥에 상장했다. 한국알콜은 합성 에탄올, 정제 주정, 무수주정 등 다양한 제품을 생산하며 생산 영역을 넓혔다.

한국알콜 매출액 및 영업이익률 추이

단위 : 억 원, %

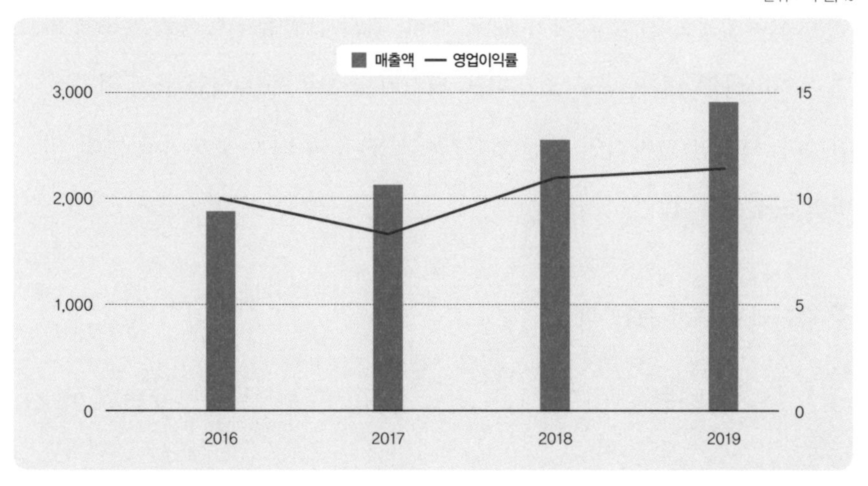

자료 출처:한국알콜

최근 우리나라는 코로나19 방역으로 인해 손 소독제 공급 부족 현상을 겪었다. 이에 국세청은 술이나 음료, 식품을 만드는 데 사용했던 알코올을 손

소독제의 원료로 사용할 것을 결정하기도 했다. 지난 4월 30일 국세청에 따르면 올해 1분기 손 소독제용 주정 공급량은 146,310드럼으로 전년 동기 대비 98배 증가했다. 해당 공급량 중 88%가 한국알콜과 대한주정판매에서 이뤄졌다. 한국알콜은 코로나19 사태 이전까지는 손 소독제 사업부가 존재하지 않았는데 이번 일을 계기로 추가 성장 동력을 확보할 전망이다. 또한, 손 소독제의 수요가 급증함에 따라 판매단가도 상승하여 실적 개선에 긍정적인 영향을 미칠 것으로 전망한다.

원격의료: 아이센스(KQ, 099190)

코로나19 이후 전 세계적으로 원격의료 도입을 추진하고 있다. 우리나라 또한 원격의료 도입과 규제 완화에 대한 논의가 가속할 전망이다. 원격의료라고 하면 투자자들이 가장 먼저 떠올리는 기업은 비트컴퓨터, 인성정보, 유비케어 등이 있다. 하지만 해당 기업들은 주가가 이미 지나치게 올랐거나, 지속해서 적자를 기록하거나, 실적 대비 과도하게 고평가를 받고 있어 안정성 측면에서 의구심을 갖게 한다.

아이센스 매출액 및 영업이익률 추이

단위 : 억 원, %

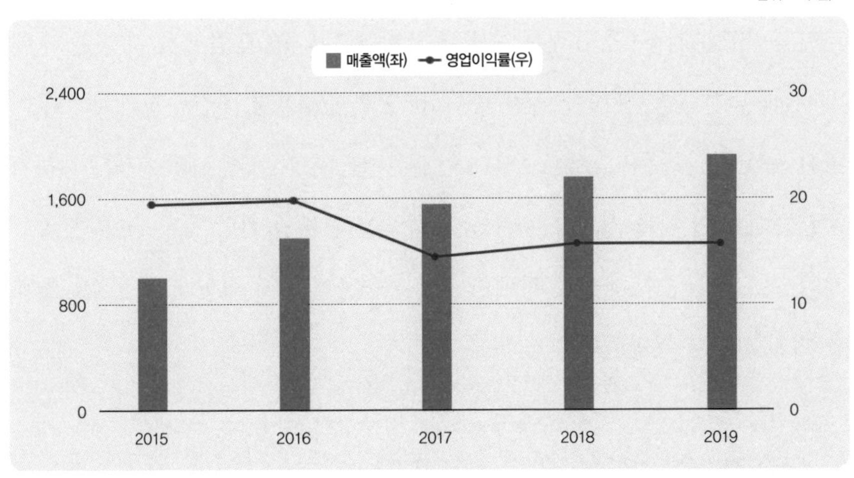

자료 출처:아이센스

반면, 아이센스는 혈당측정기 업계 선두기업으로서 국내 시장점유율 1위를 기록하고 있으며 POCT 시장에서도 괄목할 만한 성장세를 보인다. 전망이 매우 낙관적이다. 지난 3년 동안 매출액과 영업이익도 꾸준히 증가하고 있으며, PER은 15배로 업종 평균 PER 48배에 비하면 저평가 구간으로 판단된다. 특히, 국내에서 올해부터 '제1형 당뇨병 환자 재택 의료 시범사업'이 시행될 예정이어서 주목할 필요가 있다. 해당 사업은 원격으로 환자의 혈당 변화를 체크해 인슐린 투여 시기를 알려주는 것으로, 국내 당뇨 환자를 대상으로 한 원격의료 시스템 구축의 신호탄이 될 예정이다.

자가 혈당 측정기 시장은 글로벌 메이저 4개 기업이 특허와 브랜드 파워를 바탕으로 과점 체제를 형성해 진입장벽이 매우 높다. 대만과 중국 등을 소재로 한 20개 이상의 업체가 저가공세를 바탕으로 시장점유율 확보에 나섰으나, 기술력의 한계를 넘지 못하고 소비자로부터 외면받았다.

아이센스는 이들과 달리 메이저 회사와 대등한 기술력을 확보했고, 상대적으로 낮은 가격 정책을 통해 꾸준히 성장 중이다. 기술력은 채혈량, 측정 시간, 정확성 등으로 평가받는데, 아이센스의 주요 제품인 '케어센스'는 0.5㎕의 혈액만으로 단 5초 만에 혈당을 측정할 수 있는 기기로 특허가 등록되어 메이저 기업에 못지않은 기술력을 확보했다. 정확성 부문에서도 NEW FDA Guidance(2016), ISO15197:2013를 준수하며 제품 및 생산공정 검증을 마친 상태다. 또한, 경쟁 업체 제품 대비 약 10~20% 낮은 가격으로 가격경쟁력까지 확보했다.

전 세계 당뇨병 환자 증가 추이 및 전망

단위 : 만 명

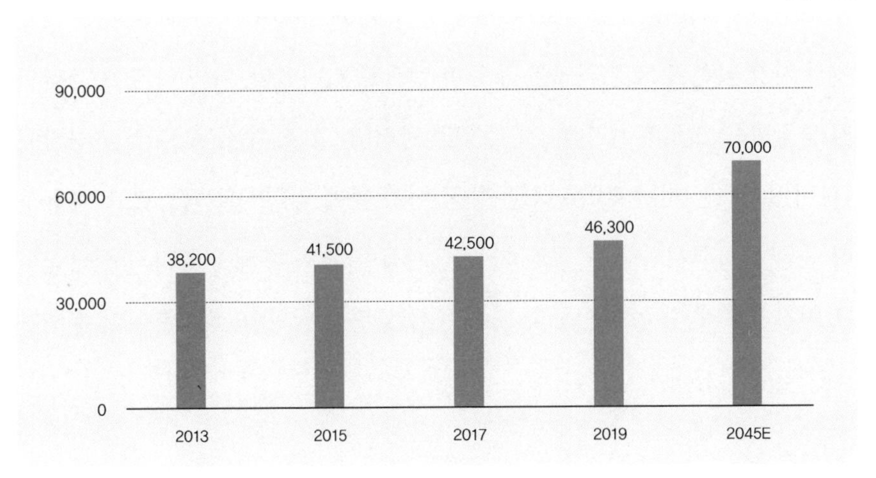

자료 출처:국제당뇨병연맹

혈당 측정기는 미터Meter와 일회용 소모품인 스트립Strip으로 구성된다. 이는 면도기와 면도칼과 같은 관계여서 미터는 한 번 구매하면 오래도록 사용할 수 있지만, 스트립은 바로 폐기 처리해야 하는 소모품이다. 그런데 당뇨병 환자는 하루에 4~5번 혈당을 측정하기 때문에 스트립이 대량으로 필요하다. 또한, 국제당뇨병연맹IDF에 따르면 2045년까지 전 세계 당뇨병 환자가 약 7억 명에 이를 것으로 추정하고 있어 자가 혈당 측정기 제조업체의 대량 생산 능력이 중요한 경쟁 포인트가 되고 있다.

아이센스는 원주, 송도 그리고 중국 장가항시에 생산 설비를 갖췄다. 1교대 기준으로 연간 총 19억 개를 생산할 수 있으며, 추가 수요에 따른 설비 확장도 가능하다. 대규모 생산능력을 바탕으로 뉴질랜드 정부와 2022년까지 연간 300억 원 규모로 단독 공급 계약을 체결했다. 아크레이, 아가매트릭스와 파트너쉽을 맺고 OEM/ODM 방식으로 제품을 공급한다.

2019년 기준 중국은 당뇨병 환자 수가 약 1억 1,640만 명에 달해 전 세계에서 가장 많은 당뇨병 환자를 보유한 것으로 나타났다. 이에 따라 2025년까지 중국의 당뇨 의료기기 시장은 230억 달러(약 28조 원) 규모로 커질 전망이다. 아이센스는 지난 2019년 8월 중국 현지 판매 인허가를 획득했고, 올해부터 중국 장가항시의 신규 공장 가동을 개시한다. 현재 해당 공장의 생산능력은 연간 3억 개 수준이며, 중국 내수 공급 물량을 담당할 것으로 여겨져 추가적인 외형 성장이 기대된다.

엔터: YG PLUS(KS, 037270)

6월 중으로 한 · 중 · 일 온라인 합동 콘서트가 개최될 것으로 알려졌다. 이번 행사는 중국 정부가 주최하는 첫 공식 행사로 한한령 이후 굳게 닫혀있던 중국의 엔터 시장이 다시 개방되는 중대 기점으로 판단된다. 우리 정부가 어려운 상황에도 불구하고 중국과의 관계를 유지하는 데 최선을 다했기 때문에, 이번 언택트 콘서트가 성공적으로 치러지면 K-엔터가 그 과실果實을 가장 먼저 누릴 전망이다.

국내 대표적인 엔터테인먼트 기업은 SM, YG, JYP가 있다. JYP는 트와이스 멤버 중 쯔위가 대만 옹호 발언을 하는 등 중국 내에서 여론이 좋지 않으며, SM 또한 엑소 멤버 첸이 결혼을 발표하면서 팬들과 관계가 멀어졌다. YG엔터 역시 버닝썬 사건으로 이미지에 큰 타격을 입었지만, 사건의 주역인 승리가 빅뱅 및 연예계 은퇴를 선언하면서 빠르게 수습됐고, 최근 GD가 중국에서 CF를 찍으면서 중국 내 팬심이 건재하다는 것을 보여줬다. 특히, YG엔터 소속의 가수들은 다른 두 기획사에 비해 아이돌보다는 아티스트로서의 이미지가 강하기 때문에, 대외적 악재 속에도 팬덤의 이탈이 비교적 덜할 것으로 예상한다.

올해 YG엔터 소속 주요 아티스트들의 활동 재개가 예정된 점 또한 기대하는 부분이다. 상반기 안으로 블랙핑크가 컴백을 예고했으며, YG 대표인 빅뱅의 신규 앨범 준비가 한창인 것으로 보인다. 12인조 신인 보이그룹인 '트레저'와 걸그룹 '베이비몬스터(가명)'도 연내 활동을 시작할 것으로 알려진 만큼 YG엔터테인먼트와 YG PLUS 모두 수혜가 예상된다.

필자는 그중에서도 YG PLUS에 주목하고 있다. YG PLUS는 YG엔터테인먼트 소속 아티스트의 음반 및 음원의 유통과 광고를 전담한다. 2017년 9월부터는 네이버 인공지능 음악 플랫폼 'VIBE'의 음원 공급 및 서비스 운영도 대행 중이다. 이외에도 골프용품 판매업체 '와이지스포츠', 화장품 유통업체 '코드코스메인터내셔널', 모델 매니지먼트 및 이벤트 대행업체 '와이지케이플러스'를 자회사로 두고 있다. YG엔터테인먼트보다 YG PLUS에 주목하는 이유는 아래의 네 가지다.

첫째, 음반 및 음원 유통사업의 일원화 효과가 올해부터 본격적으로 반영될 것으로 예상한다.

둘째, 그동안 적자를 지속한 'YG푸드' 매각을 완료했으며, 화장품 사업도 축소하는 것으로 파악됐다.

셋째, 해외를 나가지 못하는 골프 수요가 국내로 몰리면서 국내 필드 예약 1위 업체인 손자회사 '그린웍스'에 수혜가 예상된다.

넷째, 지난 2월 자회사 감자 결정으로 재무구조 개편까지 마무리되었다.

와이지엔터테인먼트 연도별 음반 · 음원 판매 수익 (2019년, 2020년은 예상 수치)

단위 : 억 원

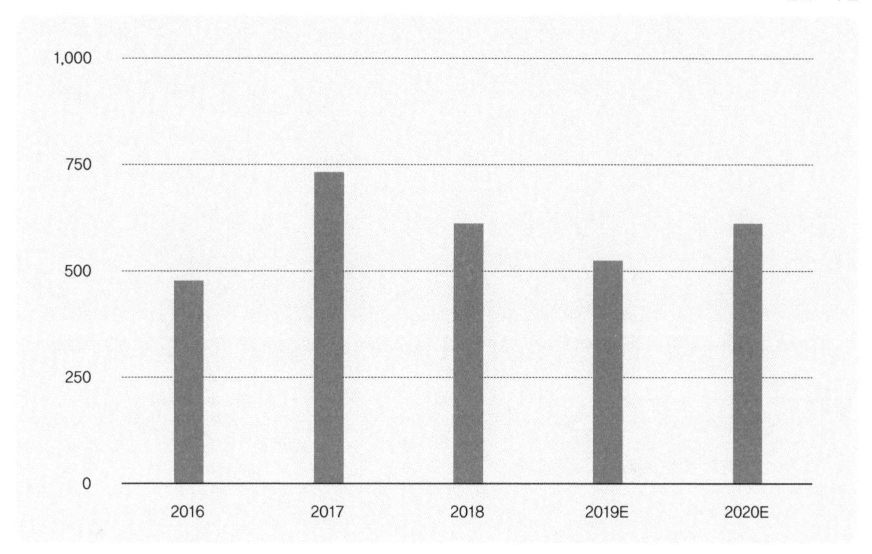

자료 출처:와이지엔터테인먼트

그동안 당해 연도에 발매되는 신보는 YG엔터가, 이전에 발매된 구보는 YG PLUS가 유통했다. 하지만 올해부터는 일부 계약기간이 남아있는 해외유통 채널을 제외한 대부분의 음반 · 음원 유통 매출이 YG PLUS 실적에 본격적으로 반영될 전망이다. YG엔터의 음반 · 음원 판매수익은 연 450~700억 원 수준이며, 올해 블랙핑크, 빅뱅 등 주요 아티스트들의 활동 성과에 따라 초과 수익도 가능해, 음악 사업 부문에서 고성장이 기대된다.

부실 자회사 매각 및 축소 효과로 인한 수익성 개선도 주목할 부분이다. YG PLUS는 지난 3년간 꾸준히 30억 원 규모의 적자를 발생시킨 자회사 YG 푸드의 사업 철수를 마무리했다. 화장품 사업부인 코드코스메인터내셔널의 사업 축소를 진행 중이며, 철수까지 염두에 두는 것으로 보인다. 코드코스메

인터내셔널은 지난 3년간 약 40억 원 규모의 적자를 기록했다. 손실 사업부의 철수 및 축소를 통해 올해 40억 원가량 영업 실적이 개선될 전망이다.

올해 해외 골프여행객 감소로 반사 수혜가 예상되는 손자회사 '그린웍스'도 주목할 필요가 있다. 우리나라의 연평균 해외 골프여행객은 약 200만 명 수준으로 집계된다. 1인당 라운딩 비용이 36만 원 수준인 것을 고려하면, 올해 국내 골프 시장은 평년 대비 7,000억 원 이상 확대될 것으로 예상된다. 이에 따라 국내 필드 예약 서비스 시장의 80%를 점유하고 있는 '그린웍스'에 수혜가 예상된다. 여기에 올 2월 자회사 감자 결정으로 재무구조 개편까지 끝냈기 때문에 전망이 매우 긍정적이다.

IT : 반도체 장비 - 케이씨(029460, KS)

1분기 어닝시즌이 시작되면서 기업들의 실적 발표에 투자자들의 이목이 쏠리고 있다. 호실적을 기록하는 산업군이 5월 이후 주도 섹터가 될 가능성이 높기 때문이다. 이미 반도체 장비업체인 원익IPS, 원익홀딩스 등은 시장 컨센서스를 상회하는 실적을 발표하며 주목을 받고 있다. 또한 전방업체 신규 투자가 예상보다 빠르게 진행 중인 것으로 파악되어 반도체 섹터에 관심을 가져야 할 시점이다.

2018~2019년 글로벌 반도체 시장은 메모리 반도체(D램, NAND Flash)의 지속적인 가격 하락으로 침체기를 겪었다. 하지만 최근 가격 하락의 주요 원인으로 작용했던 반도체 공급과잉 현상이 해소되고 있다.

코로나19 영향으로 인터넷, 클라우드 트래픽이 급증하고 있고 재택근무, 원격업무 등 수요가 증가하면서 서버 · PC용 D램 수요가 확대되고 있다. 이에 따라 삼성전자, SK하이닉스 등 주요 업체들의 재고비축분이 빠르게 소진되고 있어 업황이 개선될 전망이다. 또한, 최근 우리나라와 중국을 비롯한 일부 국가들이 5G 인프라 구축을 경기 침체 극복 방안으로 내세우고 있다는 점도 하반기 메모리 반도체 수요 확대에 긍정적인 영향을 미칠 전망이다.

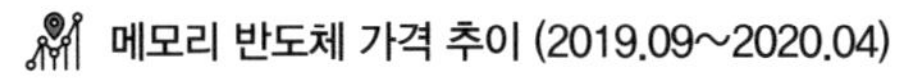
메모리 반도체 가격 추이 (2019.09~2020.04)

단위 : 달러

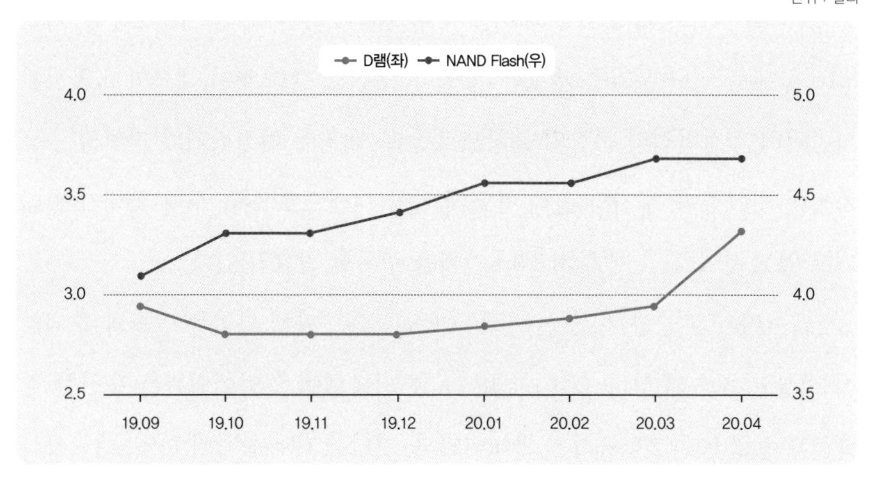

자료 출처: 디램익스체인지, 리서치알음

글로벌 시장조사업체 디램익스체인지에 따르면 지난 4월 서버 및 PC용 D램 가격은 전월 대비 각각 18%, 12% 상승했다. D램 수요가 지속해서 늘고 있다는 점을 고려하면 추가 상승도 기대해 볼 수 있다.

전 세계 반도체 시장 업황 변화 요약

구분	2016~2018	2018~2019	2020~
업황	호황	호황 → 침체	침체 → 호황
수요	데이터 센터, 서버 증설, 반도체 가격 급등으로 인한 수요 과다	미중 무역전쟁, 5G 투자 지연 등 글로벌 수요 둔화	인터넷 · 클라우드 트래픽 급증으로 서버/PC용 수요 증가 5G 투자 재개
공급	부족	과잉	안정
재고	적음	많음	많음 → 적음

자료 출처 : 리서치알음

케이씨의 주요 고객사인 삼성전자, SK하이닉스는 지난 2017~2018년 반도체 슈퍼사이클Super Cycle을 대비해 각각 평택 2라인, 중국 시안 2공장, 이천 M16 공장 등 신규 투자를 계획한 바 있다. 수십조 원의 투자 예산까지 확정된 사안이지만 전반적인 시장의 불황으로 일부 계획이 변경되거나 지연되는 등 차질이 빚어졌다. 하지만 올해 반도체 업황 개선으로 신규 투자 확대가 기대되고 있고, 반도체 소재 장비 섹터 전반을 주목할 필요가 있다.

케이씨의 본업인 가스공급장치, CCSS 제조, 판매 사업은 업황과 관계없이 성장을 지속해 왔다. 2016년 18.1%를 기록했던 영업이익률은 우월한 경쟁력으로 2019년 29.3%까지 확대되었다. 지난해 대손상각비 환입, 재고자산 평가손실 환입 등 48억 원 규모의 일회성 수익이 발생했고, 이를 제외하더라도 25% 이상의 영업이익률 확보가 가능했을 것으로 예상한다. 본업의 꾸준한 성장에도 지난 2년간 주가는 PER의 0.7~5.0배 수준에 머물러 저평가 상태다.

케이씨가 보유한 상장사 지분가치 정리 (시가총액 기준일 : 2020년 5월 8일)

단위 : 억 원

구분	보유분율	시가총액	지분가치
티씨케이	19.32%	9,083	1,755
케이씨텍	20.16%	3,809	768
지엘팜텍	7.55%	374	28
케이씨(자기주식)	8.24%	2,155	178
합계			2,729
할인율 30% 적용 지분가치			1,910

자료 출처: 각사社, 리서치알음

케이씨는 자회사 및 관계회사, 투자회사를 통해 반도체 관련 장비부터 소재까지 다양한 사업 분야에 연관된 업체로, 반도체 업황이 개선될수록 그 수혜를 온전히 노릴 수 있다. 일반적으로 반도체 시장의 호황이 예상되면 가장 먼저 신규 투자와 관련된 장비업체들이 주목받기 시작하고, 이후 공장 가동 및 생산량 확대에 따라 소재 업체가 재평가된다. 케이씨의 자회사인 '케이씨이앤씨', '케이씨이노베이션' 등은 장비 제작, 배관 공사, 클린룸 공사 등이 주력 사업으로 초기 수혜가 예상된다. 관계회사인 '케이씨텍'은 연마장비 공급 및 생산량 확대에 따른 연마소재 수요 증가로 중장기 수혜가 가능할 전망이다.

이외에도 케이씨가 19.32% 보유하고 있는 시가총액 9,083억 원(2020년 5월 8일 기준)의 반도체 부품업체 티씨케이(064760, KQ)도 공장 증설 후 NAND Flash 생산량 확대에 따른 수혜가 기대되는 업체다. 현재 티씨케이의 지분은 장기투자자산으로 분류되고 있어 실적 개선에 따른 지분가치 확대가 가능할 것으로 예상한다.

자산가치 또한 주목할 만한 부분이다. 2017~2018년 보유하고 있던 티씨케이 지분 9%와 계열사 케이케이테크 지분 40%를 매각해 총 996억 원을 확보했다. IFRS 2019년 개별 재무제표 기준, 보유하고 있는 현금성 자산은 1,300억 원 수준이다. 또한, 현재 케이씨의 시가총액 2,155억 원을 상회하는 2,700억 원 수준의 상장업체 지분도 보유 중이다. 여기에 최근 현대차그룹의 GBC 신축허가가 완료되면서 자회사 케이씨이앤씨가 보유한 600억 원 규모의 삼성동 사옥까지 재평가받을 가능성도 있다.

IT/데이터: 케이아이엔엑스(093320, KQ)

코로나19로 인해 우리의 일상생활에도 많은 변화가 생기고 있다. 그중에서 빼놓을 수 없는 것이 바로 언택트 문화다. 최근 재택근무, 원격강의, 온라인 쇼핑 등을 비롯해 동영상 스트리밍, 채팅 사용량까지 급증하며 트래픽 과부하에 대한 우려가 커지고 있다. 실제로 최근 넷플릭스, 유튜브 이용자들도 속도 문제로 불편함을 호소하고 있다. 이에 따라 트래픽 급증 관련 수혜 업체도 지속해서 지켜볼 필요가 있다.

케이아이엔엑스는 2000년에 설립된 인터넷 인프라 서비스 업체로서, 2011년 코스닥에 상장했다. 주요 사업은 'IX(인터넷 연동)'와 'IDC(인터넷 데이터 센터)'로 구분된다. 인터넷을 사용하려면 ISP(인터넷 서비스 제공자)가 제공하는 인터넷 서비스에 가입해야 한다.

ISP는 인터넷 사용을 위한 전용회선을 연결해준다. 각각 다른 전용회선은 IX 업체가 제공하는 스위치의 포트에 연결되어 인터넷을 통해 데이터를 주고

받을 수 있으며, 이를 IX(인터넷 연동) 서비스라고 한다. 현재 국내 IX 업체는 4개 업체로 KT, SKB, LGU+ 그리고 케이아이엔엑스가 있다. 케이아이엔엑스의 주요 ISP 고객은 케이블 TV 업체로, 이들이 보유한 초고속인터넷 가입자 수는 약 310만 명으로 파악된다.

IDC(인터넷 데이터 센터)는 서버를 운영하고 관리할 수 있도록 인프라 환경을 제공해주는 임대사업이다. 인터넷으로 주고받는 데이터는 서버Server에 저장되며, 서버들은 상면이라는 장비 안에 보관된다. 케이아이엔엑스는 지난해 기준 전국 7개 IDC를 보유 중이며, 약 7% 국내 시장점유율을 확보하고 있다.

케이아이엔엑스의 매출 구성

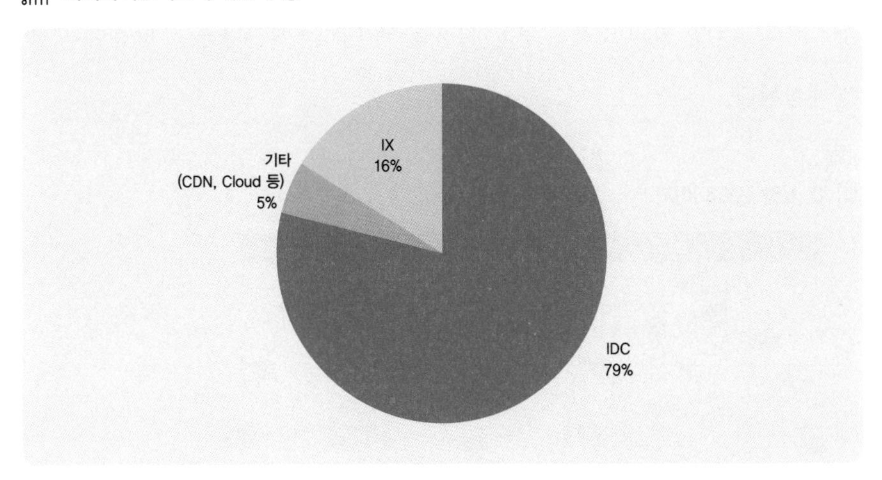

자료 출처: 케이아이엔엑스, 리서치 알음

그뿐만이 아니라, 향후 4차산업 혁명으로 인해 증가하는 트래픽에도 계속해서 주목해야 한다. 코로나19가 진정된 이후에도 5G 서비스의 본격화로 4차산업(IoT, AI 및 자율주행 등)이 성장하면서 트래픽 증가가 불가피할 전망이다. 글로벌 정보통신 업체인 Cisco에서는 국내 트래픽이 2014년에서 2018년까지 연평균 12% 성장했으며, 이후 2019년부터 2022년까지 연평균 20% 성장할 것으로 전망하고 있다.

케이아이엔엑스의 사업은 인터넷 트래픽이 증가할수록 매출이 증가하는 구조다. 트래픽이 급증하게 되면 ISP(인터넷 서비스 제공자)나 CP(콘텐츠 제공자)는 더 많은 트래픽 용량을 확보하기 위해 IX 스위치에 있는 대용량의 포트를 추가로 요청하기 마련이다. 케이아이엔엑스의 포트 종류는 1Gbps, 10Gbps 2가지로 구분되는데, 매월 1,500만 원에 달하는 대용량의 포트 사용 금액은 월 300만 원의 소용량 포트 사용 금액 대비 5배가량 높기 때문에 수혜가 예상된다.

IX 사업 구조 이미지

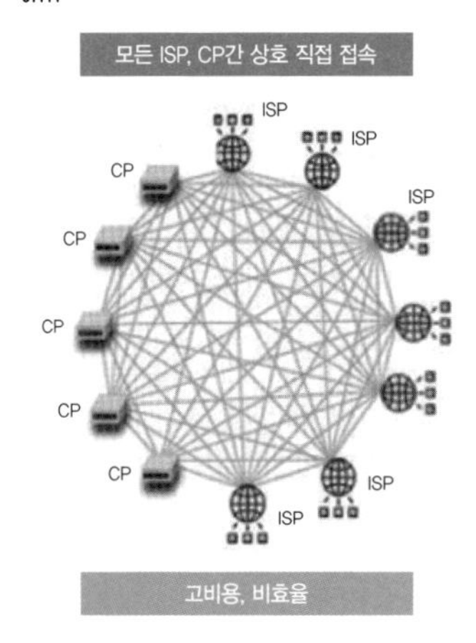

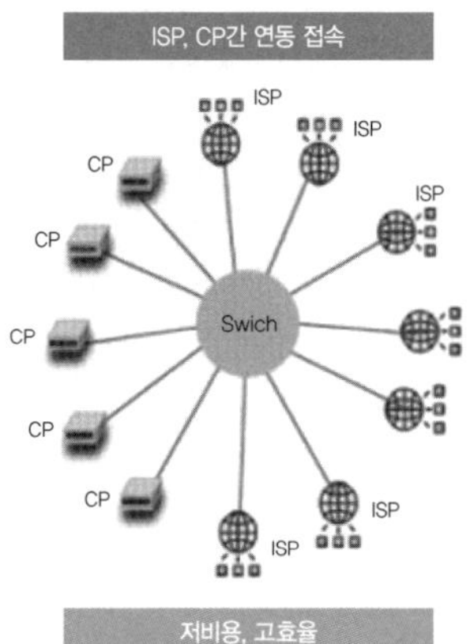

자료 출처: 케이아이엔엑스, 리서치 알음

앞으로의 실적 개선세도 계속될 전망이다. IFRS 연결기준 2020년 케이아이엔엑스의 영업실적은 매출액 750억 원(+16.1%, 전년 동기 대비), 영업이익 200억 원(+21.4%, 전년 동기 대비) 이상의 어닝 서프라이즈가 기대된다. 한국데이터센터연합회에 따르면 2000년~2019년까지 국내 IDC 전력 공급량이 연평균 11.5% 성장했는데, 앞으로 2021년까지 IDC 전력 공급량 성장률은 연평균 19.5%로 2배가량 증가할 것으로 예상된다. 케이아이엔엑스의 IX 부문의 트래픽 또한 과거 연평균 성장률 20% 수준에서 앞으로 추가 확대될 것으로 전망되며, 이에 따라 IX, IDC 사업의 매출 역시 과거 성장률 이상의 실적 달성이 가능할 전망이다.

케이아이엔엑스의 IX 트래픽 추이 및 전망

단위 : Gbps

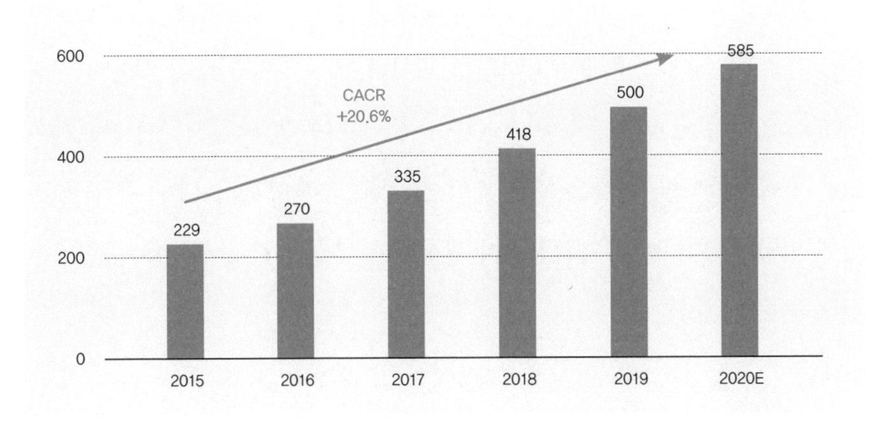

자료 출처: 케이아이엔엑스, 리서치알음

케이아이엔엑스는 국내에서 유일하게 IX와 IDC를 중립적으로 운영하는 업체다. 중립적이란 고객의 요구 조건에 맞춰 서비스를 제공해준다는 의미다. 해외시장은 이런 중립적 IX 서비스가 이미 활성화되어있으나, 국내 IX 시장은 통신 3사가 독과점하여 고객사가 통신사의 IX 정책을 따라야 하는 상황이다.

이에 따라 IX와 IDC를 중립적으로 운영하는 케이아이엔엑스와 협력하려는 글로벌 CP 업체들이 계속 늘어나고 있다. 2016년 Amazon의 한국 협력사로 지정되면서, AWS(아마존 웹 서비스) 이용 고객들까지 고객사로 확보하는 수혜를 누릴 수 있었다. 이후 Google, Microsoft, IBM, Tencent 등을 고객사로 추가했으며, 올해 구글의 클라우드 게임 서비스도 케이아이엔엑스의 IDC를 활용할 가능성이 높은 상황이다.

해외 고객사 유입 확대를 통해 2023년까지 과천에 IDC를 신축해 현재 IDC 수용력을 2배 수준까지 확대할 계획이다. 기존까지 글로벌 대형 고객사가 IDC 임대를 요청해도 데이터 용량을 감당할 수 없어 경쟁사에 양보해야 하는 상황이었지만, 신사옥 구축 계획으로 대형 고객사들을 추가 유치할 수 있게 되었다. 2023년에 과천 IDC가 완성되면 매출 또한 2배 이상 성장할 수 있을 것으로 예상한다.

국내 데이터센터 전력 수요 추이 및 전망

단위 : MW

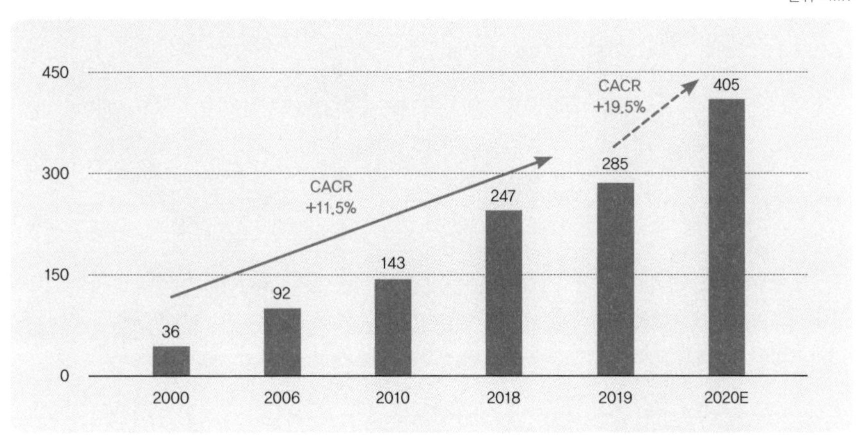

자료 출처: 한국데이터센터연합회, 리서치알음

남북경협: 현대로템(KS, 064350)

제21대 국회의원 선거에서 여당인 더불어민주당이 180석을 차지하며 단독으로 과반을 확보했다. 이에 따라 여당의 총선공약인 SOC 투자 확대, 개성공단 정상화, 금강산 관광 재개, 통일 경제특구 설치 등이 빠르게 추진될 전망이다. 또한, 중국은 이번 코로나19 팬데믹으로 인해 대외적으로 고립된 상황인데, 이를 타개하기 위해서 손을 내밀 곳이 우리나라를 제외하면 마땅치 않다. 따라서 올해 예정된 시진핑 국가주석의 방한에서 한-중 경제 협력 논의가 탄력을 받을 것으로 예상되며, 우리 정부가 그간 공들여온 남북협력 사업도 추진력을 얻을 것으로 보인다.

한반도 종단철도(TKR) 3단계 개발계획

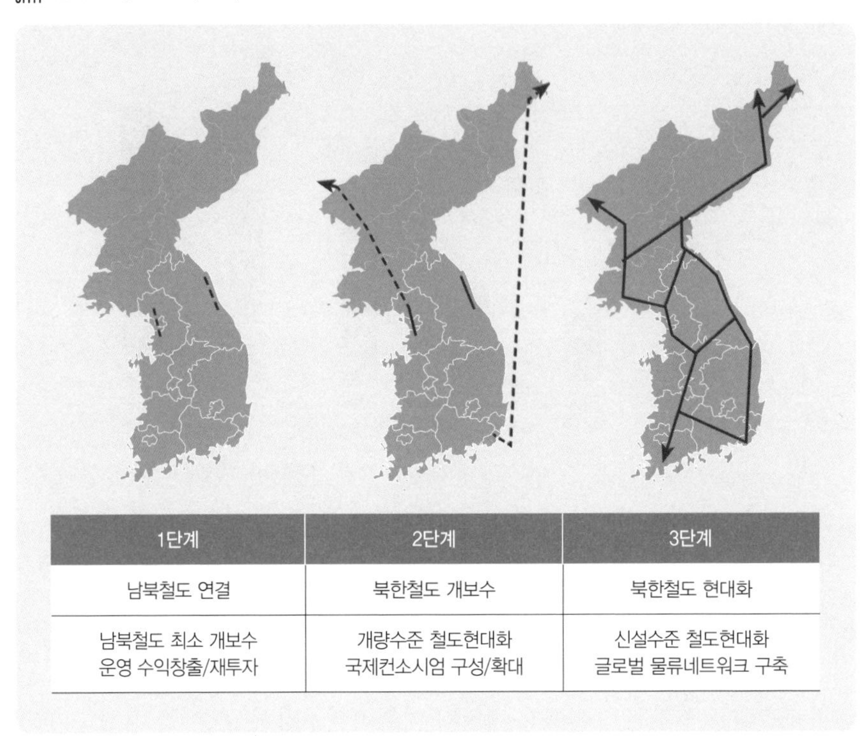

1단계	2단계	3단계
남북철도 연결	북한철도 개보수	북한철도 현대화
남북철도 최소 개보수 운영 수익창출/재투자	개량수준 철도현대화 국제컨소시엄 구성/확대	신설수준 철도현대화 글로벌 물류네트워크 구축

자료 출처:국토교통부

남북경협 중에서도 가장 기대감이 높은 분야는 철도 사업이다. 북한의 경우에는 노후 철도 현대화 작업, 우리나라의 경우에는 유럽과 아시아를 잇는 대륙 간 물류시스템 구축이 시급하다. 먼저 양국은 끊어진 철도와 도로를 연결해 남북 간 경제 공동체를 이뤄 분단을 극복하고, 나아가 중국 횡단 철도TCR, 몽골 횡단 열차TMGR, 시베리아 횡단 철도TSR를 이어 '동아시아 철도 공동체'를 구성한다는 계획이다.

현대로템은 독자개발에 성공한 철도 기술을 바탕으로 국내 철도 차량 시장의 90% 이상을 점유하고 있는 업체다. 철도 차량 사업 외 철도 통신, 신호제어 시스템 제조업도 병행하고 있기 때문에, 북한의 노후 철도 시설 교체, 유라시아 철도 인프라 구축 등 여러 방면에서 수혜가 예상된다.

북한 및 유라시아 철도연결 사업의 총사업 규모가 30조 원 안팎으로 예상되는 점을 고려하면, 현대로템은 철도 차량 부문에서 1조 3,000억 원에서 2조 8,000억 원에 달하는 신규 수주 기회를 얻을 것으로 판단한다. 철도 차량 사업은 산업 특성상 차량 공급사에서 유지 · 보수까지 도맡아 진행하는 경우가 많으므로 2차 매출이 발생한다는 점 또한 긍정적이다.

남북경협: 엔지니어링 - 도화엔지니어링(002150, KS)

2008~2020년 연도별 SOC 예산 추이

단위 : 억 원

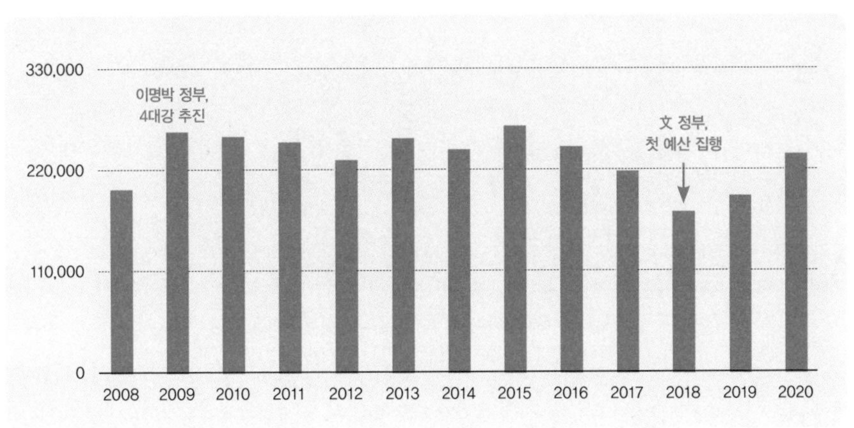

자료 출처: 기획재정부, 리서치알음

문재인 정부 집권 후 2017~2019년 경제성장률은 3.2%에서 2.0%로 급감했으며, 올해는 코로나19 여파로 2%대가 붕괴할 위기에 놓여있다. 이에 문재인 대통령은 지난해 10월, 경제부처장관회의에서 이례적으로 건설투자 확대를 주문했다. 인프라 투자 확대를 통해 경기를 부양시키겠다는 의지를 내비친 것이다. 이에 따라 올해 우리나라 SOC 예산은 23조 2,000억 원으로 전년대비 17.6% 증가했으며, 2019년부터 추진한 '국가 균형발전 프로젝트'가 올해부터 본격적으로 실시되어 SOC 관련 인프라 업체들의 수혜가 예상된다.

GTX A 노선 사업 구간 및 주요 내용 정리

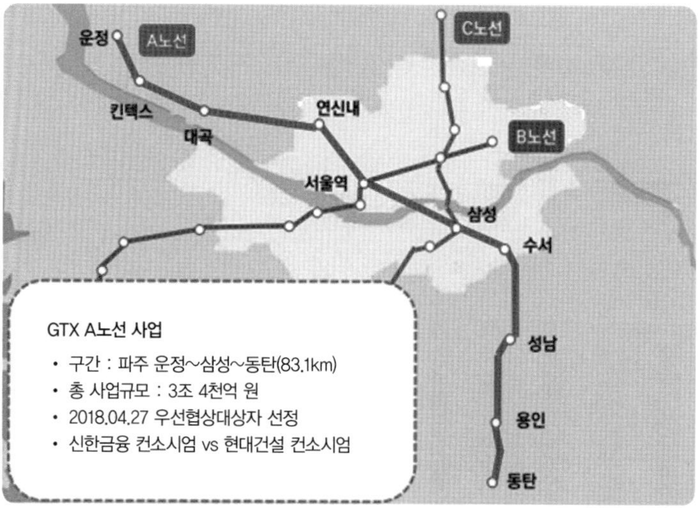
운정
A노선
C노선
킨텍스
대곡
연신내
B노선
서울역
삼성
수서
성남
용인
동탄
GTX A노선 사업
• 구간 : 파주 운정~삼성~동탄(83.1km)
• 총 사업규모 : 3조 4천억 원
• 2018.04.27 우선협상대상자 선정
• 신한금융 컨소시엄 vs 현대건설 컨소시엄

자료 출처:국토교통부, 리서치알음

도화엔지니어링은 국내 1위 종합 엔지니어링 업체로 도시계획, 도로교통, 철도, 상하수도, 수자원 개발, 항만, 환경 등 다양한 분야에서 설계, 감리 및 공사 업무를 진행하고 있다. 2019년 GTX-A 사업 등을 수주하면서 2019년 매출액 5,161억 원(+28.2%, 전년 동기 대비), 영업이익 270억 원(+56.6%, 전년 동기 대비)을 기록하면서 어닝 서프라이즈를 달성했다. 지난 4월 24일에는 1,311억 원 규모의 일본 태양광 발전 건설공사를 수주하면서 외형성장을 지속할 것으로 예상한다.

인프라 사업은 대개 조사 단계 - 설계 단계 - 시공 단계 순으로 진행된다. 조사 및 설계 단계는 시공 단계와 달리 원재료 가격 인상 및 기후 변화로 인한 공사 지연 등의 불확실성이 적고, 착공 단계에서부터 매출 인식이 가능하다는 특징을 지녔다. 이에 따라 한반도 철도와 도로 연결 사업 진행 시 가장 먼저 수혜를 입을 전망이다.

도화엔지니어링 매출액 · 영업이익 추이

단위 : 억 원

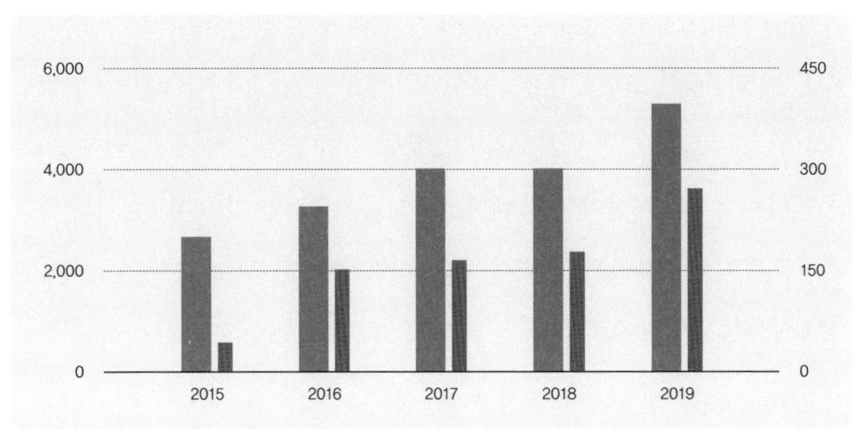

자료 출처:도화엔지니어링

남북경협: SOC - 삼호개발(010960, KS)

2008년 2월 출범한 이명박 정부는 금융위기 극복을 위해 4대강 사업 및 원전 수출 등 SOC 사업에 집중했었다. 문재인 정부도 마찬가지로 대규모 SOC 투자에 나설 것으로 예상되는 상황이다. 인프라 투자만큼 실질적인 효과를 나타내는 정책을 찾기는 힘들다. 이런 상황에서 토목사업에 집중하고 있는 삼호개발을 주목할 필요가 있다.

삼호개발은 1976년에 설립된 국내 2위의 토공 사업 전문업체로 2005년 코스피에 상장했다. 2019년 IFRS 연결기준 매출 비중은 SOC 관련 토목, 교량 사업이 97%에 해당할 만큼 지난 40년간 토목 외길을 걸어오며 그 입지를 견고히 해왔다. 2019년 대한전문건설협회에서 평가한 시공능력평가 토공 사업 부문 2위를 차지하기도 했다.

주요 실적으로는 '행정중심복합도시 건설사업 중앙행정구역(1-2) 조성공사', '영인~팽성 도로건설공사', '수도권 서부고속도로(수원~광명) 민간투자사업', '신림선 경전철 민간투자사업 토공 및 구조물 공사' 등이 있다. 2020년 SOC에 편성된 예산이 전년 대비 17.6% 증가했다는 점, '2019 국가 균형발전 프로젝트'로 인해 향후 10년간 약 24조 원이 투입된다는 점 등이 기회요인으로 작용할 전망이다.

2019 국가 균형발전 프로젝트 개요

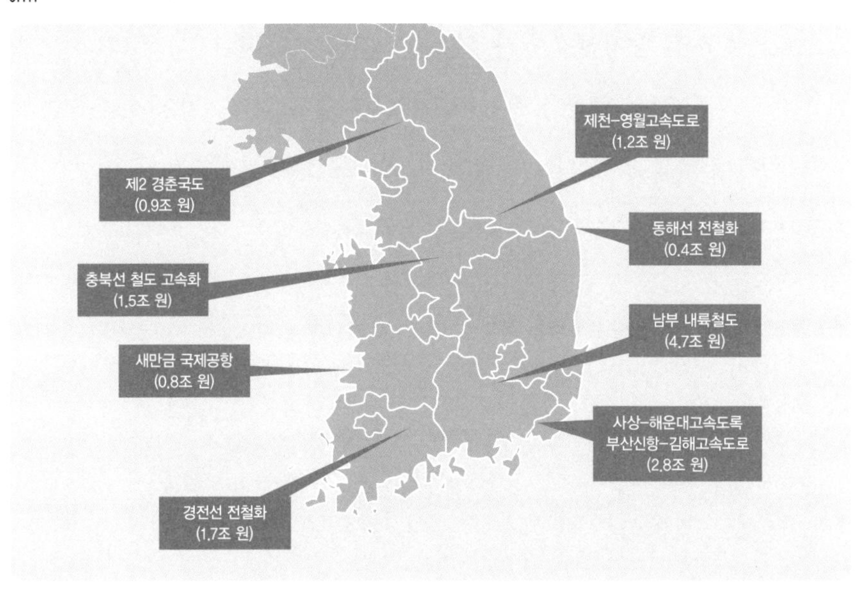

자료 출처: 기획재정부, 리서치알음

삼호개발을 주목해야 하는 이유를 몇 가지 더 꼽을 수 있다. 바로 업종대비 저평가되었다는 부분과 고배당의 주주 친화 경영을 하고 있다는 점이다. 2019년 말 기준 건설업 평균 PER 8.3배, PBR 0.69배로 코스피 평균 PER 18.2배, PBR 0.89배보다 현저히 낮은 상황이다. 하지만 삼호개발은 PER 5.2배, PBR 0.51배로 업종 내에서도 저평가를 받고 있다.

통상적으로 건설사들은 부채를 일으켜 사업을 영위하기에 업황이 침체하면 도산하는 경우가 많다. 건설 업종 자체가 전반적으로 부채비율이 높은 편(건설업 평균 부채비율 163%)이란 뜻인데, 삼호개발은 약 56% 수준으로 재무구조가 양호한 편이다.

안정적인 재무구조를 바탕으로 배당수익률도 높은 편이다. 2015년 주당 100원에서 2019년 190원으로 꾸준히 증가하고 있다. 기간 배당수익률도 2.8%에서 4.3%로 증가하고 있다. 여기에 보유 순금융자산은 1,551억 원으로 현 시가총액 1,255억 원을 상회하는 매력도 더하고 있다. 최근 신규수주 및 올해 SOC 예산 확대, '국가 균형발전 프로젝트' 시행 본격화로 올 연말 수주 잔고가 재차 상승한다는 점도 긍정적인 요소다.

종합건설업 및 삼호개발 부채비율 추이

단위 : %

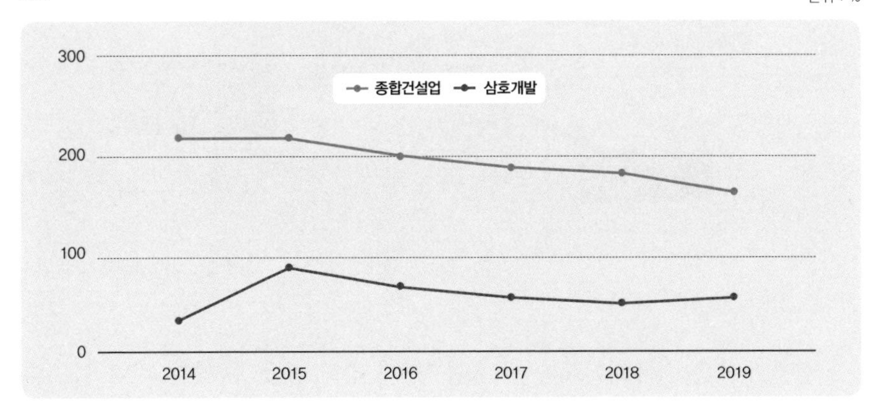

자료 출처: 대한건설협회, 삼호개발, 리서치알음

삼호개발 기말수주잔고 추이 및 전망

단위 : 억 원

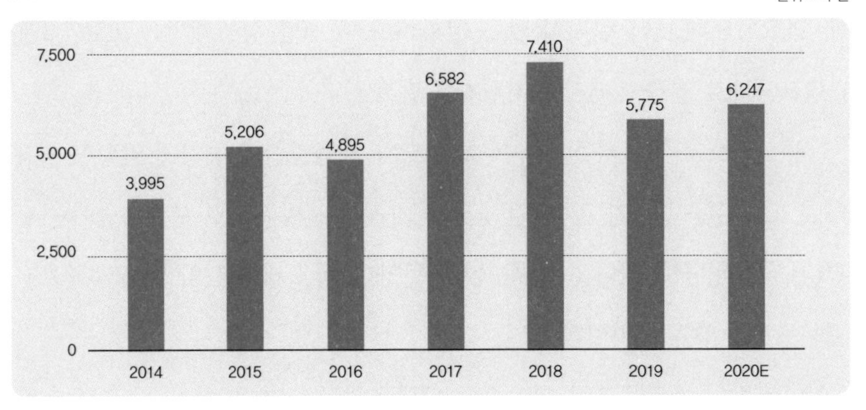

자료 출처: 삼호개발, 리서치알음

2 CHAPTER

글로벌 언택트 시대가 온다

언택트가 바꾼 투자

지금 세계는 언택트 시대

언택트가 한국을 넘어 세계 주요국 증시를 어떻게 변화시켰을까? 또 이 변화에 맞춰서 주목해야 할 업종과 종목은 무엇이 있을까? 언택트는 얼마 전까지만 해도 단순히 무인無人서비스를 함축하는 개념으로만 쓰였다. 하지만 코로나19가 전 세계를 흔들어 놓으면서 비대면, 언택트 문화가 우리 삶에 깊숙이 자리 잡았고, 과거에 IT 산업이 그러했듯 위기에 살아남는 기업은 시장을 이끄는 주도주가 된 바 있다. 이번 팬데믹 위기에서 살아남을 후보로는 언택트 관련주가 뜨고 있다.

최근 미국에서도 언택트 붐이 일어나고 있다. 그만큼 관련 산업의 성장이 눈에 띄고 있는데, 코로나19 이후 세계 산업은 어떻게 변화할까? 코로나19 사태가 일어나기 전에도 '4차 산업 혁명'이라는 말은 자주 등장했다. IT나 온라인, IOT Internet of Things를 통해서 여러 가지 산업이 성장하고 있던 와중에 코로나19 사태가 터지면서 이를 더 가속하고 있다. 여러 분야에서 큰 변화가 일어나고 있다.

전 세계 각국의 정부가 다양한 지원 정책을 시행하고 있다. 정부가 여러 가지 통화 정책, 재정 정책을 통해 2차 세계대전 이후로 가장 큰 규모의 통화를 쏟아붓고 있다. 그런데 그 돈을 어디다 쏟아부을 것인지 생각해보면, 당연히 앞으로 성장 가능성이 큰 산업이 될 것이다. 현재 독일은 GDP의 30%, 미국은 35%, 일본은 20%, 우리나라는 10%를 넘는 자금이 들어가는 정부 지원책이 발표되고 있다. 엄청난 자금이 지원될 예정이고, 언택트 산업의 성장은 더욱 가속도가 붙을 전망이다.

성장주냐 가치주냐의 딜레마는 항상 있었다. 필자는 작년부터 성장주에 투자해야 한다고 말했다. 코로나19 사태가 터지고 초저금리 시대가 도래하며, 투자자는 더욱 성장에 목마른 상황이다. 결국, 성장주의 매력도가 매우 높아졌다. 성장주는 금리가 낮으면 낮을수록 매력도가 높아진다.

언택트 시대의 자산 배분 전략

지금부터 필자가 운영하는 글로벌 자산 배분 랩의 포트폴리오를 소개하고자 한다. 이번 코로나19 사태로 인해 포트폴리오 구성에 큰 변화가 있었다.

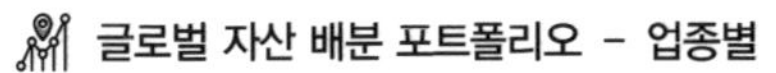
글로벌 자산 배분 포트폴리오 - 업종별

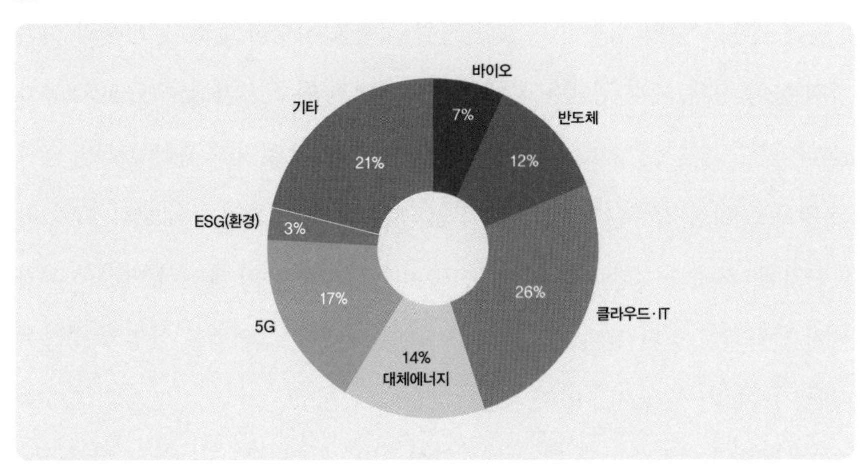

먼저 업종별 비율이 크게 변화했다. 포트폴리오상에서 클라우드 · IT 업종과 5G 업종이 차지하는 비율이 굉장히 높아졌다. 바이오 업종과 반도체 업종을 포함하면 과반에 이른다. 건설 업종, 조선 업종, 항공 업종 등의 업종은 과감하게 제외했다. 물론 건설, 조선 등의 산업도 관심 있게 지켜보고 있으나, 현재 일어나는 산업의 변화에 초점을 맞추어 투자할 수밖에 없다.

글로벌 자산 배분 포트폴리오 - 상품별

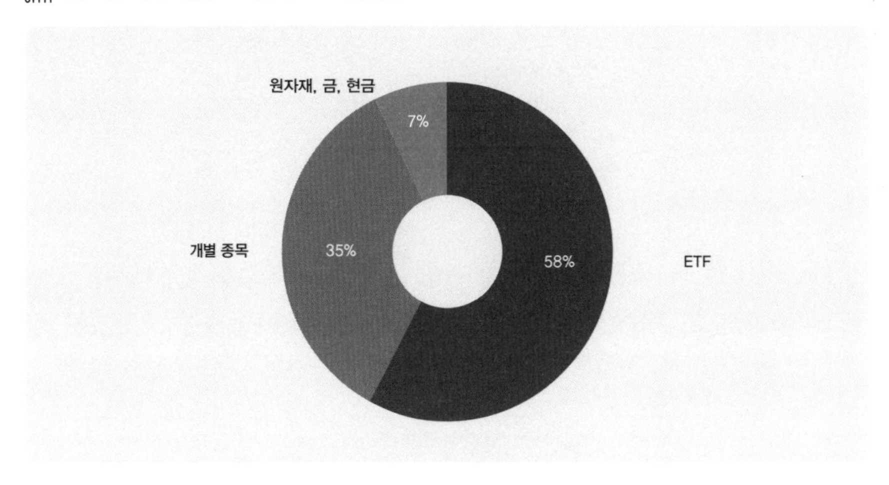

상품별로 보면 ETF의 비율이 굉장히 높다. 개별 종목투자가 어렵기 때문이다. 포트폴리오상에서 ETF 비중을 보면, 거의 60%에 가깝게 구성했다. 개별 종목 비중은 35%밖에 되지 않는다. ETF 비중을 높이면 여러 종목을 모두 아우른다는 장점이 있다.

요즘 각국 정부에서 금리를 낮추고 유동성을 높여 통화량을 증가시키고 있기 때문에 화폐의 가치가 떨어지고 있다. 따라서 금도 어느 정도 가져가는 것이 좋아 보인다.

글로벌 자산 배분 포트폴리오 – 국가별

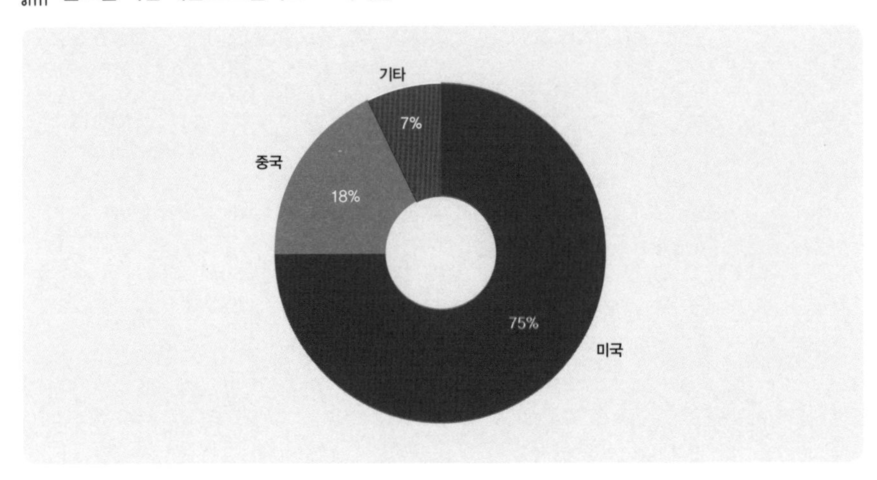

마지막으로 고려해야 할 사항은 어느 국가에 투자하느냐다. G1과 G2인 미국과 중국에 투자할 수밖에 없다. 미국 같은 경우에 엄청난 자금을 5G 인프라에 투자하겠다고 발표했고, 미국은 IT 업종의 대표 기업들이 모두 모여있다. 중국 같은 경우에는 미국과의 경쟁에서 뒤처지지 않기 위해 GDP의 30%를 할당해서라도 5G와 같은 여러 가지 4차 산업에 대규모 투자를 시도하고 있다. 결국, 이처럼 투자 금액이 많은 국가에 투자하는 것이 리스크를 줄이고 수익률을 높일 수 있는 방법이다.

언택트 관련 미국 ETF

개인투자자가 직접 종목 하나하나를 자세히 공부하고 알아보기는 어렵기 때문에, 주로 ETF를 활용한다. 실질적으로 ETF를 운영하는 회사가 개인투자자를 대신해서 개별 종목을 분석하고 투자하므로 이를 활용하는 것이 좋은 투자 전략이 될 수 있다.

언택트 관련주에 투자하고 있는 대표적인 ETF

ETF	업종	종목 코드
Invesco S&P 500 Equal Weight Technology ETF	IT	RYT
iShares Nasdaq Biotechnology ETF	바이오	IBB
ETFMG Prime Mobile Payments ETF	전자결제	IPAY
iShares U.S. Technology ETF	IT	IYW
iShares PHLX Semiconductor ETF	반도체	SOXX

ETF	업종	종목 코드
First Trust NYSE Arca Biotechnology Index Fund	바이오	FBT
Defiance Next Gen Connectivity ETF	5G	FIVG
Global X Internet of Things ETF	IOT	SNSR
Invesco Solar ETF	태양광	TAN

먼저, RYT라는 ETF를 보자. IT 업종, 그중에서도 중 · 소형주에 많이 투자하는 ETF다. 그리고 모든 종목에 똑같은 비중을 두고 투자하기 때문에 상대적으로 많은 종목을 다각화하여 투자할 수 있다.

두 번째, IBB라는 ETF는 바이오 업종 관련 ETF다. 바이오 업종은 신약 개발 등의 전문적인 지식이 없는 개인투자자가 분석하기 매우 어렵다. 이번 코로나19 사태 관련하여서도 백신이나 치료제가 어느 기업에서 나올지 개인투자자가 예측하는 것은 거의 불가능에 가깝다. IBB는 200개의 바이오 기업을 포함하고 있기 때문에, 어느 정도 안정성이 보장된다. 만약 IBB가 포함하고 있는 바이오 기업에서 신약을 개발하게 된다면, 성공적인 투자가 될 것이다.

다음으로는 전자결제 업종의 IPAY라는 ETF가 있고, IYW라는 IT 업종 관련 ETF가 있다. IYW는 시가총액 비중대로 IT기업을 포함한다. 중 · 소형주를 주로 포함하는 ETF보다도 더 안정적이라고 할 수 있다.

다음으로 SOXX라고 하는 반도체 업종에 투자하는 ETF가 있다. 상당히 많은 반도체 기업을 포함하고 있다. 바이오 업종 ETF 중에 FBT도 있다. 위에서 살펴본 IBB보다는 적은 25개의 바이오 기업들을 포함하고 있다. 적은 기업을 들고 가다 보니 수익률이 높을 수도 있지만, 성공 확률이 낮아질 가능성도 있다.

5G 관련 업종에 투자하는 FIVG도 있다. 5G 관련 ETF도 어느 기업에서 성공할지 개인투자자가 예측하기 어렵기 때문에, 바이오 ETF와 같은 맥락으로 이해하면 된다.

마지막으로 IOT 관련 기업을 포함하는 SNSR, 태양광 관련 기업을 포함하는 TAN이라는 ETF가 있다. 언택트 관련 수혜 산업 중에서 실질적으로 활용되고 있는 기술이 아닌 전기자동차처럼 미래에 활용 가능한 기술로는 태양광 산업을 뽑을 수 있다. TAN은 이와 관련된 기업들을 포함하고 있다.

위에 소개한 ETF 중에서 필자가 관심 있게 지켜보고 있는 ETF 몇 가지를 자세히 소개하고자 한다.

IPAY

IPAY 섹터별 구성 비중

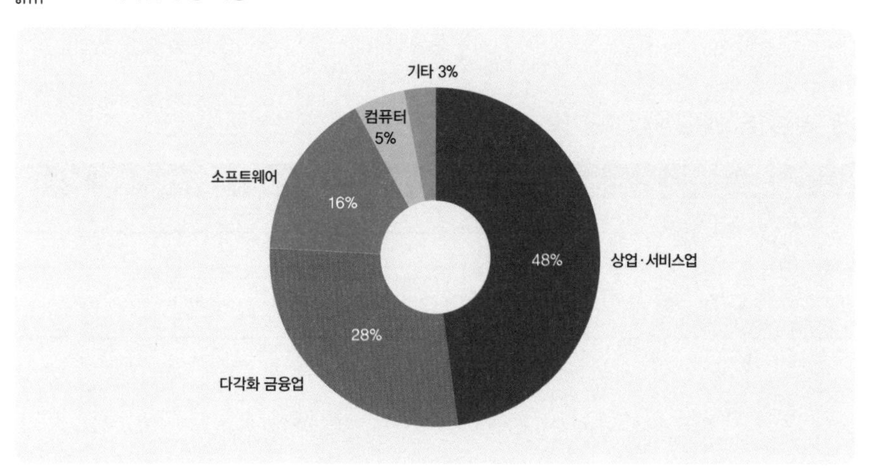

첫 번째로 전자결제 관련 ETF로 소개했던 IPAY를 살펴보자. IPAY의 업종별 구성은 서비스 업종이 48%, 금융이 28%, 소프트웨어가 16%, 컴퓨터가 5%다. 전자결제라고 하면 보통 금융만 생각할 텐데, 실제로는 훨씬 다각화된 업종들을 다루고 있다. 업종이 잘 분산되어 있다고 볼 수 있다.

IPAY 보유 종목 상위 10개

보유 종목	비중	보유 종목	비중
페이팔 홀딩스	7.12%	글로벌 페이먼츠	5.65%
피델리티 내셔널 인포메이	6.35%	ETFMG Sit Ultra Short ETF	5.32%
비자	6.28%	아메리칸 엑스프레스	4.80%
마스터카드	6.02%	Adyen NV	4.35%
파이서브	5.91%	스퀘어	4.12%

위 표, IPAY 보유 종목 상위 10개를 보면, 페이팔, 비자, 마스터카드, 아메리칸 엑스프레스 등 대부분 한 번쯤 들어본 종목들이다. 또한, 전체에서 상위 10개 종목이 차지하는 비중이 55%를 넘기 때문에 안정성도 높은 편이다.

잔존가치 모델상 IPAY 적정가치

		투자위험 프리미엄		
장기 ROE		3.5%	3.0%	2.5%
	16.1%	218	225	232
	16.6%	229	236	243
	17.1%	240	247	254

IPAY의 상승 여력과 적정가치를 잔존가치 모델을 통해 산출해보면, 현재 IPAY의 평균 ROE는 16.1%로 나온다. 상승 여력은 약 60% 중반대로 예상한다. 종목이 아닌 업종을 아우르고 있다는 점이 반영되어 큰 폭의 상승 여력이 나왔다고도 볼 수 있다.

SKYY

두 번째로 살펴볼 ETF 종목은 SKYY다. SKYY는 클라우드에 집중적으로 투자하는 최초의 ETF다.

SKYY 보유 종목 상위 10개

보유 종목	비중	보유 종목	비중
아마존 닷컴	5.74%	몽고DB	3.88%
마이크로소프트	5.00%	시트릭스시스템스	3.85%
알파벳	4.18%	알리바바 그룹 홀딩	3.82%
오라클	4.15%	VM웨어	3.68%
소피파이	4.04%	아카마이 테크놀로지	3.51%

위 표를 보면, 클라우드 관련 강자들을 모두 보유하고 있다고 표현해도 과언이 아니다. 클라우드 관련 종목이 어려울 수 있는 초보 투자자가 투자하기에 적합하다.

 잔존가치 모델상 SKYY 적정가치

		투자위험 프리미엄		
장기 ROE		5.5%	5.0%	4.5%
	24.5%	886	906	927
	25.0%	919	940	961
	25.5%	953	974	996

SKYY 보유 종목들의 평균 ROE는 24.5%로 예상되고, 잔존가치 모델을 통해 상승 여력을 산출해보면 약 40%가 나온다.

언택트 관련 미국 개별 종목

여러 종목을 아우르는 ETF의 장점도 있지만, 만약 한 종목에 대한 뚜렷한 상승이 예상된다면, 당연히 개별 종목에 투자하는 것이 수익률은 더 높다. 다만, 앞으로 소개하는 종목들은 추천 종목이라기보다는 대표 사례라고 생각하고 보면 좋겠다.

아마존

먼저, 아마존이다. 아마존은 기존에 책을 판매하는 회사에서 현재 글로벌 전자상거래 1위 기업으로 우뚝 섰다. 그런데도 아마존의 미국 소매 판매 시장 점유율은 5%에 불과했다. 최근 코로나19 사태 이후로 급성장하며 10%까지

점유율을 높였다. 이러한 상승세는 계속 이어질 것으로 예상한다. 중국의 알리바바는 중국 소매 판매 시장의 15%를 점유하고 있는데, 이를 보면 아마존이 앞으로 얼마나 더 성장할지 기대가 된다.

아마존 연간 실적 및 전망

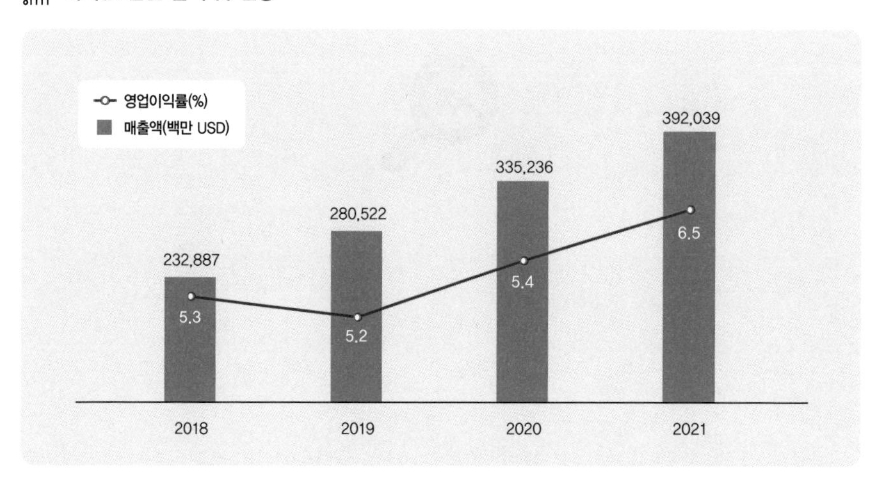

아마존의 연간 실적을 보면 영업이익률이 점점 올라가는 추세다. 예전에는 아마존도 국내 기업인 쿠팡처럼 매출이 계속 증가하는데도 적자를 기록하고 있었다. 하지만 인수합병이 차차 진행되고, 시장점유율이 증가함에 따라 영업이익률이 급상승하고 있다. 2021년 예상 영업이익률은 6%를 넘고, 이후로도 계속 증가할 것으로 예상한다.

잔존가치 모델상 아마존 적정가치

		투자위험 프리미엄		
		5.5%	5.0%	4.5%
장기 ROE	32.1%	3,454	3,518	3,581
	32.6%	3,602	3,667	3,732
	33.1%	3,754	3,820	3,887

아마존의 장기적인 ROE를 약30%대 정도로 놓고 보면 주가 상승 여력은 50% 이상으로 예상한다.

넷플릭스

두 번째는 넷플릭스다. 넷플릭스의 사업 구조는 간단하다. 99%는 스트리밍이고 나머지 1%는 DVD다. 2018년 이전에 한 자릿수였던 영업이익률이 두 자릿수로 증가했고, 얼마 지나지 않아 20%를 돌파할 것으로 예상한다.

넷플릭스 연간 실적 및 전망

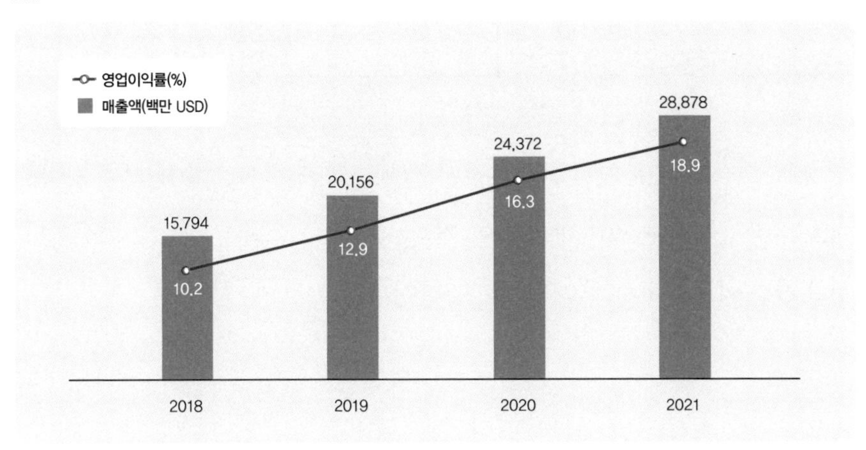

주목할 부분은 넷플릭스가 구독제라는 비즈니스 모델을 취하고 있다는 점이다. 이 경우, 신규 구독자 수가 증가하지 않으면 사업 규모가 커지기 쉽지 않은데, 넷플릭스는 신규 구독자 유치에 성공하고 있다. 더 나아가서 구독료 인상을 통해 높은 영업이익률을 거두고 있다. 보통 구독료가 올라가면 구독자 수는 줄어드는 게 보통이지만, 언택트 문화로 인해 사람들의 집에 있는 시간이 증가하면서 오히려 신규 구독자 수가 급증했다. 구독료 자체도 영화관에서 보는 영화 1~2편 정도의 금액이기 때문에 소비자가 부담을 느끼지 않는다.

또한, 콘텐트 측면에서도 매우 전략적인 모습을 보인다. 이전에는 이미 개봉했거나 방영됐던 콘텐트를 주로 제공했다면, 최근에는 자체 제작 콘텐트의 수를 대폭 늘렸다. 넷플릭스를 통해서만 볼 수 있는 독점 콘텐트를 통해 차별성을 두고 있다.

잔존가치 모델상 넷플릭스 적정가치

		투자위험 프리미엄		
		7.5%	7.0%	6.5%
장기 ROE	38.6%	757	769	781
	39.1%	787	799	811
	39.6%	817	830	843

넷플릭스의 상승 여력을 잔존가치 모델을 통해 직접 산출해보았다. 넷플릭스의 장기 ROE는 30%대를 넘어 거의 40%대에 육박할 것으로 예상한다. 주가 상승 여력도 80%가 넘을 것으로 예상한다.

줌 비디오

세 번째 종목은 줌 비디오다. 줌 비디오는 언택트 이후, 화상전화 업종의 영향력이 확대되며, 특히 혜택을 많이 보고 있다. 현재 줌 비디오의 매출 비중을 지역으로 구분하면, 미국이 82%, 아시아가 8%, 신흥개발국이 10%를 차지한다. 매출이 아직 지역별로 고르게 분산되지는 않았지만, 차차 분산될 것으로 예상한다. 현재 SNS 기업 중 가장 성공했다고 평가받는 페이스북이 비슷한 과정을 거쳤다.

줌 비디오 연간 실적 및 전망

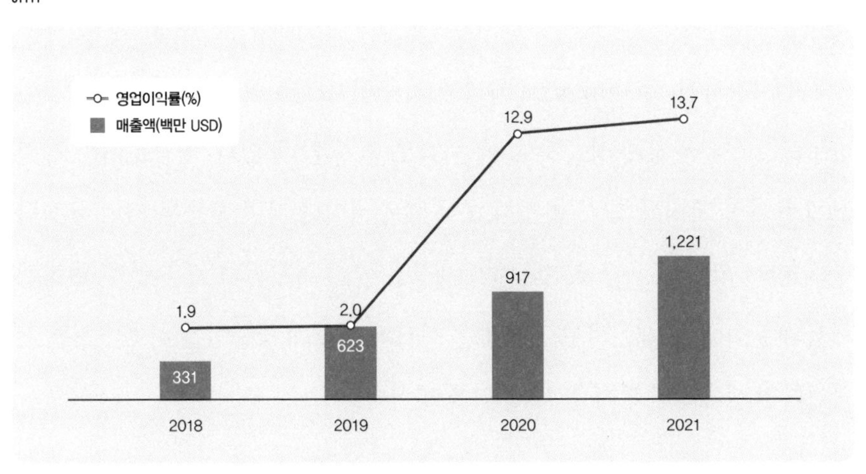

위 그래프, 줌 비디오의 영업이익률을 보면, 2009년부터 흑자로 돌아서서 천천히 상승하다가 2020년 들어 급상승했다. 기존에도 화상전화 업종은 유망한 업종이었고, 이번 코로나19 사태로 인해 그 상승세가 탄력을 받고 있다.

잔존가치 모델상 줌 비디오 적정가치

		투자위험 프리미엄		
장기 ROE		3.5%	3.0%	2.5%
	55.1%	213	215	217
	55.6%	219	221	223
	56.1%	226	228	230

잔존가치 모델을 통해 직접 산출한 줌 비디오의 상승 여력을 보자. 많이 오르긴 했으나, 약 40% 중반 정도의 상승 여력이 남아있다고 판단한다. ROE는 55%대를 장기적으로 유지하리라 예상한다.

포스트 코로나 시대의 투자 마인드

지수는 빠진 폭 대비 50% 가까이 복구된 상황이다. 전체적으로 시장이 반등하며 무분별하게 상승하고 있는 감도 없지 않아 있다. 지금부터는 신중하게 투자할 시기다. 많이 빠졌다고 아무 주식이나 사면 오르는 시기는 지나갔다. 앞서 말한 것처럼 코로나19가 세상을 많이 바꾸었기 때문에, 이 변화한 세상과 문화에 잘 대처하고 적응하는 회사와 새롭게 창출되는 비즈니스를 포착한다면 성공적인 투자를 할 수 있을 것이다.

코로나19를 겪으면서 투자의 행태들도 많이 달라지고 있다. 최근에 급락을 겪으면서 레버리지를 통한 투자의 위험성이 많이 드러났다. 이러한 경험을 통해 투자자들의 성격이 변화할 것으로 예상한다. 기업들도 이번 사태를 겪으면서 상당 부분 부실한 자산을 처분했다. 그룹사 차원에서도 대한항공이나 두산그룹같이 자산을 우량화시키려고 하는 작업이 계속 진행되고 있다. 이처럼 이번 코로나19 팬데믹 그리고 그로 인한 언택트 시대를 경제적인 측면에서 우리 사회가 한 단계 업그레이드하는 반면교사反面教師로 삼아야 할 것이다.

많은 하락으로 투자자들이 큰 어려움을 겪었지만, 안정적이고 내실內實 있는 투자를 통해 수익을 거두길 바란다.

Special Insight 3

언택트 시대, 5G · 클라우드 섹터 전망

오승택 / 리딩투자증권 연구위원

5G · 클라우드 섹터를 주목해라!

데이터 트래픽(Data Traffic) 관점

코로나19 사태로 인해 주식시장을 포함한 경제 전반이 심각하게 침체하였다. 침체한 시장에서 눈여겨볼 섹터가 있다면 무엇일까? 핵심은 데이터다. 데이터 중에서도 데이터의 이동, 즉, 데이터 트래픽(Data Traffic)이 가장 중요하다. 데이터 트래픽 관점에서 보면 데이터가 이동하기 위한 통신망, 5G 섹터 그리고 그 많은 데이터를 저장하고 활용할 수 있게 해주는 클라우드 섹터, 이 두 가지 섹터에 주목해야 한다.

국내 기업들은 클라우드 시스템 도입률이 다른 글로벌 기업에 비하면 한참 못 미치는 수준이다. OECD 소속 국가 기업들의 평균 클라우드 시스템 도입률은 약 30% 정도지만, 한국 기업들은 약 19% 정도다. 최근 상황과 더불어 국내 B2B 영역에서 클라우드 시스템 도입이 확대될 것으로 예상한다. 서버실을 자체적으로 운영하던 기업, 공공기관, 대학 등에서 클라우드 시스템 도입을 적극적으로 고려하고 있다.

예를 들어, 최근 코로나19 사태로 인해 학생들에게 온라인 강의를 제공하는 과정에서 국내 50여 개 대학의 서버가 다운됐다. 사실 클라우드 시스템 도입은 진작에 이루어졌어야 한다. 그런데 위 같은 서버 다운 사태를 겪고 나서 부랴부랴 도입을 준비하고 있는데, 자체 서버실에 있는 데이터를 클라우드로 옮기는 작업은 단기간에 이루어질 수 있는 작업이 아니다. 적게는 수개월에서 많게는 1~2년까지도 걸릴 수 있는 작업이다. 어떤 데이터를 어느 클라우드에 저장할지부터 시작해서 비용을 절감하는 방법, 전략을 수립하는 과정 등 다양한 분석과 절차를 거쳐야 하기 때문이다.

글로벌 연간 데이터 생성량 추이 및 전망

단위 : 제타 바이트

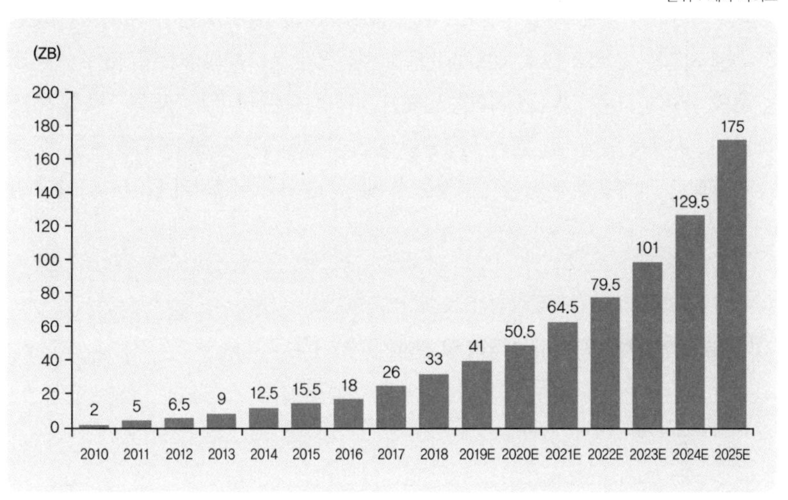

자료 출처:Statista

오토메이션(Automation) 관점

데이터 트래픽 외에 또 다른 관점으로 오토메이션(Automation:자동화) 관점이 있다. 최근에 인건비 절감이 뜨거운 이슈로 떠올랐고, 인건비 절감 차원에서 주목받고 있는 분야가 바로 인공지능, 소위 'A.I.'라고 부르는 분야다. 그런데 이 인공지능 기술을 도입하려면 클라우드 도입이 선행되어야 한다. 인공지능 기술 자체가 점차 고도화되면서 일반 서버실에 있는 PC, 메모리만으로는 데이터를 감당할 수 없게 되었기 때문이다. 몇몇 대기업은 자체적인 데이터 축적 및 보관이 가능하겠지만, 국내 대부분의 중소기업에는 어려운 것이 현실이다. 결국, 인건비 절감을 위한 인공지능 기술 도입은 시간 문제고, 이를 대비하기 위해서 클라우드 시스템 도입은 필수 조건인 셈이다.

마이크로소프트의 Azure, 아마존의 AWS 등의 클라우드 서비스를 제공하는 기업들은 자사의 클라우드를 사용하는 고객에게 인공지능 관련 서비스도 함께 제공하며, 공격적인 마케팅 전략을 취하고 있다. 최근 코로나19 사태로 인해 재택근무가 많이 실행되고 있는데, 이 과정에서 레이 오프(lay-off)된 인원들이 하는 업무를 인공지능이 대체하는

날이 올 수도 있다.

국내 네이버의 경우, 최근 약 5,400억 원 규모의 자금이 투자되는 두 번째 데이터 센터 건설 사업을 앞두고 있다. 새롭게 건축하는 센터는 5G, 빅데이터, 클라우드 인공지능 등의 분야에 사용하겠다는 계획을 발표한 상태다. 이런 국내외 기업의 기조를 보면, 코로나19 사태로 인해 5G, 클라우드 관련 산업의 성장세가 가속화되고 있음을 알 수 있다. 그리고 이 분야에서 경쟁력을 갖춘 업체를 기준으로 차별화가 많이 나타날 전망이다.

글로벌 인공지능 시장 규모 추이 및 전망

단위 : 백만 달러

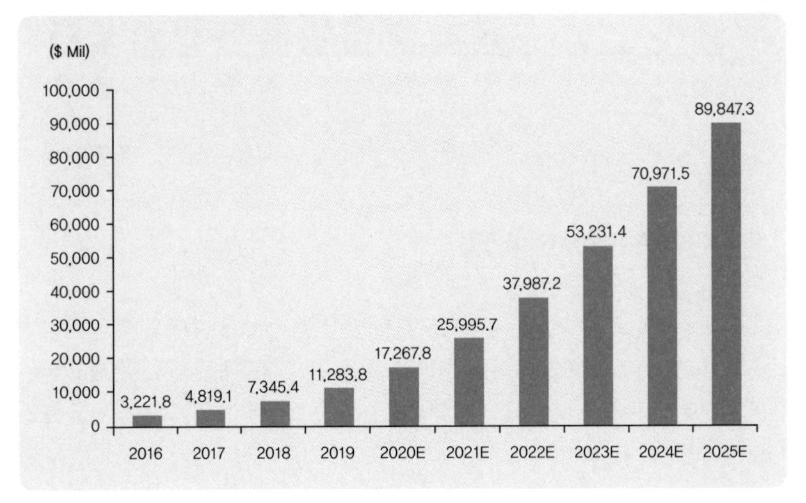

자료 출처:Statista

언택트 전후 5G · 클라우드 업계 변화

이번 코로나19 사태로 인한 언택트 시대 이전부터 5G 섹터는 유망한 섹터였다. 수익률만 따져봐도 작년에 5G 섹터에 투자한 투자자들은 미소 짓고 있을 것이다. 올해도 이 상승세는 이어질 것으로 전망한다. 다만, 약간의 상저하고上低下高 흐름을 볼 수도 있겠다. 가장 가까이에서 볼 수 있는 것은 인터넷 데이터 트래픽이다. 올해 3월만 놓고 봤을 때, 인터넷 데이터 트래픽 자체가 전년 동기 대비 30% 증가했다. 그리고 순간 트래픽으로 봤을 때는 최고치가 전년 동기 대비 거의 2배 높은 수치를 기록했다.

이런 긍정적인 지표와는 반대로 리스크도 있다. 단기적으로는 통신사 같은 관련 기업들의 투자가 지연될 수 있는 리스크가 있다. 중국 정부가 공격적인 5G 투자 계획을 발표했지만, 최근 뉴스 기사에 따르면 많은 건물주가 건물 내부에 5G 관련 장비를 시공하는 것을 거부하고 있다고 한다. 이 때문에 중국 주요 도시의 5G 설치 일정에 차질이 생기고 있다. 일본도 마찬가지다. 기존에 도쿄 올림픽을 '5G 올림픽'이라고 포장하며 5G에 대한 대대적인 투자가 예상됐지만, 올림픽 취소 여파로 투자 흐름이 소강상태에 접어들었다.

현시점에도 적극적으로 투자하는 기업도 분명 있긴 하다. 중국과 미국의 가장 큰 통신 기업들이다. 이 기업들은 오히려 올해 5G에 공격적으로 투자할 것이라고 발표했다. 중국 이동통신 3사는 5G 투자에 차질이 없을 것임을 호언장담하며 투자 계획을 발표했다. 9월까지 447억 달러를 투입해서 약 60만 개의 기지국을 설치하겠다는 계획이다.

미국 같은 경우에는 버라이즌이 최근 실적을 발표했는데, 함께 발표한 지표들이 매우 흥미롭다. 코로나19 사태로 인해 네트워크 사용 패턴의 변화가 감지됐다. 무선 데이터는 트래픽이 9% 정도만 증가했는데, 평균 통화 시간은 45%나 증가했다. 총 213% 증가한 게임 트래픽이 가장 눈에 띈다. 이런 긍정적인 지표를 근거로 기존에 설정한 케펙스(CAPEX, Capital Expenditures: 자본적 지출이라고도 하며, 미래의 이윤 창출, 가치의 취득을 위해 지출된 비용)를 소폭이지만 상향 조정했다. 작년 5G 관련 케펙스를 170억 달러에서 180억 달러 사이로 제시했었는데, 이번 실적발표에서는 175억 달러에서 185억 달러 수준으로 상향하여 발표했다.

또 한 가지 주목해야 할 요소는 정부 정책이다. 코로나19 사태로 인해서 세계 각국이 경기 부양책들을 쏟아내고 있다. 과거 미국의 뉴딜 정책을 시작으로 정부의 경기 부양책은 21세기 경제의 크고 작은 패러다임의 변화를 가져왔다. 그런데 이 경기 부양책이 과거에는 철도, 도로 등의 인프라 투자, 즉 사람이 직접 움직이는 '사람의 모빌리티(mobility: 유동성)'에 초점을 맞췄다면, 최근에 도입되는 경기 부양책은 데이터의 이동, 즉 데이터의 모빌리티에 중점을 둔 인프라 투자를 기반으로 한다. 4차 산업 혁명에 더 가까이 다가갈 수 있는 산업군 위주로 투자가 집중될 전망이다. 다만, 스페인, 프랑스와 같은 주요 유럽 국가에서 5G 주파수 경매 일정이 조금씩 연기되고 있는 점은 조금 우려스럽다. 이는 5G 통신 장비 업체들의 실적이 뒤로 밀리는 결과를 불러올 수 있다.

결론을 내리자면, 글로벌 5G 투자는 아직 시작되지도 않았다. 이런 부분은 올해 하반기부터 나타나기 시작하고, 해외 비중이 큰 5G 업체들은 분명히 주가 측면에서 다시 한번 레벨업 할 수 있는 시기가 올 것이다.

국내 5G · 클라우드 업종 최선호주는?

더존비즈온, ERP를 넘어 기업의 업무 생태계를 조성하다

B2B나 B2C에서 온라인 비중이 큰 기업을 주목해야 한다. 먼저 B2B 영역 대형주 중에서는 그나마 시가총액이 어느 정도 큰 더존비즈온을 들 수 있다. 더존비즈온 같은 경우는 초기에는 ERP라고 하는 기업 자원 관리 소프트웨어를 개발하는 기업이었는데 이를 솔루션 형태로 변형시켜 제공해오다가 작년에 클라우드 형태 상품을 출시했다. 'WEHAGO(위하고)'라는 제품인데, 이미 시장에는 많이 알려진 제품이다. 클라우드 제품으로 단순히 ERP뿐만 아니라 기업의 업무 생태계를 조성하는 플랫폼이라고 할 수 있다. 더존비즈온은 ERP부터 CRM, PLM 등과 관련된 소프트웨어 개발 업체와 협업하여 기업이 필요로 하는 소프트웨어적인 것들을 모두 통합, 제공하는 플랫폼 기업이 되겠다는 포부를 밝히고 있다.

더존비즈온을 주목해야 하는 특별한 이유가 한 가지 더 있다. 이 기업이 소프트웨어를 제공함으로써 올리는 매출도 매출이지만, 이 플랫폼을 통해 수집되는 데이터, 그리고 이 데이터를 활용한 사업에 주목해야 한다. 대표적으로 두 가지 사업을 예로 들을 수 있다.

첫 번째, 매출채권 유동화 사업이다. 매출채권 유동화는 더존비즈온 플랫폼 위에서 기업들이 세금 계산서를 발행하거나 하는 업무를 수행하면서 쌓이는 데이터를 활용하는 사업이다. 더존비즈온 플랫폼에서 발행하는 세금 계산서의 총액은 약 350조 원으로 추정된다. 아무래도 B2B 방식의 사업이 많다 보니 그 액수가 상당하다. 그중에 1%만이라도 매출 채권이 발생하는 것을 유동화시킨다면 약 3조 5,000억 원에 해당하는 금액이 유동화되는 셈이다. 이때, 수수료율 산정이 이 사업의 핵심이 될 텐데, 수수료를 통해 올리는 수익은 비용이 들지 않는 매출이기 때문에 순수이익으로 바로 측정된다. 결국, 기업의 실적에 긍정적인 영향을 줄 것으로 예상한다.

두 번째는 기업 신용평가 사업이다. 기업 신용평가는 해당 기업의 전년도 재무제표를 가지고 신용을 평가하여 은행 또는 금융기관에서 대출을 허락하거나 대출 금액을 산정할 때 활용된다. 이러한 기업 신용평가를 데이터와 인공지능 기술로 실행하는 사업이라고 할 수 있다. 더존비즈온 플랫폼 위에서 실행되는 인사업무, 구매업무 등을 통해 축적된 빅데이터를 바탕으로, 인공지능 툴을 활용해서 기업의 신용을 평가하는 방식이다. 이 평가 방법은 이미 여러 분석을 통해 어느 정도 우수성이 검증되었다.

이렇게 더존비즈온은 단순 ERP만 제공하던 업체에서 데이터를 통해 새로운 가치와 수익을 창출하는 업체로 변화하고 있다. 다만, 이미 더존비즈온의 밸류에이션(Valuation : 기업의 가치 평가액 또는 애널리스트가 기업의 현재 가치를 판단하여 적정한 주가를 산정하는 것)이 너무 높다고 이야기는 사람도 많은데, 조금 다르게 생각해볼 필요가 있다. 국내 경기는 이미 저성장 국면에 접어들었기 때문에, 투자자들은 점점 더 성장에 목말라가고 있다. 즉, 성장에 대한 프리미엄 자체가 더 확대될 수 있다는 이야기다. 과거의 밸류에이션을 기준으로 판단하기보다는 실적 성장성에 비중을 두고 생각해 본다면 지금의 밸류에이션이 부담으로 느껴지지 않을 것이다.

더존비즈온 매출액 추이 및 전망

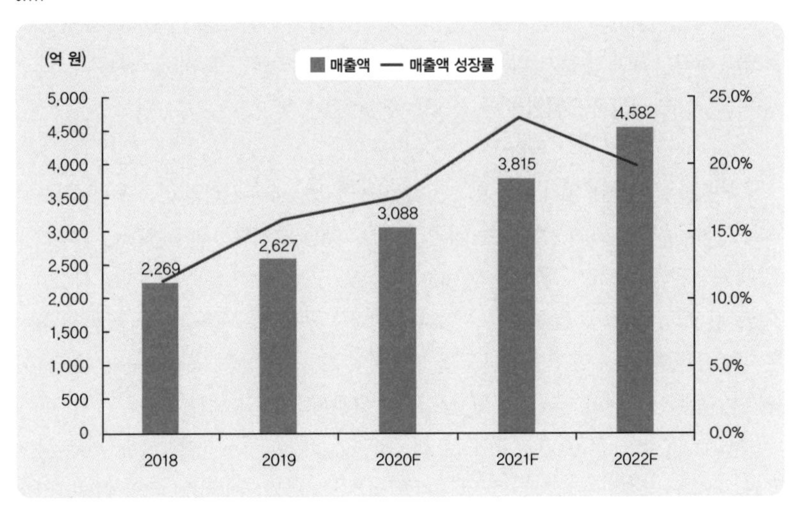

더존비즈온 영업이익 추이 및 전망

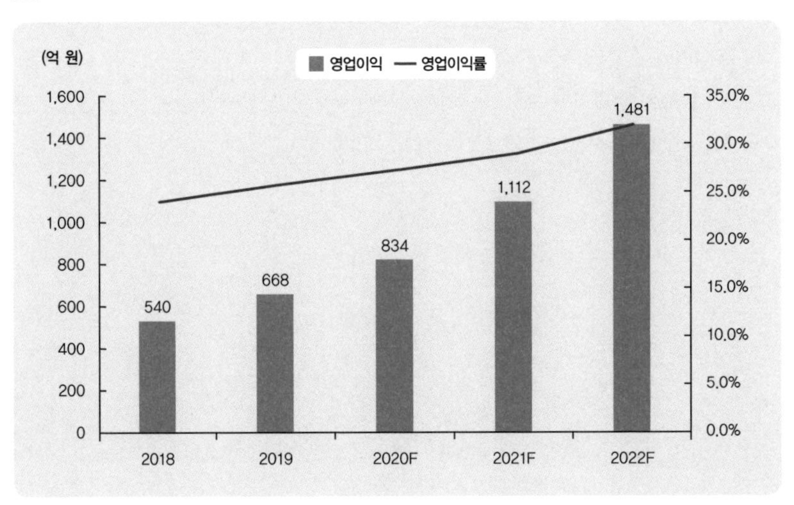

나무기술, 5G와 클라우드를 결합

중 · 소형주, 스몰캡 분야에서는 클라우드와 5G에 모두 다리를 걸치고 있는 기업, 나무기술이 있다. 나무기술은 소프트웨어를 활용하여 통신 장비 비용을 줄여주는 서비스를 제공하는 업체다. 이 서비스를 통해, 기존 통신사들이 5G 관련 케펙스를 많게는 약 50%까지 절감할 것으로 분석하는 전문가도 있다. 5G 관련 투자가 향후 몇 년간 지속될 것을 고려한다면 이 부문에서 상당한 실적이 기대된다.

나무기술이 자체적으로 제작한 '칵테일 클라우드'라는 제품도 주목하고 있다. 이 제품은 구글, 아마존, 마이크로소프트가 제공하는 클라우드 서비스를 한군데 모아서, 기업들이 각각 입맛에 맞게 섞어서 사용할 수 있게 만들어주는 플랫폼이다. 이 플랫폼을 통한 실적이 19년 기준 약 40억 원 정도로 기록됐다. 코로나19 사태로 인해 클라우드 도입을 희망하는 기업들이 계속해서 늘어나는 만큼 올해 1분기 실적 측면에서도 긍정적인 결과가 나올 가능성이 높다. 이런 관점에서 5G와 클라우드 양쪽에서 모두 수혜가 예상되는 기업이다.

나무기술 매출액 추이

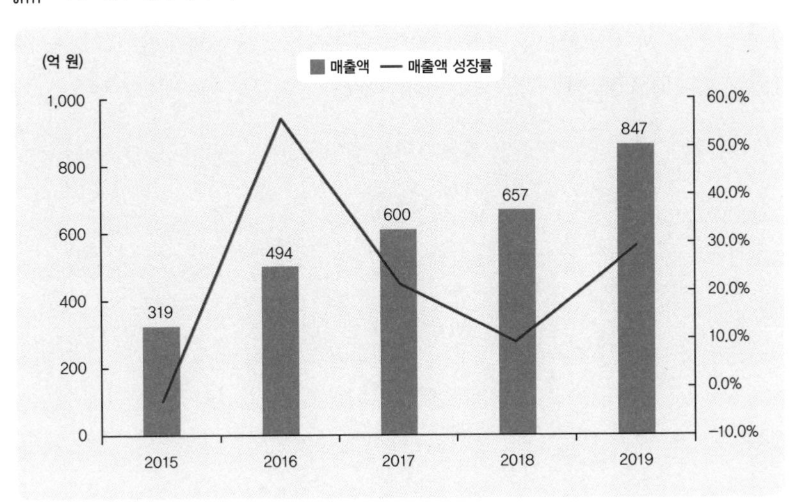

나무기술 영업이익 추이

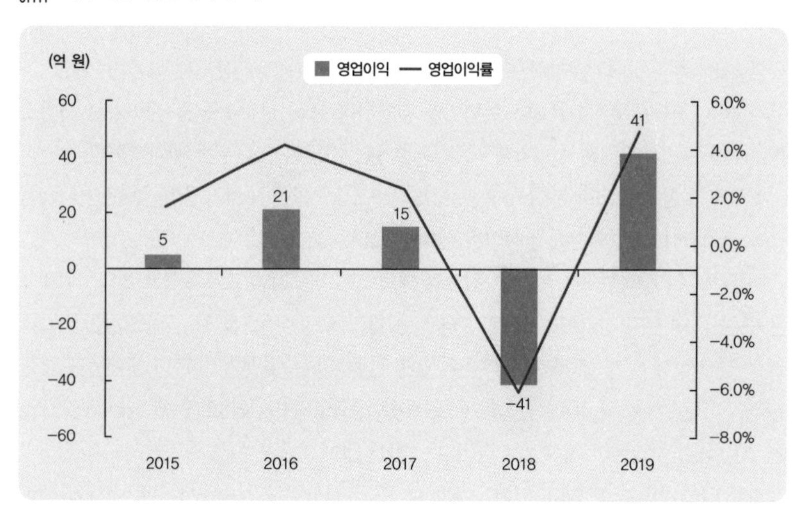

정리하면, 5G 섹터의 경우, 투자에 대한 딜레이가 있을 수 있으나, 장기적으로는 분명히 대대적인 투자가 이루어질 것이고 빠르면 올 하반기가 될 것으로 예상한다. 클라우드 섹터의 경우에는 당연히 IaaS 강자인 아마존, 마이크로소프트, 구글 등의 대기업과 경쟁하는 수준까지 기대하기는 힘들겠지만, SaaS 소프트웨어 틈새시장을 공략하는 기업들이 분명 좋은 성과를 거둘 것으로 예상한다.

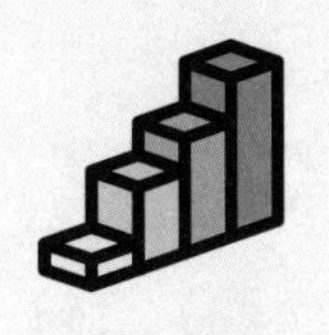

PART 3.

ETF 투자의 모든 것

NH-Amundi 자산운용 ETF 전략팀장 **김현빈**

CHAPTER 1. ETF 투자, 기본부터 알자!

ETF 전성시대
이거 모르면 ETF 투자하지 마라!
필수 키워드 6가지!
비용과 세금 그리고 분배금
하이 리스크 하이 리턴, 파생상품 ETF
해외 투자 ETF & 원자재 ETF

CHAPTER 2. ETF 어떻게 투자할 것인가?

적립식 투자 전략
헷지 전략 /시장 방향성 전략
양매수 전략
분산투자 전략

Special Insight 4. ETF 자료 수집하기

ETF 투자, 기본부터 알자!

ETF 전성시대

ETF 투자가 늘고 있다

2020년 2월 중순, 코로나19가 전 세계를 강타하면서 시장은 급격하게 무너졌다. 지금까지 겪어보지 못한 상황에 전 세계 시장은 요동쳤고, ETF 거래량이 급격하게 증가했다. ETF만 가지고도 50%가 넘는 수익을 낼 기회가 속출하고 있기 때문이다. 상승장일 때 주식을 잘 고른다면 충분한 수익을 기대할 수 있겠지만, 이번 코로나19 팬데믹과 같은 예상치 못한 전염병으로 인한 전반적인 시장 하락에는 ETF가 대안이 될 수 있다. 4월 말 기준 ETF 수익률을 살펴보자.

2020년 4월 ETF 수익률 상위 10종목

종목코드	종목명	기초지수	월간 수익률
A219390	KBSTAR 미국S&P원유생산기업(합성H)	S&P Oil & Gas Exploration & Production Select Industry Index(PR)	51.2%
A217770	TIGER 원유선물인버스(H)	S&P GSCI Crude Oil Index ER	43.8%
A271050	KODEX WTI원유선물인버스(H)	S&P GSCI Crude Oil Index ER	31.6%
A243890	TIGER 200에너지화학레버리지	코스피200 에너지/화학	31.0%
A228810	TIGER 미디어컨텐츠	WISE 미디어컨텐츠 지수	26.4%
A218420	KODEX 미국S&P에너지(합성)	S&P Select Sector Energy Index	24.6%
A185680	KODEX 미국S&P바이오(합성)	S&P Biotechnology Select Industry Index	24.5%
A228800	TIGER 여행레저	WISE 여행레저 지수	23.4%
A244670	KODEX 밸류Plus	FnGuide 밸류Plus 지수	21.3%
A307610	TIGER KRX300레버리지	KRX300	20.9%

자료 출처:KRX

2020년 연간 ETF 수익률 상위 10종목 (2020년 4월 말 기준)

종목코드	종목명	기초지수	월간 수익률
A217770	TIGER 원유선물인버스(H)	S&P GSCI Crude Oil Index ER	223.0%
A271050	KODEX WTI원유선물인버스(H)	S&P GSCI Crude Oil Index ER	195.9%
A267490	KBSTAR 미국장기국채선물레버리지(합성 H)	S&P U.S. Treasury Bond Futures Excess Return Index	36.4%
A304660	KODEX 미국채울트라30년선물(H)	S&P Ultra T-Bond Futures Index(ER)	22.9%
A225130	KINDEX 골드선물 레버리지(합성 H)	S&P WCI Gold Excexx Return Index	22.6%
A256750	KODEX 심천ChiNext(합성)	SZSE ChiNext Price Index	17.9%
A256450	ARIRANG 심천차이넥스트(합성)	SZSE ChiNext Price Index	16.9%
A267440	KBSTAR 미국장기국채선물(H)	S&P U.S. Treasury Bond Futures Excess Return Index	16.4%
A307510	TIGER 의료기기	FnGuide 의료기기 지수	15.2%
A305080	TIGER 미국채10년선물	S&P 10-Year U.S. Treasury Note Futures(ER)	15.2%

자료 출처:KRX

2020년 4월 말을 기준으로 ETF는 449종목, 순자산총액 45조 9,000억 원으로 코스피 대비 자산총액은 약 3.5% 정도 수준이다. 코스피 대비 ETF의 일평균 거래대금은 2018년 22%에서 2020년 3월 67.9%까지 치솟았다. 급락하는 시장에서 하루 12억 주의 코스피 거래량 중에 7~8억 주가 ETF로 거래되는 한 번도 볼 수 없었던 현상도 발생했다. 그 ETF 거래량 중에 90%는 레버리지 ETF(상승 시 2배 수익률)와 인버스 2X ETF(하락 시 2배 수익률)였다.

ETF 시장 현황 - 순자산가치 총액 및 상장 종목 수

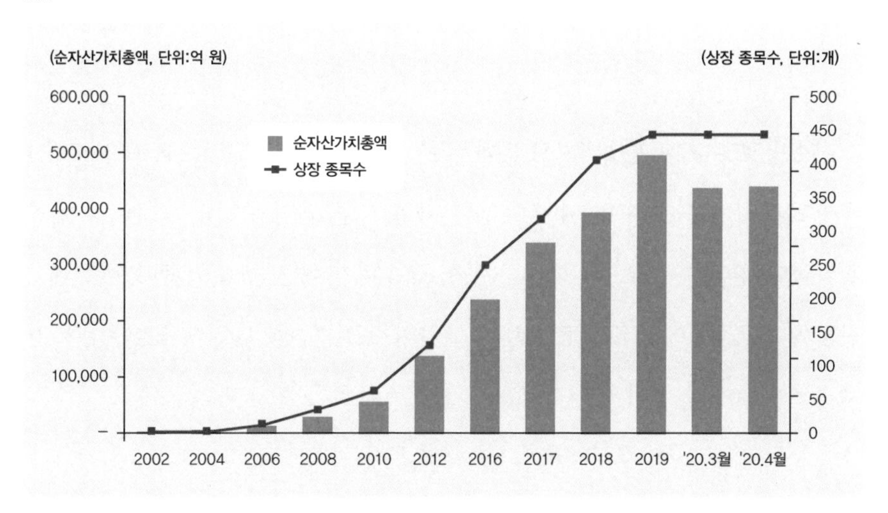

ETF 4월 일평균 거래대금 상위 10개 종목 (2020년 4월말 기준)

단축코드	종목명	기초지수	2019년	20년3월	20년4월
A252670	KODEX 200선물인버스2X	코스피200 선물지수	1,503	21,314	17,213
A122630	KODEX 레버리지	코스피200	2,064	15,966	12,815
A251340	KODEX 코스닥150선물인버스	F-코스닥150 지수	1,495	5,252	4,239
A114800	KODEX 인버스	코스피200 선물지수	651	5,189	3,786
A069500	KODEX 200	코스피200	1,623	5,569	3,638
A233740	KODEX 코스닥150 레버리지	코스닥150	1,713	5,343	3,520
A261220	KODEX WTI원유선물(H)	S&P GSCI Crude Oil Index ER	4	439	2,441
A229200	KODEX 코스닥 150	코스닥150	541	1,226	815
A102110	TIGER 200	코스피200	594	1,225	688
A157450	TIGER 단기통안채	KIS 통안채 3개월(총수익)	12	390	513

자료 출처:KRX

이번 코로나19 팬데믹으로 인해 코스피 지수는 2,242.17(2월 17일 기준)에서 하락하기 시작하여 1,457.64(3월 19일 기준)까지 주저앉는 급락장이 연출되었다. 불과 한 달도 채 되지 않아서 코스피가 약 33% 하락했다. 반면에 2월 17일 5,720원이던 KODEX 200선물인버스2X는 3월 19일에 12,800원까지 치솟는 기막힌 현상이 벌어졌다.

KODEX 200선물인버스2X 일봉 그래프

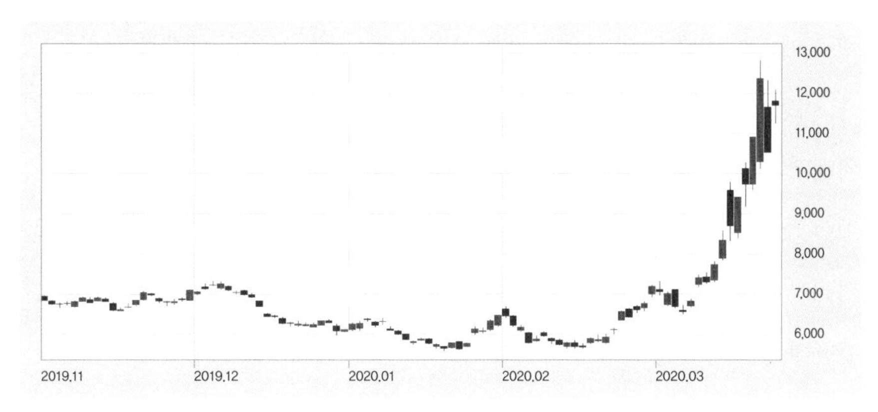

만약 시장의 하락을 정확히 예측했다면, 113%에 달하는 수익을 낼 수 있었다. 시장이 하락하는데 이렇게 수익을 낼 수 있다는 소식을 들은 개미투자자들이 ETF 시장으로 모여들기 시작했다. 외국인들이 3월까지 약 10조 원이 넘는 주식을 매도했는데, 개인투자자들이 약 9조 원을 매수하면서 시장 하락을 방어했다. 이름하여 '동학개미운동'이라는 신조어까지 만들어 내며 말이다.

"2020년 코로나19 확산 사태가 장기화하면서 주식시장에서 등장한 신조어로, 국내 개인투자자들이 기관과 외국인에 맞서 국내 주식을 대거 사들인 상황을 1894년 반외세 운동인 '동학농민운동'에 빗댄 표현이다."

(자료 출처 : 네이버 지식백과)

2020년 5월 8일, 코스피 지수가 장중 1,956까지 상승했다. 이번 코로나19

사태로 인한 전투에서는 동학개미가 승리했다고 말할 수 있다. 동학개미가 주로 매수한 것은 주식도 있었지만, ETF가 동학개미운동의 매개체 역할을 했다. 이번 전투에서는 승리했지만, 다시 찾아올 변동성 시장에서도 승리하기 위해서는 ETF라는 무기의 재정비가 필요하다. 잘못하여 섣부른 투자로 생각했던 것만큼 이익이 많이 나지 않을 수 있고, 손실이 발생할 수도 있다. ETF는 거래가 쉬운 만큼, 손실도 쉽게 발생할 수 있기 때문이다. ETF라는 무기를 잘 활용하기 위한 전략을 수립하기 위해서는 기본적으로 알아야 할 사항이 많은데, 무엇보다도 기본을 잘 알아야 한다.

주식시장에서 '매매'가 전투라고 한다면 내가 쓰고 있는 무기가 무엇인지, 어떻게 사용하는지 알아야 전투에서 이길 가능성을 높일 수 있다. 지금부터 동학개미가 ETF 투자 시에 알아야 할 사항들을 살펴보자.

이것 모르고 ETF 투자하지 마라!

ETF란 무엇인가?

ETF는 자산운용사가 만든 펀드로 주식처럼 상장되어 거래소에서 매매되는 상품을 말한다. 'Exchange Traded Fund'의 약자로 앞 글자만 따서 'ETF'라고 불린다. 'ELS Equity Linked Securities', 'ELW Equity Linked Warrant'의 'Equity'와는 다른 'Exchange'를 쓴다. ETF는 펀드 중에 주로 인덱스 펀드를 상장한 것으로 생각하면 된다.

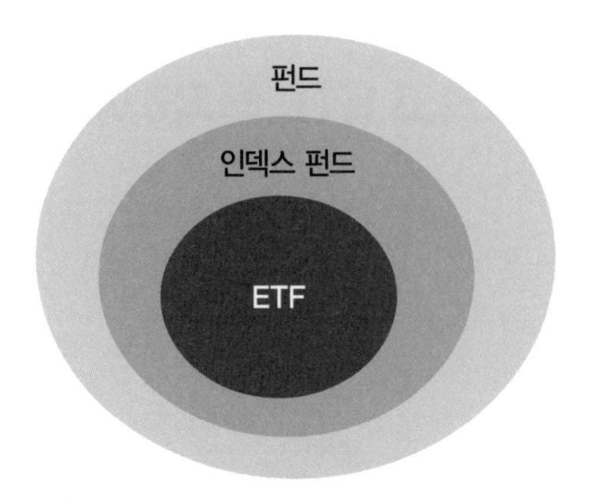

자, 시장이 많이 하락한다고 가정해보자. 당신에게 1억 원이 있고, 투자하기 위해 증권사 계좌를 개설하고 주식을 매수하려고 한다. 어떠한 종목을 매수하겠는가? 삼성전자를 살까? 아니면 셀트리온, 아니면 NAVER를 살까? 고민이 된다. 삼성전자를 사자니, 셀트리온도 오를 것 같고, NAVER도 올라갈 것 같다. 전부 다 사는 방법도 있다. 3종목을 다 샀는데, 현대차가 올라가니 현대차도 사고 싶어진다. '아, 그냥 한꺼번에 여러 종목을 다 살 수는 없을까? 난 딱 시장이 올라가면 올라가게 만들고 싶은데~', 바로 이러한 수요가 만들어 낸 것이 ETF다. ETF 투자는 여러 종목을 한꺼번에 매수하는 것과 같은 효과를 낸다. 결국, ETF는 펀드이자 주식이라고 할 수 있다.

ETF의 가격은 어떻게 결정될까?

ETF를 흔히 과일바구니에 비교한다. 과일바구니에 수박, 사과, 오렌지가 있다고 가정해보자. 수박이 20,000원, 사과가 10,000원, 오렌지가 5,000원이고, 과일바구니에는 수박이 1개, 사과가 2개, 오렌지가 2개 있다. 그렇다면 과일바구니의 가격은 얼마가 되어야 할까?

수박 20,000원 + 사과 10,000원 × 2 + 오렌지 5,000원 × 2 = 50,000원이다. 바구니 자체 가격 1,000원까지 하면 총 51,000원이 되고, 이 금액이 과일바구니의 실제 가격(NAV: 순자산가치)이 된다. 만약 과일 가격이 오른다면 이 과일바구니의 가격도 오른다. 여기서 과일은 주식이고 과일바구니는 자산운용사라고 생각하면 된다.

종류	가격(원)	수량	합계
수박	20,000	1	20,000
사과	10,000	2	20,000
오렌지	5,000	2	10,000
바구니	1,000	1	1,000
		총합(NAV)	51,000

HANARO 200이라는 ETF를 보면, 삼성전자가 31.69%, SK하이닉스가 6.29%, NAVER가 3.48%의 비중으로 담겨 있다. 1주에 25,515원밖에 안 하는데, 1주를 매수하면 코스피200 지수 비중으로 199종목을 담는 효과가 있다.

HANARO 200 PDF(자산 구성 내역)

번호	종목코드	종목명	수량(주)	평가금액(원)	비중(%)
1	005930	삼성전자	8,208	410,400,000	31.72
2	000660	SK하이닉스	976	81,691,200	6.31
3	035420	NAVER	220	43,450,000	3.36
4	068270	셀트리온	181	38,100,500	2.94
5	051910	LG화학	80	30,120,000	2.33
6	006400	삼성SDI	90	25,740,000	1.99
7	005380	현대차	245	22,932,000	1.77
8	051900	LG생활건강	16	22,176,000	1.71
9	005490	POSCO	120	22,140,000	1.71
10	055550	신한지주	722	22,057,100	1.7

ETF는 누가 만드는 걸까?

그렇다면 ETF는 과연 누가 만드는 것일까? 바로 펀드를 운용하는 자산운용사가 만든다. 현재 15개 운용사가 ETF를 만들고 있다. 상위 7개 운용사와 브랜드, 상장 종목 수, 순자산가치 총액은 아래와 같다.

자산운용사별 브랜드, 상장 종목 수, 순자산가치 총액

구분	브랜드명	상장 종목수	순자산가치 총액(억 원)
삼성자산운용	KODEX	109	247,188
미래자산운용	TIGER	123	106,679
KB자산운용	KBSTAR	71	33,658
한화자산운용	ARIRANG	48	17,702
한국투자신탁운용	KINDEX	38	17,950
NH-Amundi자산운용	HANARO	13	16,658
키움투자자산운용	KOSEF	27	14,669

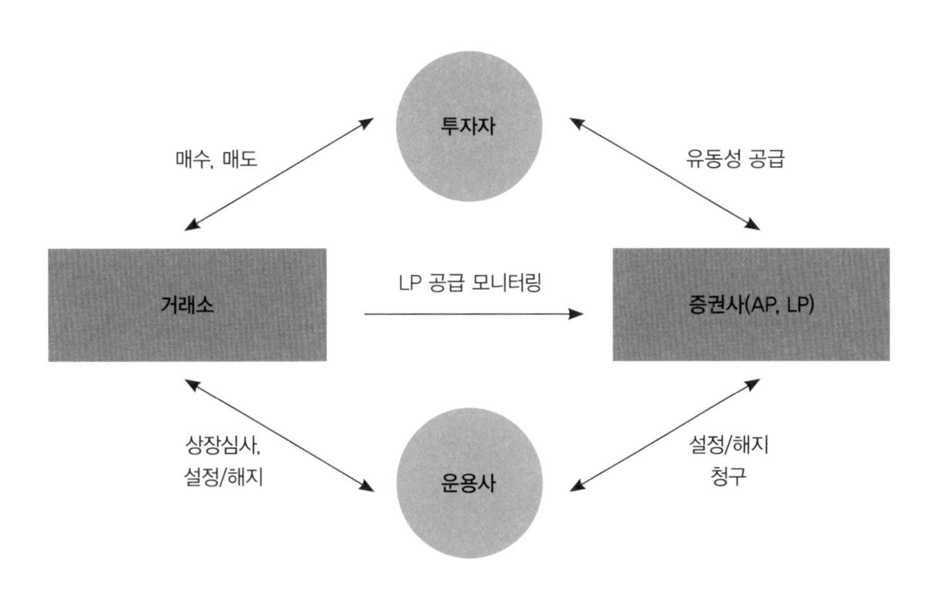

ETF를 만드는 것이 자산운용사라면 증권사의 역할은 무엇일까? 증권사는 AP Authorized Participants와 LP Liquidity Provider의 역할을 한다. 과일바구니로 생각하면 바구니를 만들 수 있게 도와주는 조력자라고 생각하면 된다. 과일바구니 제작자는 과일바구니 제작을 공식 지정업체인 AP에게만 맡긴다. 과일바구니를 55,000원에 사서 과일이 올랐을 때, 60,000원에 팔려고 한다면 과일바구니를 사거나 팔 수 있게끔 물량을 공급하는 사람이 유동성 공급자인 LP라고 보면 된다. 그리고 과일바구니를 내놓는 시장이 바로 거래소다.

즉, 새로운 ETF를 만들 때 꼭 필요한 사람은 자산운용사와 증권사가 된다. 자산운용사가 ETF를 기획하고 만들려면 증권사의 도움이 필요하다. 증권사가 발행해주어야 하고, 유동성을 공급해서 사고팔기 쉽게 만들어 주기 때문이다.

ETF는 어떻게 만들어지는가?

그럼 ETF 기획 단계에서 발행 과정까지 한꺼번에 살펴보자. 먼저, 자산운용사가 ETF를 기획한다. 예를 들어, 앞으로 e-커머스 시장이 유망하니, e-커머스 관련 주식만 담아서 ETF를 만든다고 가정해보자.

ETF 기획 및 발행 과정

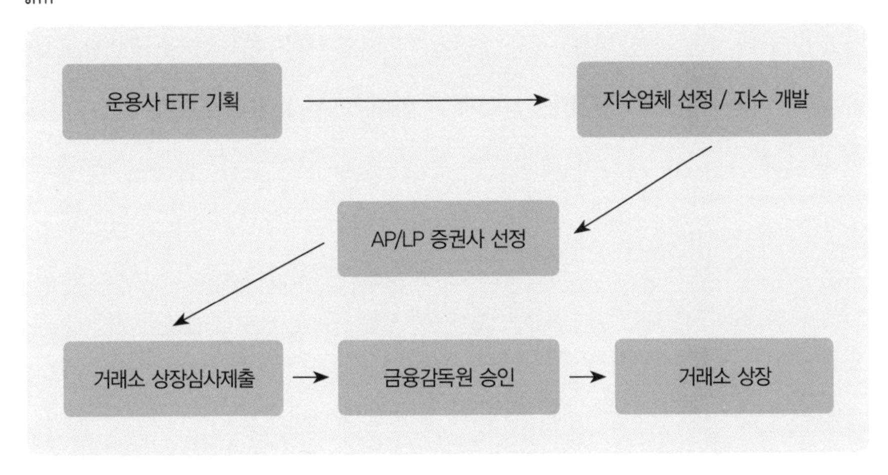

운용사는 먼저 '지수Index'를 찾아야 한다. '지수'는 '코스피200 지수'처럼 종목과 비중을 정해서 일정하게 가격을 산출하는 것을 말한다. 코스피200 지수는 200개 종목의 가격과 비중을 고려해서 산출한다. 그런데 e-커머스 지수를 찾아보니 아직 시장에 없다. 그렇다면 지수를 만들어서 제공하는 업체를 찾아야 한다. 보통 우리나라에는 KRX 한국거래소와 FnGuide가 있다. 해외 지수 업체로는 S&P, MSCI, STOXX 등이 있다.

e-커머스 지수가 없으니 FnGuide를 통해서 e-커머스 지수를 만든다. 이때 운용사와 지수 제작업체는 긴밀하게 협조하여 지수를 만든다. 지수를 만들 때는 유니버스 선정에서부터 지수 구성 방법, 정기변경일 등을 먼저 정한다.

지수가 산출되어 공표되기 시작하면 운용사는 거래소에 상장심사를 받는다. 거래소에서 심사 승인을 받고 금융감독원 승인이 나면 상장이 완료

된다. 먼저 새로운 ETF가 거래되려면 판매자가 필요한데, 바로 증권사가 이 역할을 한다. LP, 다른 말로 유동성 공급자 역할이다. 유동성 공급자가 ETF를 팔기 위해서는 먼저 ETF를 설정해야 한다. ETF 설정은 ETF를 만드는 것인데, 운용사와 AP 계약이 되어있는 증권사만 할 수 있다. 설정할 때 단위를 1CU Creation Unit라고 하는데 보통 50,000~100,000주 정도다. HANARO e커머스 같은 경우, 50,000주고 주당 가격이 10,000원이기 때문에 1CU의 설정 금액은 50,000주 × 10,000원 ≒ 50,000,000원이 된다. 발행주 수를 보면 800,000주가 되는데 그렇다면 16CU가 설정된 것이다.

결국, 새로운 ETF를 만들고 팔기 위해서는 AP가 있어야 설정이 가능하고, 유동성 공급자인 LP가 될 수 있기 때문에, 대부분 "AP = LP"라는 공식이 성립한다. 이렇게 기획부터 상장하는 데까지 약 3개월에서 6개월이 소요되는데, 이 과정이 모두 끝나면 비로소 HANARO e커머스 ETF가 탄생하여 거래소에서 거래된다.

ETF 필수 키워드 6가지!

이번 장에서는 ETF를 매매하기 위해서 반드시 알아야 하는 핵심 키워드 6개를 꼽아 보았다.

추적지수

첫 번째로 키워드는 '추적지수(기초지수)'다. ETF는 지수를 그대로 따라가는 인덱스 펀드를 상장해 놓은 것이다. 추적지수는 ETF가 어떤 지수를 추적하는지 알려주는 기초지수다. 이 기초지수를 모르고 투자하는 것은 절대로 해서는 안 된다. 국내에서는 ETF 투자를 쉽게 할 수 있도록 ETF의 이름만으로도 지수를 짐작할 수 있게 만들어 놓았다.

ETF 이름 규칙

브랜드명 + 국내 or 해외 + 추적지수 + 합성 여부 + 환헷지 여부

예)

HANARO e커머스 (NH-Amundi자산운용+국내+e커머스 투자)

KODEX 200 (삼성자산운용+국내+코스피200 투자)

TIGER 의료기기 (미래자산운용+국내+의료기기 투자)

KINDEX 베트남VN30 ETF(합성) (한국투자신탁운용+베트남+VN30지수+합성+환헷지 안됨)

KBSTAR 차이나HSDEI(H) (KB자산운용+중국+HSCEI지수+실물+환헷지)

예를 들어, 'KINDEX 베트남VN30(합성)'이라고 하면 앞에는 보통 운용사 브랜드 이름이 붙는다. 이 경우 투자자는 '한국투자신탁운용에서 만든 베트남 VN30 지수에 투자하는 상품이구나'라고 쉽게 알 수 있다. 여기서 추적지수(기초지수)는 VN30이 된다. ETF 이름 규칙에서 보면 국내 상품은 특별히 언급되지 않는다. 그리고 구조가 합성 방식인지 실물 방식인지를 나타낼 때, 실물 방식이면 생략이 가능하다. 즉, 국내와 실물 방식을 나타내는 단어는 이름에서 생략할 수 있다.

그렇다면 추적지수가 같으면 같은 상품인가라는 의구심을 가지기 마련이다. 아래 표는 우리나라 대표지수인 코스피200 지수를 추종하는 ETF를 모은 것이다. 같은 지수를 추종하는 상품으로 브랜드 회사만 다른 것이다. 마치 마트에서 우유를 살 때, 우유 맛은 비슷하지만 여러 가지 상표가 있듯이 같은 지수를 목표로 운용하지만 운용하는 회사가 다르다. 우유도 맛이 조금씩 차이가 나듯이 운용회사가 운용을 어떻게 하느냐에 따라 수익률에 차이가 있을 수 있고, 현재 가격 및 운용보수가 운용사마다 경쟁력을 갖추기 위해서 다르게 형성되어있다.

코스피200 지수 추종 ETF 수익률(2020년 5월 8일 기준)

	ETF명	순자산 (억 원)	수익률					
			1주	1개월	3개월	6개월	1년	YTD
코스피 200	HANARO 200	9,170	−0.593%	6.01%	−13.60%	−7.72%	−6.23%	−12.33%
	ARIRANG 200	6,189	−0.592%	6.05%	−13.72%	−7.83%	−6.35%	−12.45%
	KODEX 200	53,461	−0.596%	5.98%	−13.60%	−7.75%	−6.32%	−12.34%
	TIGER 200	27,353	−0.596%	5.98%	−13.58%	−7.70%	−6.22%	−12.32%
	KBSTAR 200	13,259	−0.588%	6.09%	−13.74%	−7.84%	−6.37%	−12.45%
	KINDEX 200	5,656	−0.583%	6.10%	−13.72%	−7.87%	−6.48%	−12.49%
	KOSEF 200	4,988	−0.595%	6.12%	−13.78%	−7.85%	−6.36%	−12.48%
	파워 200	235	−0.599%	6.06%	−13.82%	−7.95%	−6.51%	−12.57%
	TREX 200	180	−0.582%	6.00%	−13.70%	−7.89%	−6.53%	−12.45%
	KOSPI 200		−0.593%	6.09%	−13.95%	−9.36%	−8.40%	−12.65%
	초과 성과		0.000%	−0.08%	0.34%	1.64%	2.16%	0.31%

자료 출처:NH-Amundi

추적오차 Tracking Error

두 번째 키워드, '추적오차Tracking Error'다. 추적오차란 추적하는 지수를 얼마나 잘 따라가느냐를 말한다. 위 표의 상품들을 보면 수익률이 조금씩 차이가 나며 추적오차가 모두 다른 것을 알 수 있다. 추적오차의 숫자가 작을수록 오차 없이 지수를 잘 따라간다고 보면 된다.

코스피200 지수 추종 ETF 추적오차(2020년 5월 8일 기준)

	ETF명	순자산 (억 원)	추적오차(Tracking Error)					
			1주	1개월	3개월	6개월	1년	YTD
코스피 200	HANARO 200	9,170	0.04%	0.27%	0.59%	0.44%	0.31%	0.52%
	ARIRANG 200	6,189	0.05%	0.10%	0.36%	0.27%	0.19%	0.31%
	KODEX 200	53,461	0.04%	0.26%	0.76%	0.56%	0.40%	0.66%
	TIGER 200	27,353	0.03%	0.33%	0.84%	0.61%	0.44%	0.73%
	KBSTAR 200	13,259	0.05%	0.14%	0.19%	0.15%	0.11%	0.17%
	KINDEX 200	5,656	0.06%	0.15%	0.25%	0.20%	0.15%	0.23%
	KOSEF 200	4,988	0.17%	0.13%	0.26%	0.20%	0.16%	0.24%
	파워 200	235	0.21%	0.17%	0.39%	0.29%	0.21%	0.34%
	TREX 200	180	0.21%	0.28%	0.58%	0.43%	0.32%	0.50%

자료 출처:NH-Amundi

순자산가치 NAV

세 번째 키워드는 'NAV'다. 우리나라 말로 '순자산가치'라고도 부른다. 순자산가치란 ETF 안에 들어있는 종목들의 값어치를 전부 숫자로 표현한 값이다. 과일바구니 가격을 보고 있으면 안에 있는 과일들 각각의 가격이 얼마인지 궁금해지고, 과일들을 하나씩 직접 사는 게 더 유리하지 않을까 고민하기 마련이다. 이 과일들 가격 하나하나를 다 더한 가격이 순자산가치다. 앞서 과일바구니를 예로 들면, 51,000원이 NAV가 된다. NAV는 과일바구니를 살 때의 적정가격이라고 볼 수도 있다.

운용보수

네 번째, '보수'다. 과일바구니에서 바구니에 해당하는 것이 운용보수다. 운용보수란 운용사가 ETF를 만들고 거래하면서 받는 보수인데, 사고팔 때 보수를 떼고 파는 것이 아니라 수익률에서 보수를 차감하는 형식이다. 펀드를 가입할 때 미리 보수를 빼고 가입하기도 하는데, 펀드의 보수와는 사뭇 다르다. HANARO 200 ETF의 보수는 0.036%다. 만약 시장이 일 년 동안 움직이지 않고 그대로 있었다면 HANARO 200의 수익률은 －0.036%가 될 것이다. 참고로 같은 지수를 추종하지만, KODEX 200의 보수는 0.15%로 약간의 차이가 있다.

이렇듯 ETF는 보수를 차감한 수익률을 가져가게 되는 것이다. 물론 시장은 일 년 동안 반드시 움직일 것이고 운용사의 운용 실력에 따라 수익률에 차이가 날 수 있다. 그렇다면 ETF를 매일 사고파는데 그 수익률을 어떻게 빼느냐고 생각할 수 있는데, ETF는 매일 보수를 수익률에서 차감해서 보여준다.

2020년 5월 11일, HANARO e커머스 ETF의 종가는 10,580원이고 NAV는 10,581.12원이다. 이렇게 소수점 둘째 자리까지 NAV를 산출하여 보여주는 것은 보수를 차감하기 때문이다. 그렇지만 ETF는 5원 단위로 매매되기 때문에 실제 시장에서 매매할 때는 체감하기 힘들다. 장기적으로 오래 가져가야 한다면 당연히 보수가 싼 것을 고르는 것이 유리하다.

괴리율

HTS 화면에서 확인할 수 있는 괴리율

ETP 1440 ETF 시세>현재가

현재가 | 시세표 | 설정환매 | 구성종목(PDF) | 복수종목 | 합성ETF | ETF 복수현재가 |

종목정보

HANARO e커머스 | 기초: FnGuide E커머스 지수

현재가	10,580	예상가	10,580
대비	B ▲ 40	대비	40
등락률	0.38%	등락률	0.38%
거래량	6,793	예상거래	60
전일거래량	290,291	가중평균	10,624
거래대금	72,169	과표기준가	9,897.56
기준가	10,540	수익분배금	0
시총(백만)	8,464	상장주(천)	800
장중 NAV	10,581.12	전일NAV	10,556.01
NAV 대비	25.11	(ETF-iNAV)	-1.12
NAV 등락률	0.24%	(ETF-iNAV)%	-0.01%
지수기준가	-	NAV-지수기준가	-
FnGuide E커머	1,801.83	i추적오차율	0.00%
기준일대비	4.30	추적오차율(전)	0.36%
등락률	0.24%	괴리율(전)	-0.15%

체결 | 회원사 | 일별추이 | 일별차트 | 종목정보 | 종목개요

당일매도	수량(주)	%	당일매수	수량(주)	%
NH투자증권	3,769	55	NH투자증권	3,441	50
메리츠증권	2,840	41	메리츠증권	1,993	29
미래에셋대우	71	1	미래에셋대우	1,135	16
키움증권	64		상상인증권	80	1
하이증권	20		KB증권	50	
합계	6,764	99	합계	6,699	98

전일

매도상위	거래량(주)	매수상위	거래량(주)
메리츠증권	186,962	NH투자증권	194,255
순매도	거래량(주)	순매수	거래량(주)
메리츠증권	183,741	NH투자증권	111,836

호가 | LP잔량 | LP비중 | 뉴스/공시

LP 매도	시장 매도	호가	등락률	시장 매수	LP 매수
-	280	10,970	4.08		
-	1,206	10,960	3.98		
-	193	10,935	3.75	상한가	13,700
-	2,117	10,900	3.42	고가	10,750
-	42	10,750	1.99	시가	10,550
-	50	10,740	1.90	저가	10,550
5,054	5,054	10,625	0.81	하한가	7,380
9,692	9,692	10,590	0.47	대용가	8,220
9,912	9,912	10,585	0.43	외국인(%)	0.00%
9,508	9,508	10,580	0.38		
호가평균		10,575			
		10,570	0.28	30	-
현재가	10,580	10,560	0.19	102	-
대비	▲ 40	10,545	0.05	9,792	9,792
등락률	0.38%	10,540	-	9,684	9,684
거래량	6,793	10,530	0.09	5,054	5,054
신고대량	0	10,485	0.52	1	-
시간외대량	0	10,445	0.90	5,054	5,054
LP1	신한투자	10,220	3.04	13	-
		10,015	4.98	2,117	-
		9,700	7.97	1	-
34,166	38,054	10단계합		31,848	29,584
-	-	시간외		1	-
		경쟁대량			

⚠ iNAV정보는 투자참고사항입니다. 산출 오류, 지연, 중단으로 인한 투자결과에 법적인 책임이 없음을 공지합니다.

※ HTS 화면은 증권사별로 상이할 수 있음

다섯 번째, '괴리율'이다. 위 그림을 보면, HANARO e커머스 종가와 i-NAV(실시간 순자산가치) 가격이 다른 것을 확인할 수 있다. ETF 종가보다 순자산가치가 저평가되어있다. 바로 이것을 괴리율이라고 부른다. e커머스 ETF는 괴리율이 −0.01%다. 즉, 괴리율이란 ETF의 현재 가격과 순자산가치의 괴리를 말한다. 괴리율이 (+)면 고평가되고 있는 것이고, (−)이면 저평가되고 있는 것이다. 괴리율이 저평가되어 있으면 순자산가치보다 싸게 사는 것이고, 고평가되어있으면 비싸게 사는 것이다. 종가 괴리율이란 종가 기준으로 괴리율을 이야기하는 것이고, 실시간 괴리율은 i-NAV를 기준으로 이야기하는 것으로 장중 현재가와 순자산가치의 변화에 따라 수시로 바뀐다.

괴리율(%) = (현재가 – NAV) / NAV x 100

그렇다면 괴리율은 왜 발생할까? 시장에 사려는 사람이 많으면 고평가되고 적으면 저평가되기 때문이다. 하지만 이러한 고평가, 저평가를 막기 위해서 유동성 공급자 제도가 존재한다. 거래소에는 투자자 보호를 위해서 유동성 공급자가 적시에 유동성을 공급하도록 지정하고 있다. 유동성 공급자는 9시 5분에서 15시 20분까지 유동성을 공급할 의무가 있다. 즉, 동시호가에는 유동성 공급자가 ETF를 사고파는 호가를 내지 않을 수도 있기 때문에, 많은 물량을 한꺼번에 동시호가로 매매하면 순자산가치보다 비싸게 사거나 싸게 팔 수 있으므로 주의해야 한다. 유동성 공급자 제도는 아래와 같다. 거래소 규정에 나와 있는 내용을 정리한 것이다.

기본적으로 시장 스프레드 비율(최우선 매도호가-최우선 매수호가/최우선 매수호가)이 신고 스프레드 비율(국내 기초자산 추적 시 2%, 해외 기초자산 추적 시 3% 이내로서 자산운용사가 거래소에 신고한 비율, 통상 1% 내외)을 초과할 경우, 5분 이내에 양방향 호가를 100좌 이상 제출해 호가 제출 의무를 이행한다.

LP는 정규시장의 장 개시 단일가 매매 종료 시점으로부터 5분이 지나간 때부터 장 종료 단일가 매매 개시 전까지(09:05~15:20) 시장에 제출된 최우선 매도 · 매수 호가 스프레드 비율이 신고 스프레드 비율을 초과한 경우 5분 이내에 매도 · 매수 양방향에 유동성 공급 호가를 제출해야 한다. 단일 가격 매매 시간에도 접속 매매 시간과 같이 가격 우선, 시간 우선의 배분 기준이 적용된다. 단일 가격 매매 시간에는 합치 가격으로 일시에 거래가 이뤄지기 때문에 이 시간에는 LP에게 호가 제출 의무가 없다.

LP 호가 제출 의무시간 : 09:05 ~ 15:20

LP는 순자산가치를 고려한 적정가격으로 호가를 제출해야 한다. LP는 스프레드 비율뿐만 아니라 순자산가치와의 차이인 괴리율도 축소해야 하기 때문이다. 특히, 종가 괴리율(국내 기초자산 추적 시 3%, 해외기초자산 추적 시 6% 이내)은 법적 의무로서 반드시 준수해야 한다. 종가 괴리율 공시도 유심히 봐야 한다.

만약 유동성 공급자가 제대로 유동성을 공급하지 않으면 거래소에서 주의를 주고, 그래도 제대로 공급하지 않는 경우에 거래소가 운용사에 유동성 공급자를 바꿀 것을 지시한다. LP가 분기에 20거래일 이상 유동성 공급 의무를 위반하면 거래소는 운용사에게 LP 교체를 요구하는데, 1개월 이내에 교체하지 않으면 해당 종목을 상장 폐지할 수도 있다. 또한, 종가 괴리율이 규정을 분기에 20거래일 이상 초과할 경우에도 거래소에서 LP 교체를 요구한다.

괴리율이 나지 않도록 유동성 공급자가 호가를 관리한다 해도 장중 괴리율이 나타난다. 유동성 공급자가 포지션을 헷지하는데 비용이 들기 때문이다. LP가 어디 있는지 모르는 독자가 있을까 봐 HTS 화면을 가져왔다. 증권사마다 조금씩 다르지만 보통 주식 현재가 화면이 아닌 ETF 현재가 화면을 보면 LP 수량을 볼 수 있다.

HTS 화면에서 확인할 수 있는 LP수량

ETP 1440 ETF 시세>현재가

현재가 | 시세표 | 설정환매 | 구성종목(PDF) | 복수종목 | 합성ETF | ETF 복수현재가

종목정보

HANARO e커머스 | 기초: FnGuide E커머스 지수

현재가	10,580	예상가	10,580
대비	B ▲ 40	대비	40
등락률	0.38%	등락률	0.38%
거래량	6,793	예상거래	60
전일거래량	290,291	가중평균	10,624
거래대금	72,169	과표기준가	9,897.56
기준가	10,540	수익분배금	0
시총(백만)	8,464	상장주(천)	800
장중 NAV	10,581.12	전일NAV	10,556.01
NAV 대비	25.11	(ETF-iNAV)	-1.12
NAV 등락률	0.24%	(ETF-iNAV)%	-0.01%
지수기준가	-	NAV-지수기준가	-
FnGuide E커머	1,801.83	i추적오차율	0.00%
기준일대비	4.30	추적오차율(전)	0.36%
등락률	0.24%	괴리율(전)	-0.15%

체결 | 회원사 | 일별추이 | 일별차트 | 종목정보 | 종목개요

당일매도	수량(주)	%	당일매수	수량(주)	%
NH투자증권	3,769	55	NH투자증권	3,441	50
메리츠증권	2,840	41	메리츠증권	1,993	29
미래에셋대우	71	1	미래에셋대우	1,135	16
키움증권	64		상상인증권	80	1
하이증권	20		KB증권	50	
합계	6,764	99	합계	6,699	98

전일			
매도상위	거래량(주)	매수상위	거래량(주)
메리츠증권	186,962	NH투자증권	194,255
순매도	거래량(주)	순매수	거래량(주)
메리츠증권	183,741	NH투자증권	111,836

호가 | LP잔량 | LP비중 | 뉴스/공시

LP 매도	시장 매도	호가	등락률	시장 매수	LP 매수
-	280	10,970	4.08		
-	1,206	10,960	3.98		
-	193	10,935	3.75	상한가	13,700
-	2,117	10,900	3.42	고가	10,750
-	42	10,750	1.99	시가	10,550
-	50	10,740	1.90	저가	10,550
5,054	5,054	10,625	0.81	하한가	7,380
9,692	9,692	10,590	0.47	대용가	8,220
9,912	9,912	10,585	0.43	외국인(%)	0.00%
9,508	9,508	10,580	0.38		
호가평균		10,575			
		10,570	0.28	30	-
현재가	10,580	10,560	0.19	102	-
대비	▲ 40	10,545	0.05	9,792	9,792
등락률	0.38%	10,540	-	9,684	9,684
거래량	6,793	10,530	0.09	5,054	5,054
신고대량	0	10,485	0.52	1	-
시간외대량	0	10,445	0.90	5,054	5,054
LP1	신한투자	10,220	3.04	13	-
		10,015	4.98	2,117	-
		9,700	7.97	1	-
34,166	38,054	10단계합		31,848	29,584
-	-	시간외		1	-
		경쟁대량			

⚠ iNAV정보는 투자참고사항입니다. 산출 오류, 지연, 중단으로 인한 투자결과에 법적인 책임이 없음을 공지합니다.

※ HTS 화면은 증권사별로 상이할 수 있음

LP는 ETF 물량을 최초 가지고 있을 때부터 포지션을 헷지하게 된다. 헷지라 함은 시장의 상승과 하락에 영향을 받지 않도록 처음부터 롱(+)과 숏(-)

의 비중을 맞췄다고 생각하면 된다. 쉽게 말하면, 델타를 0으로 맞추는 것인데 ETF의 유동성을 공급하기 위해서 잡은 포지션이 시장 등락에 따라 변동한다면 유동성 공급을 오랫동안 지속할 수 없기 때문이다.

예를 들어 시장이 급락했다고 가정하자. 하락을 방어하기 위해 정부에서는 시장 안정 대책 자금을 금융지주로부터 모아 자금을 마련했다. 자금을 마련하자마자 시장이 급상승해서 사용하진 않았지만, 하락 시에 ETF를 매수할 계획을 가지고 있었다. 왜 ETF를 사면 시장 하락을 방어할 수 있을까? 그 답은 바로 유동성 공급자, 즉, LP가 롱숏 포지션을 맞추기 위해 주식이나 선물을 매수하기 때문에 ETF를 매수하면 시장을 매수하는 것과 같은 효과가 있기 때문이다. 조금 더 이해하기 쉽게 그림으로 살펴보자.

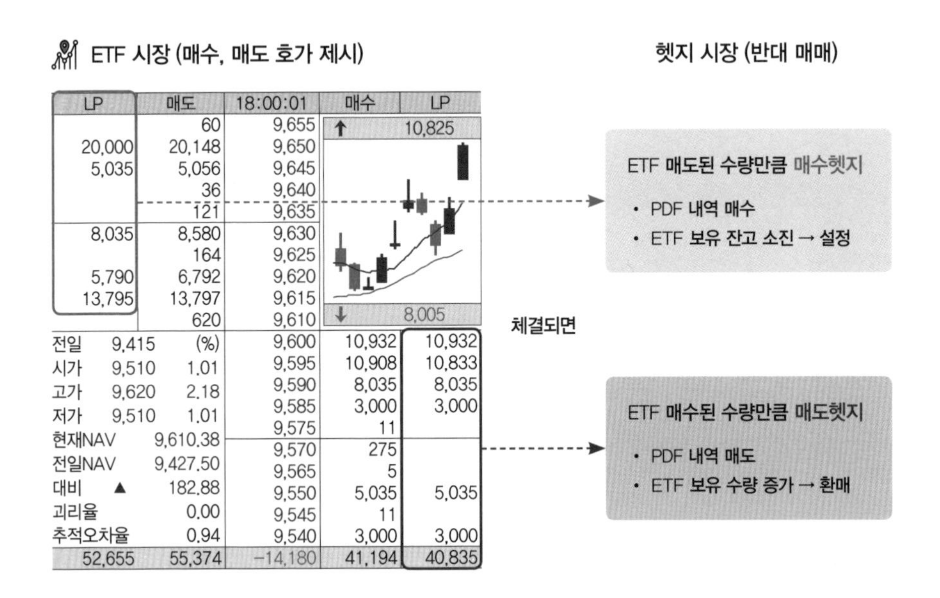

LP	매도	18:00:01	매수	LP
	60	9,655		
20,000	20,148	9,650		
5,035	5,056	9,645		
	36	9,640		
	121	9,635		
8,035	8,580	9,630		
	164	9,625		
5,790	6,792	9,620		
13,795	13,797	9,615		
	620	9,610		
전일 9,415	(%)	9,600	10,932	10,932
시가 9,510	1.01	9,595	10,908	10,833
고가 9,620	2.18	9,590	8,035	8,035
저가 9,510	1.01	9,585	3,000	3,000
현재NAV	9,610.38	9,575	11	
전일NAV	9,427.50	9,570	275	
대비 ▲	182.88	9,565	5	
괴리율	0.00	9,550	5,035	5,035
추적오차율	0.94	9,545	11	
		9,540	3,000	3,000
52,655	55,374	-14,180	41,194	40,835

만약 시장 안정 자금이 ETF를 매수하며 시장에 들어오면, LP가 ETF를 매도함과 동시에 시장에서 주식 바스켓을 매수함에 따라 주식시장이 안정되는 것이다.

LP가 포지션을 헷지하는 비용이 적어지면 LP 호가가 NAV에 근접한다. 하지만 포지션 헷지 비용이 많이 들면 LP 호가가 많이 벌어질 수 있다. 예를 들어, 코스피200 지수 같은 경우, 코스피200 지수 선물로 헷지하므로, 비교적 적은 호가 간격을 볼 수 있다. HANARO 200 ETF의 호가를 보면 LP의 매도-매수 스프레드가 '25,490원 매도 - 25,480원 매수'로 0.04% 수준이다.

그러나 섹터 혹은 테마형 ETF 같은 경우, 선물시장이 없으므로 주식을 매도하거나 대차해서 포지션을 헷지하는데, 이때 발생하는 비용으로 주식을 매도할 때 세금 0.25%를 내야 하므로, HANARO 200(176p. HTS 화면 참조) 같은 경우에 LP의 매도-매수 스프레드가 0.33% 정도 떨어져 있는 것을 볼 수 있다.

그래서 해외 지수에 투자하는 상품은 더 크게 차이가 날 수 있다. 그 이유는 해외상품에 헷지하려면 해외주식이나 선물에 투자해야 하고, 환전 비용 및 환헷지 비용으로 더 큰 비용이 들어가기 때문이다.

HANARO 200 ETF HTS 현재가 화면

ETP 1440 ETF 시세>현재가

현재가 | 시세표 | 설정환매 | 구성종목(PDF) | 복수종목 | 합성ETF | ETF 복수현재가

293180 종목정보

HANARO 200 | 기초: KOSPI 200

현재가	25,490	예상가	25,490
대비	B ▼ 195	대비	-195
등락률	-0.76%	등락률	-0.76%
거래량	119,038	예상거래	52
전일거래량	357,630	가중평균	25,673
거래대금	3,056,137	과표기준가	31,500.17
기준가	25,685	수익분배금	0
시총(백만)	908,718	상장주(천)	35,650
장중 NAV	25,553.32	전일NAV	25,721.78
NAV 대비	-168.46	(ETF-iNAV)	-63.32
NAV 등락률	-0.65%	(ETF-iNAV)%	-0.25%
지수기준가	-	NAV-지수기준가	-
KOSPI 200	254.95	i추적오차율	0.00%
기준일대비	-1.67	추적오차율(전)	0.56%
등락률	-0.65%	괴리율(전)	-0.14%

체결 | 회원사 | 일별추이 | 일별차트 | 종목정보 | 종목개요

당일매도	수량(주)	%	당일매수	수량(주)	%
코리아에셋	81,387	68	NH투자증권	107,294	90
NH투자증권	35,259	29	유안타증권	10,398	8
유안타증권	1,370	1	한국증권	850	
한국증권	850		유진증권	235	
SK증권	100		삼성증권	116	
합계	118,966	99	합계	118,893	99

전일			
매도상위	거래량(주)	매수상위	거래량(주)
DB금융투자	204,149	NH투자증권	266,029
순매도	거래량(주)	순매수	거래량(주)
DB금융투자	204,149	NH투자증권	119,448

호가 | LP잔량 | LP비중 | 뉴스/공시

LP 매도	시장 매도	호가	등락률	시장 매수	LP 매수
-	975	25,960	1.07		
-	5,774	25,945	1.01		
-	785	25,925	0.93	상한가	33,390
-	393	25,895	0.82	고가	25,870
-	20	25,865	0.70	시가	25,725
5,054	5,054	25,515	0.66	저가	25,455
10,108	10,108	25,505	0.70	하한가	17,980
5,054	5,054	25,500	0.72	대용가	20,540
15,053	15,053	25,495	0.74	외국인(%)	0.00%
9,948	9,948	25,490	0.76		
호가평균		25,485			
		25,480	0.80	5,055	5,054
현재가	25,490	25,475	0.82	15,053	15,053
대비	▼ 195	25,470	0.84	35,054	35,053
등락률	-0.76%	25,465	0.86	20,000	20,000
거래량	119,038	25,455	0.90	1	-
신고대량	0	25,450	0.91	5,054	5,054
시간외대량	0	25,420	1.03	5,054	5,054
LP1	신한투자	25,400	1.11	500	-
		25,250	1.69	100	-
		25,170	2.01	14	-
45,217	53,164	10단계합		85,885	85,268
-	-	시간외		-	-
		경쟁대량			

⚠ iNAV정보는 투자참고사항입니다. 산출 오류, 지연, 중단으로 인한 투자결과에 법적인 책임이 없음을 공지합니다.

PDF, Portfolio Deposit File

여섯 번째 키워드는 'PDF'다. PDF란 'Portfolio Deposit File'의 약자로 ETF의 구성 종목이 무엇인지를 나타낸다. 각 운용사 홈페이지 또는 HTS, 거래소 홈페이지에서 찾아볼 수 있다. (160p. 참고) PDF는 매일 공시하는 것을 규정으로 하고 있으며, 이런 투명성이 ETF의 장점이라고 할 수 있다. PDF의 목적은 어떠한 종목들을 포함하는지 살펴봄으로써 어디에 투자하는지를 투자자가 명확하게 알 수 있고, 비슷한 종목 간의 입체적인 비교가 가능하다는 데에 있다.

비용과 세금 그리고 분배금

ETF의 비용과 세금

ETF를 매매할 때 가장 먼저 드는 비용은 각 증권사의 매매 수수료다. 이용하는 증권사의 매매 수수료율에 따라 살 때, 팔 때 비용을 내야 한다. 최근에는 비대면으로 주식계좌를 개설하면 평생 수수료를 무료로 해주는 증권사가 많으므로, 비대면 계좌를 개설하여 매매할 것을 추천한다. 참고로 ETF 운용보수는 앞서 말했듯이 수익률에서 차감하기 때문에 매매 시 발생하는 비용이라 할 수 없다.

주식을 매매할 때 거래세 0.25%를 내는데, ETF는 이 거래세가 면제된다.

이 때문에 주식매매를 직접 할 때보다는 세금을 절약하는 효과를 볼 수 있다. ETF의 장점인 비용 절감이다.

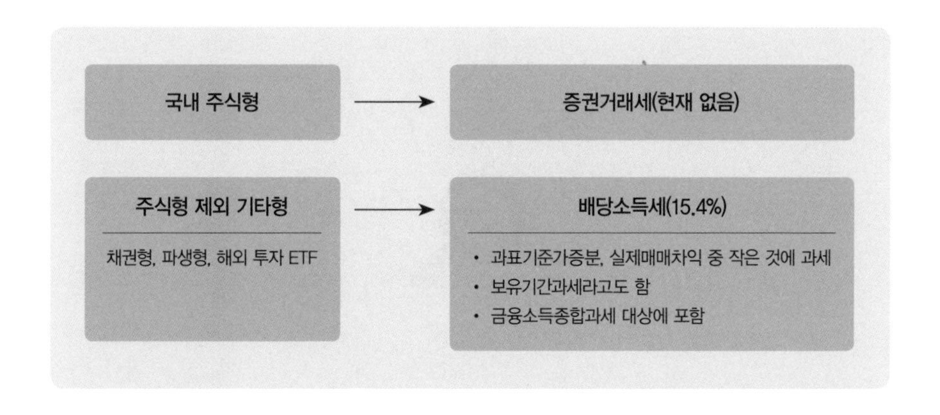

세금은 국내 주식형과 주식형 제외 기타형으로 나눌 수 있다. 국내 주식형이란 국내 주식만 투자하는 ETF를 말한다. 이것은 PDF를 통해 확인할 수 있다. 앞서 HANARO 200 PDF를 보면 국내 주식만 투자한 것을 알 수 있다. 그러나 국내 주식 이외의 다른 모든 기타형은 국내 선물 및 채권도 포함한다. 그뿐만 아니라 해외주식, 해외선물, 상품 선물 등등을 포함하는 ETF도 기타형으로 분류한다.

국내 주식형은 매매할 때 거래세(0.25%)가 면제된다. 그러나 주식형 이외 기타형에는 보유기간과세를 적용하여, 매매차익과 과표기준가의 증분 중에서 작은 것에 세금 15.4%를 내야 한다. 이는 매도 시 원천징수되어 차감된다. 과표기준가는 매일 1번씩 산출되는데, HTS 화면에서 확인할 수 있다.

해외 ETF 투자로 이익이 났다면, 무조건 세금을 낸다고 생각하면 된다.

매매차익과 과표기준가 둘 중 작은 것에 내기 때문에 적어도 내가 이익 난 금액의 15.4%를 원천징수 할 수 있는 것이다. 그리고 원천징수된 세금은 종합소득과세에 추가되기 때문에 종합과세를 고민하는 투자자라면 반드시 주의해야 한다.

ETF도 배당을 한다?

ETF도 배당을 하는데, ETF 배당금은 '분배금'이라고 부른다. ETF 안에 있는 주식의 배당금을 전부 받은 다음 투자자들에게 분배해주는 형태이기 때문이다. 주로 주식의 배당은 12월 말까지 보유한 것을 기준으로 다음 연도 3~4월에 지급하는데, ETF는 주식의 배당을 전부 모아서 4월 말 보유 기준으로 분배해준다.

2019년 HANARO200 분배금 지급 사례

분배금은 1, 4, 7, 10월에 주도록 규정에 명시되어 있으며 ETF에 따라 분배금 지급 여부가 다르기 때문에 분배금 지급 내역을 운용사 홈페이지나 거래소에서 확인할 수 있다. 주로 국내 주식형이나 채권형은 분배금을 지급하

지만, 레버리지나 인버스 선물 ETF 같은 경우는 배당 자체를 하지 않는다.

'TR ETF'라고 ETF 이름 뒤에 'TR Total Return'이 적혀있는 경우에도 분배하지 않고 분배금을 재투자한다.

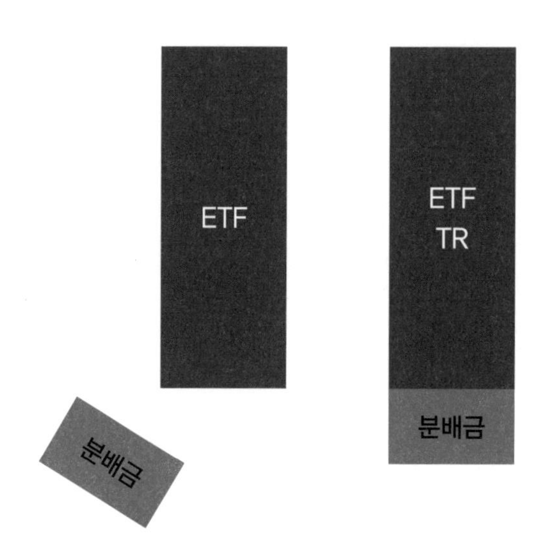

HANARO 200과 HANARO 200TR을 예로 들어보자. HANARO 200은 분배금을 주지만 HANARO 200TR은 분배금을 재투자하는 방식으로 운용한다. TR ETF는 시장이 상승할 경우, 재투자를 통해 더 많은 이익을 얻는다. 하지만, 시장이 하락하면 추가 하락의 리스크가 있다. 그리고 분배금을 받을 때도 세금을 내기 때문에, 세금을 내지 않고 오랫동안 투자하고 싶다면, TR ETF에 투자하는 것이 유리할 수 있다. 이러한 이유로 외국인 투자자들은 TR ETF를 선호한다.

만약, 2가지 ETF를 동시에 매수했고, 매수한 이후로 시장이 하락하여 손실을 보고 있다고 가정해보자. 세금 부과의 특성상 ETF에 투자해서 손실이 나고 있다 할지라도, HANARO 200 분배금에 대해서는 무조건 원천징수로 세금을 내야 한다. 반면, HANARO 200TR은 손실이 날 때, 매도하지 않으면 세금을 내지 않는다. 만약 손실이 날 때, 매도하더라도 TR ETF는 보유기간과세가 적용되어 세금을 내지 않는다.

하이리스크 하이리턴, 파생상품 ETF

ETF 시장의 꽃, 레버리지 ETF

레버리지 ETF는 ETF 시장의 꽃이라고 할 수 있다. 시장이 상승할 때 일별 수익률의 2배를 추종하는 상품이다. 시장이 10% 상승하면 레버리지 ETF는 20% 상승한다. 하지만 반대로, 10%로 하락하면 20% 손실이 날 수 있기 때문에 위험을 무시할 수 없다.

레버리지 ETF 투자를 통해 수익이 나면 투자자들은 수익을 자랑하기 마련이다. 하지만 손실이 날 때는 아무도 이야기하지 않는다. 그래서 레버리지 ETF를 투자하면 전부 이익이 나는 것처럼 착각하기 쉬운데 절대 그렇지 않다. 'High Risk, High Return'이라는 말은 레버리지 ETF에 딱 맞는 말이다.

레버리지 ETF의 구조는 생각보다 간단하다. 아래의 그림과 같이 주식과 파생상품인 선물에 투자하는 것이다. 단순히 선물을 200% 매수하면 2배의 수익이 난다고 이해하면 쉽다. 우리나라에는 2가지 종류의 레버리지 구조가 있으며, 이 구조는 만든 시기가 달라서 생긴 제도적 차이다.

그렇다면 레버리지 ETF 말고 선물에 직접 투자하면 되지 않냐고 묻는 투자자가 있을 수 있다. 하지만 선물은 증거금을 17.55%만 낸 뒤, 시장의 미래를 예측해서 투자하는 파생상품을 말하는데, 개인투자자가 투자하기는 말처럼 쉽지가 않다. 우선 개시증거금(위탁증거금: 500만~3,000만 원)이 필요하고 투자자 교육도 들어야 겨우 선물계좌를 개설할 수 있다. 또한, 선물은 마진콜이 있어서 시장과 반대 방향으로 투자해야 마진콜이 나고 해결하지 못하면 포지션이 없어지는 구조다.

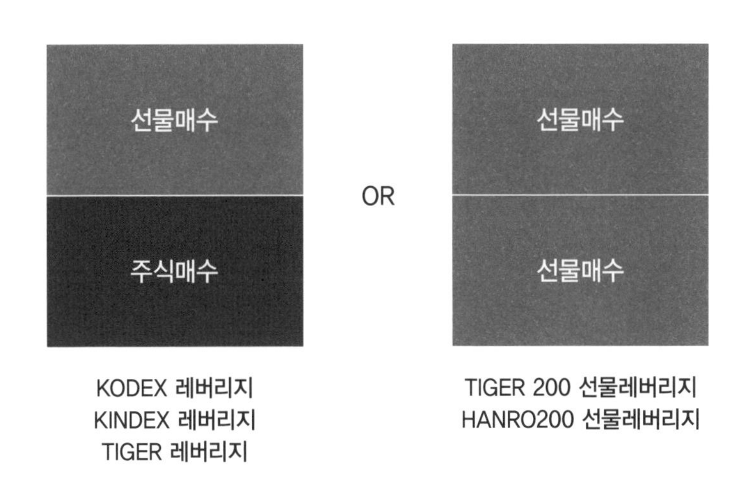

레버리지 ETF는 일별 수익률에만 2배 추종한다고 하는데 왜일까? 누적 수익률의 2배를 추종할 수는 없을까? 그 대답은 간단하다. 레버리지 ETF를 투자하는 투자자는 매일 바뀌기 마련이다. 즉, 매일 투자하는 투자자들을 만족시키기 위해서는 수익률이 일별 수익률의 2배여야 한다. 만약, 누적수익률의 2배를 추종한다면 처음 상장한 날에 투자해야만 2배를 추종할 수 있다. 투자했을 당시의 지수가 1,000이었는데 지금은 1,100이라면 당연히 10%의 2배인 20% 수익률이 났을 것이라고 기대하지만, 반드시 그렇지는 않다는 것이 함정이다.

아래 표를 보면 기초지수가 5일 동안 변한다. 그동안 레버리지 ETF의 수익률을 보면 일별로는 정확히 2배의 효과를 내고 있지만, 5일이 지난 후에 누적수익률을 비교해보면 2.0%가 아닌 1.6%밖에 되지 않는다.

기초지수와 레버리지 ETF(2배)의 수익률 비교 예시

	기초지수		레버리지 ETF(2배)		레버리지 효과	
	지수	일간 수익률	NAV	일간 수익률		
–	100.0		100.0			
1일차	98.0	-2.0%	96.0	-4.0%	200%	
2일차	96.0	-2.0%	92.1	-4.1%	200%	
3일차	94.0	-2.1%	88.2	-4.2%	200%	→ 일간 수익률이 각각 2배
4일차	97.0	3.2%	93.9	6.4%	200%	
5일차	101.0	4.1%	101.6	8.2%	200%	
누적 수익률	1.0%		1.6%		162%	→ 누적수익률은 2배가 아님

이를 복리 효과라고도 부르는데 일별 수익률의 2배를 추종하다 보니, 위 표와 같은 상황이 발생한다. 상승과 하락이 반복되는 변동성이 큰 시장일수록 레버리지 ETF는 누적수익률 2배의 효과를 누리지 못한다는 것을 명심해야 한다.

그렇다면 레버리지 ETF는 언제 투자해야 할까? 시장이 급락 혹은 급등하는 경우에는 복리 효과로 인해 시장 상승보다 더 큰 수익률을 달성하기도 한다. 예를 들어, KODEX 200선물인버스2X의 가격(155p. 참고)을 보면 복리 효과의 누적으로 2배 이상의 수익률을 얻기도 한다.

복리 효과 때문에 레버리지 ETF는 단기투자만 하라고 조언한다. 단기투자라면 기간이 어떻게 될까? 하루? 일주일? 한 달? 여기서 단기투자란 추세가 정체되거나 꺾이는 모습이 보이면 일단 정리하라는 말이다. 그 기간이 언제가 될지는 알 수 없다. 그러나 분명한 것은 손실이 나고 있는 레버리지 ETF를 보유하면 시장이 회복된다 해도 원금조차 회복하지 못할 가능성이 있다.

추천하는 전략은 저점에 레버리지 ETF를 매수한 다음, 시장이 상승하다가 횡보한다고 한다면, 일단 이익을 실현한 다음 1배 ETF로 갈아타는 전략이다. 예를 들면, KODEX 레버리지 투자로 한 차례 이익을 실현한 후, KODEX 200으로 갈아타는 것이다.

레버리지 ETF도 세금을 내야 한다. PDF 안에 주식 이외에 선물을 투자하기 때문인데 주로 주식과 선물을 같이 투자하는 레버리지에서 세금을 낸다. 레버리지 ETF의 세금은 보유기간과세로 매매차익과 과표기준가의 차이에서 적은 금액을 기준으로 낸다. 과표기준가는 매일 조금씩 하락하거나 증분이 미미하다. 결국, 매매차익보다는 과표기준가 증분이 작아져서 세금을 거의 내지 않는 경우가 많다. 12월 말에 레버리지 ETF 안에 주식 배당이 잡히는 경우에는 단기 과표기준가가 증가하게 되는데 이때만 주의한다면, 레버리지 ETF는 세금을 거의 내지 않는다. 특히, 당일 매매를 주로 한다면 과표기준가 증분이 '0'이므로 세금이 전혀 없다.

우리나라에는 현재까지는 2배 레버리지밖에 없다. 해외시장에는 3배, 4배 레버리지도 상장되어 있다. 후에 우리나라도 3배 레버리지가 상장되길 기대한다. 참고로 레버리지는 정수배만 상장이 가능하다. 간혹 1.2배 혹은 1.5배 레버리지는 왜 없는지 궁금해하는 투자자들이 있어서 언급해둔다.

시장과 반대로! 인버스 ETF

인버스 ETF란 시장이 하락할 때 오히려 상승하는 ETF다. 레버리지 ETF와 마찬가지로 일별 수익률만 −1배를 추종하는 ETF를 말한다. '인버스2X'는 친절하게 2X로 레버리지를 표현한 것으로 인버스 레버리지를 말한다. 즉, 시장이 1% 하락할 때 2% 상승하는 상품이다. 당연히 하락장에는 수익이 급증하면서 인기가 많다. 4월 ETF 시장의 거래량 1위는 코스피200 선물인버스2X다. 국내 주식시장에는 코스피200 지수의 −2배를 추종하는 ETF만 있고, 코스닥 인버스2X는 아직 상장되지 않았다. 코스닥 시장은 변동성이 코스피 시장보다 크기 때문에 투자자 보호와 안정성을 위해서 거래소에서 상장 시기를 조율하고 있는 것으로 보인다.

인버스 ETF의 구조는 레버리지 ETF와 비슷하게 선물로 구성된다. 특징은 선물 매도 포지션을 가지고 있다는 점이다. 나머지 현금 및 ETF는 증거금용으로 쓰인다. 인버스 ETF를 매수하는 것은 선물 숏 포지션을 들고 있는 것과 같은 효과를 누린다. 그러나 비용과 안정성은 더 좋다고 볼 수 있다. 선물처럼 마진콜이 있지 않고, 매수 비용이 저렴하기 때문이다. 대부분의 코스피200 인버스 ETF는 1주에 7,000~15,000원 선이다.

여기서 이런 궁금증이 생기는 투자자가 있을 수 있다. 그냥 KODEX 인버스와 HANARO 200선물인버스는 뭐가 다른 거지? 기초지수를 보면 코스피200 선물지수의 －1배로 같지만, 이름이 약간 다르다. 이는 2016년 이후부터 거래소에서 선물을 이용하여 운용하는 ETF의 이름에 '선물'을 넣도록 규정이 바뀌었기 때문이다. 그전에 상장했던 인버스 ETF에는 앞에 '선물'이 들어가지 않는다. 결국, 위의 인버스 ETF 2종은 동일 기초지수를 추종하는 상품이며, 상장 시기와 상장 금액만 다를 뿐이다.

KODEX 인버스(6,880원, 5월 11일 종가 기준)와 HANARO 200선물인버

스(15,725원, 5월 11일 종가 기준)의 가격 차이는 2배 수준인데 그 이유는 뒤늦게 상장한 운용사에서 차별을 두기 위함이다. ETF는 한 호가에 5원이기 때문에 KODEX 인버스는 한 호가에 0.07% 차이가 나지만 HANARO 200선물인버스는 0.03%의 차이가 생긴다. 이는 좀 더 정교하게 지수의 흐름을 반영하는 차이가 있다.

인버스 ETF도 누적수익률을 정확하게 −1배 추종하지 않는다. 인버스 ETF도 복리 효과가 있기 때문이다. 레버리지 ETF와 마찬가지로 지속해서 가져가는 것보다는 단기적으로 하락이 예상될 때만 투자하는 것이 유리하다.

코스피200 지수와 인버스 ETF의 수익률 비교 예시

구분	코스피200 지수		인버스 ETF	
	지수	일별 수익률	가격	일별 수익률
	100	−	100	−
1일차	95.0	−5.00%	105.0	5.00%
2일차	102.0	7.37%	97.3	−7.37%
3일차	97.0	−4.90%	102.0	4.90%
누적수익률	−3.0%		2.0%	

해외 투자 ETF & 원자재 ETF

해외 투자 ETF

국내에는 국내 주식 및 채권뿐만 아니라 해외에 투자하는 상품이 많이 상장되어 있다. 주로 해외주식 및 채권에 투자하는 상품으로 구성되어 있다. 한국거래소에 상장된 해외 투자 ETF를 정리해 보면 114개로 약 25%의 비중을 차지하고 있다. 그중에 해외대표지수에 투자하는 상품이 40개로 가장 많으며 원자재, 부동산, 레버리지/인버스 ETF 등이 상장되어 있다.

해외주식에 투자하는 상품을 보면 주로 미국, 일본, 중국이 많다. 국내에 상장된 해외 투자 ETF의 장점 중 첫 번째는 국내 ETF 투자 시 사용했던 계좌를 그대로 이용할 수 있다는 점이다. 따로 해외 계좌를 개설할 필요가 없다.

두 번째, 환전하지 않아도 거래할 수 있다는 점이다. 해외, 즉, 미국이나 일본에 상장된 주식이나 ETF를 매매하려면 투자할 나라의 통화로 환전해야만 매매할 수 있다. 세 번째, 매매 시간이 동일하다. 이것은 장점이 될 수도, 단점이 될 수도 있지만, 밤새워 미국 시장을 보면서 매매하지 않아도 되는 것은 장점이라고 생각한다.

해외 투자 ETF의 장점

1. 국내 주식 ETF 계좌와 동일한 계좌로 매매가 가능하다.
2. 환전이 필요 없다.
3. 매매 시간이 동일하다.

당연히 해외 투자 ETF를 투자할 때에도 주의할 점이 있다. ETF가 쉽고 편리하게 투자할 수 있다는 장점이 있지만, 공부해야 할 점이 많다는 것은 단점이다. 특히, 해외 투자 ETF는 사전에 공부해야 할 것들이 더 많다.

먼저, 매매 시간이 국내 주식시장과 동일(09:00~15:30)한 점을 주의해야 한다. 예를 들어, 중국 본토에 투자하는 ETF 같은 경우에는 국내 주식시장에서 9시에 매매가 시작되지만, 중국에서는 우리나라 시간으로 10시 30분에 매매가 시작된다.

한국 주식시장과 중국 본토 주식시장의 매매시간 비교

구분		한국 시장	중국 본토 시장	비고
T일	09:00	OPEN	CLOSED	
	10:30~12:30	OPEN	OPEN	
	12:30~14:00	OPEN	CLOSED	
	14:00~15:30	OPEN	OPEN	
	15:30~16:00	CLOSED	OPEN	중국 시장 변동은 익일 아침에 반영
				↓
T+1일	09:00	OPEN	CLOSED	전일 중국 시장 변동 반영

9시부터 10시 30분까지 1시간 30분 동안, 열리지도 않은 중국 시장의 ETF를 매매할 수 있다는 말이다. 그 시간 동안은 i-NAV(실시간 순자산가치)가 제공되지 않는다. 즉, 중국 시장은 열리지 않았지만, 투자자들이 우리나라 주식시장을 고려하고 예측하여 매매한다. i-NAV는 환율이 오픈된 상품이라면 환율에 따라 조금씩 변동할 뿐이다. 이 시간 동안에는 LP가 호가를 제대로 제공하지 않기 때문에 급변동에 주의해야 한다. 만약 공격적인 투자자가 매수나 매도를 많이 한다면 괴리율이 크게 발생할 수도 있다. 또한, 매매하려는 해외 투자 ETF의 괴리율이 3%(LP 신고 스프레드 비율) 이상 벌어져 있다면, 투자자는 잠깐 투자를 멈추고 고민할 필요가 있다. 혹시 매매하는 시장이 아직 오픈하지 않은 건 아닌지 또는 점심 휴장 시간인지 그것도 아니면 휴장인지를 검색해야 한다.

심지어 우리나라와 주식시장이 하나도 겹치지 않는 미국 시장에 투자하는 상품도 있다. 대표지수에 투자하는 S&P500이나 나스닥 같은 경우는 선물시장이 오픈되어 있기 때문에, 실시간으로 i-NAV가 움직이지만 KINDEX미국다우존스리츠(합성), KODEX 미국S&P바이오(합성)같은 경우에는 장중에

거의 움직이지 않는다.

위 표를 보면, 중국 본토 주식시장의 오픈 시간뿐만 아니라, 마감 시간도 우리나라 거래소와 다른 것을 알 수 있다. 중국 시장은 우리나라 시간으로 16시에 마감한다. 우리나라보다 30분이 더 흐른 뒤에 장이 마감한다. 이때 우리나라 시장에서는 매매할 수 없다. 하지만 30분 동안 변동분은 그대로 종가 NAV에 반영되어 그다음 날 아침에 상승하거나 하락하여 출발한다. 이러한 이유로 투자자가 혼동하기 쉽다. 만약 중국 시장이 국내 증시가 끝난 이후에, 30분 동안 2% 하락했다고 가정해보자. NAV는 다음 날 아침에 2% 빠져서 출발할 것이다. 그런데 중국 시장이 다음날 2% 상승했다고 가정하면, 중국 본토 ETF는 보합에서 거래될 것이다. 어제 시장을 보지 못한 투자자가 오늘 시장 상황만 본다면 이해하기 어렵고, 시장을 따라가지 못한다고 이의를 제기할 것이다.

해외 투자 ETF의 거래 시간이 다르면 i-NAV와 괴리율을 참고하라!

두 번째 주의할 점은 환율이다. 국내에 상장된 해외 투자 ETF는 환전하지 않아도 매매할 수 있지만, 환율을 고려하여 투자해야 한다. ETF 이름을 보면 뒤에 '(H)'가 붙어 있는 것을 볼 수 있다. 이 뜻은 바로 환율에 헷지했다는 표시다. (H)가 있으면 환율에 헷지했으므로 환율에 변동이 없다는 뜻이다. (H)

가 없다면 환에 오픈했다는 뜻인데 환에 오픈했다면 수익률은 어떻게 되는 것일까? KINDEX 베트남VN30 ETF(합성)를 보면 VN30 지수에 투자하는 상품이지만 뒤에 (H)가 붙어 있지 않다. 즉, 베트남에 투자하면서 베트남 환율인 동화에 오픈되어있다는 말이다.

환율에 오픈이 되어있다는 것은 동화 환율이 원화에 비해 강세라면 수익이 더 난다는 말이고, 동화 환율이 원화에 비해 약세라면 환율로 인한 손실을 볼 수도 있다는 말이다. 베트남에 투자했을 때 베트남 동화 환율이 100동에 5.20원이었다고 가정해보자. 이 경우, 매도했을 때 환율이 5.50원으로 올라갔다면 똑같은 100동을 가지고 있어도 0.30원의 추가 이익을 얻을 수 있다.

환오픈 해외 투자 ETF라면, 투자하는 나라의 통화 환율이 강세가 되어야 이익!

미국에 투자했을 경우를 살펴보자. 달러가 강세인데 환오픈 ETF에 투자했다면, 추가 이익이 나는 것이다. 예를 들어, 1,216원/달러가 1,300원/달러로 변했다면 이익이 발생한다. 환율을 조회하였을 때, 환율 가격(원/달러)이 높게 표시된다면 원화 대비 강세라는 뜻이다. 환율이 원화보다 강세가 된다는 말과 같다.

해외 투자 ETF 중에서 환헷지한 상품을 자세히 살펴보면, 그 특징을 바로 알 수 있다. 미국, 일본, 중국의 항셍 지수같이 환헷지하기 쉬운 통화는 환헷지하는 것이 보편화되어있지만, 중국 본토, 베트남, 인도네시아, 러시아 등 환헷지가 어렵거나 설령 한다 해도 그 비용이 너무 많이 드는 ETF는 환헷지하지 않고 있다. 해외 투자 ETF에 투자할 때에는 환헷지 여부를 반드시 확인해야 한다.

덧붙여서 해외 투자 ETF 매매 시, 세금은 매매차익의 15.4%를 원천징수한다. 보유기간과세로 과표기준가 증분과 매매차익의 적은 금액에 부과되지만, 이익이 나면 무조건 세금을 낸다고 생각하면 편하다.

원자재 ETF

원자재 ETF 상장 현황(2020년 5월 11일 기준)

ETF명	기초지수
KBSTAR 팔라듐선물인버스(H)	S&P GSCI Palladium Excess Return Index
KBSTAR 팔라듐선물(H)	S&P GSCI Palladium Excess Return Index
TIGER 골드선물(H)	S&P GSCI Gold Index(TR)
KODEX 골드선물인버스(H)	S&P GSCI GOLD Index Excess Return
KODEX 3대농산물선물(H)	S&P GSCI Grains Select Index ER
KODEX WTI원유선물인버스(H)	S&P GSCI Crude Oil Index ER
KODEX WTI원유선물(H)	S&P GSCI Crude Oil Index ER
KINDEX 골드선물 레버리지(합성 H)	S&P WCI Gold Excess Return Index
TIGER 원유선물인버스(H)	S&P GSCI Crude Oil Index ER
TIGER 구리실물	S&P GSCI Cash Copper Index
KODEX 은선물(H)	S&P GSCI Silver Index(TR)
TIGER 금은선물(H)	S&P GSCI Precious Metals Index(TR)
TIGER 금속선물(H)	S&P GSCI Industrial Metals Select Index(TR)
KODEX 콩선물(H)	S&P GSCI Soybeans Index(TR)
KODEX 구리선물(H)	S&P GSCI North American Copper Index(TR)
TIGER 농산물선물Enhanced(H)	S&P GSCI Agriculture Enhanced Index(ER)
KODEX 골드선물(H)	S&P GSCI Gold Index(TR)
TIGER 원유선물Enhanced(H)	S&P GSCI Crude Oil Enhanced Index ER

자료 출처:KRX

원자재 ETF는 금, 농산물, 구리, 원유, 팔라듐 등 다양한 상품에 투자할 수 있는데, 대부분 상품선물로 운용되기 때문에 ETF 이름 앞에 '선물'이 붙어 있다. 대부분이 선물 투자를 기본으로 하기 때문에, 선물 롤오버 비용이 있어 현물가격 추이와는 사뭇 다르게 움직일 수 있음을 주의해야 한다.

특히, 원유선물에서 가장 큰 롤오버 비용이 발생하는데, 투자할 때 반드시 인지해야 한다. 원유가격의 급락으로 연초 이후로 가장 큰 수익을 낸 ETF는 TIGER WTI원유선물인버스(H)다. 무려 233%의 수익률을 기록했다. 그렇지만 시장이 변동할수록 롤오버 비용도 급격히 변할 수 있으므로, 기대하는 수익과는 다른 결과가 나타날 수 있다. 만약, 매달 롤오버를 하는데 한 달 이내로 승부한다면 롤오버의 위험을 감소시킬 수 있다.

2

CHAPTER

ETF 어떻게 투자할 것인가?

적립식 투자 전략

매달 일정 금액으로 꾸준히!

적립식 투자란 보통 한 달에 한 번 날짜를 지정해서 같은 금액으로 같은 종목을 매수하는 투자 전략을 뜻한다. 시장이 장기적으로 우상향한다는 전제 조건을 둔 전략이다. 기간은 작게는 1년, 길게는 10년 이상이 되기도 한다. 같은 금액으로 꾸준히 매수하면 평균 단가가 시장가보다 낮아지는 시기가 오게 되고, 그때 매도해서 수익을 올리는 방법이다. 같은 금액으로 매수한다고 가정하면, 시장이 상회하는 경우에는 단가는 높지만 사는 주식의 수량은 줄어들고, 시장이 평균보다 하회할 경우에는 낮은 단가로 많은 주식을 살 수 있다.

문제는 어떤 주식을 매수하는지가 제일 중요한데, 개별종목으로 매수하면 리스크가 크다. 쉽게 말하면 20년 전에 삼성전자를 적립식 매수 방법으로 꾸준히 투자했다면 수익이 엄청나겠지만, 만약 상장 폐지되는 종목으로 적립식 투자를 했었다면 휴짓조각이 될 수도 있다는 말이다. 결국, 리스크 회피 관점에서 볼 때, 대표지수 ETF만큼 안전한 주식은 없다. 코스피200 ETF를 꾸준히 매수한다면 ETF 안에 200종목이 한꺼번에 상장 폐지되는 상황이 오지 않고서야 주식이 휴짓조각이 될 위험은 없다. 아래 표를 보면서 적립식 투자자와 일시에 매수한 투자자의 수익률을 비교해보자.

적립식 투자 수익률 계산 예시

월	가격	일별 수익률	누적수익률	주 수	투자 금액
1	10,000			100	1,000,000
2	9,500	-5%	-5%	105	1,000,000
3	9,000	-5%	-10%	111	1,000,000
4	8,200	-9%	-18%	122	1,000,000
5	6,500	-21%	-35%	154	1,000,000
6	7,000	8%	-30%	143	1,000,000
7	7,800	11%	-22%	128	1,000,000
8	8,500	9%	-15%	118	1,000,000
9	9,600	13%	-4%	104	1,000,000
10	10,000	4%	0%	100	1,000,000
			총 주수	1,185	10,000,000
				평균단가	8,438

10달 동안 매달 100만 원씩 ETF를 매수했다면, 총 1,185주를 평균단가 8,438원에 매수하는 셈이다. 1,000만 원을 가지고 한 번에 투자했다면, 10달 뒤 시장이 하락했다가 상승할 경우 겨우 손실을 만회하지만, 적립식으로 했

을 경우는 1,850,970원[(10,000원 −8,438원) × 1,185주]이라는 이익이 발생한다. 물론 저점을 미리 알아서 5월에 6,500원에 대량 매수한다면 수익률이 가장 높지만, 저점을 미리 알아내는 것은 결코 쉬운 일이 아니다. 결국, 적립식 투자가 하나의 좋은 투자 전략이 될 수 있다. 매달 일정 금액으로 꾸준히 투자한다면 더욱 효과적으로 투자할 수 있다.

적립식 10달 평균가격 : 8,438원 〈 일시 매수 단가 :10,000원

적립식 투자를 할 때, 수익률이 어느 정도일 때 매도해야 하는지 물어보는 투자자가 많다. 필자는 적립 기간의 이자 수익률보다 높을 때 매도하고 나오라고 권한다. 만약 통계적으로 높은 고점에서 이익을 실현하고 나오고 싶다면 코스피 지수를 잘 살펴보자. 뉴스에서 코스피가 최고점을 찍었다고 말할 때가 고점일 확률이 높고, 반대로 코스피가 연중 최저점이라고 나올 때는 매도하지 않는 것이 좋다.

주의할 점은 시장이 많이 하락한 것 같다고 해서 더 많이 투자하지도 말고, 고점이라고 판단하여 금액을 줄이지도 말아야 한다는 것이다. 항상 시장은 본인의 예측과는 반대로 움직일 가능성이 높다는 것을 명심해야 한다.

또 하나 주의할 점은 절대로 레버리지나 인버스로 적립하지 말라는 것이다. 복리 효과로 인해 수익률이 생각보다 낮을 수 있기 때문이다. 원자재, 원유 ETF처럼 롤오버 위험이 많은 ETF도 지양해야 한다.

레버리지 ETF, 인버스 ETF는 적립식 투자 금지!

헷지 전략 / 시장 방향성 전략

방향성 위험을 막아라

헷지 전략이란 본인이 매수한 주식이나 ETF에 대해서 방향성 위험을 막기 위해 인버스 ETF 혹은 인버스2X를 활용하는 전략이다. 간단하게 이야기하면, '100% 헷지했다'라는 말은 시장이 하락하든 상승하든 손실이 없다는 뜻이다. 우리나라는 아직 인버스 투자가 보편화되지 않았다. 시장이 빠지리라 예측해서 인버스를 매수하느니 차라리 시장이 빠진 후에 레버리지 ETF를 매수하려는 투자자들이 훨씬 많다.

기관투자자나 전문투자자들은 시장이 하락할 것이라고 예상한다면, 주식 포지션을 줄이지 않고 파생시장에서 선물 숏 포지션Short position이나 옵션에서 풋옵션을 매수하면서 하락을 방어한다. 하지만 개인투자자에게 파생시장 선물이나 옵션 투자는 어렵기 때문에 시장 하락을 방어할 유일한 방법은 주식을 매도하는 것뿐이었다. 이제는 인버스 ETF라는 훌륭한 헷지 수단이 있으므로, 개인투자자들도 시장이 하락할 때 방어 전략을 쓸 수 있다.

인버스 ETF로 헷지하기

그렇다면 인버스 ETF를 어떻게 활용할 것인가? 시장의 대표지수를 코스피200 지수로 생각하고 헷지 전략을 생각해보자. 포지션이 현재 코스피200 지수를 그대로 따라간다면 시장 방향성에 대해 헷지하고 싶은 수준의 금액으로 인버스 ETF를 매수하면 된다. 인버스 ETF는 코스피200 선물지수의 -1배를 추종하기 때문이다. 만약 시장 하락이 예상되어 30% 정도 포지션을 줄이고 싶다면, 1,000만 원으로 HANARO 200 ETF 매수 포지션을, 300만 원으로 HANARO 200선물인버스 ETF를 사면, 결과적으로 HANARO 200 ETF를 700만 원만 들고 있는 것과 같은 포지션이 되는 것이다.

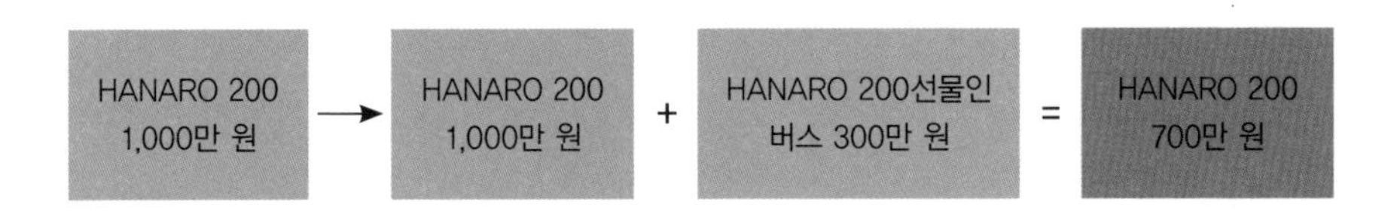

물론 1,000만 원 중에 300만 원을 매도하는 것이 더 쉽고, 매매 수수료와 비용을 아끼고 더 좋은 것 아니냐고 주장할 수도 있다. 하지만 시장이 급작스

럽게 하락할 때의 포지션 매도는 생각보다 매우 어렵다.

코스피200 지수를 따라가는 매수 포지션이 아닐 때는 어떻게 헷지할 것인가? 현재 매수 포지션이 코스피200 시장보다 더 빨리 움직이는지 아니면 더 느리게 움직이는지를 판단해서 헷지 포지션을 조정할 수 있다. 개별 주식의 헷지도 인버스 ETF로 할 수 있는데, 예를 들어 POSCO의 포지션을 100% 헷지하고자 한다면, 먼저 POSCO의 베타계수(=0.88)를 확인한다. 그리고 0.88×100=0.88%에 해당하는 인버스를 매수하면 포지션 헷지가 된다. 단, 여기에는 시장이 코스피200 지수와 비슷하게 움직인다는 전제 조건이 필요하다. 완벽하게 헷지할 순 없지만, 효율적인 헷지 수단이라 할 수 있다.

양매수 전략

동시에 매수하고 동시에 매도하자!

양매수 전략은 파생시장의 옵션 전략 중 하나로서 '스트래들 매수Long straddle'와 비슷한 전략이라고 볼 수 있다. 양매수 전략은 시장이 급격하게 한 방향으로 크게 움직일 때 쓰는 전략으로 레버리지 ETF와 인버스2X ETF를 같은 금액으로 매수하는 전략이다. 시장이 한 방향으로 적어도 10% 이상 움직일 것이라고 예상될 때 사용할 수 있는 전략이다. 최근처럼 코로나19 이슈로 시장이 급격히 하락할 때 주로 사용하는 전략이다. 실제로 양매수 전략으로 이익이 났는지 살펴보자.

KODEX 레버지리, KODEX 200선물인버스2X 누적수익률 비교(2020년 2월 17일~3월 20일 종가 기준)

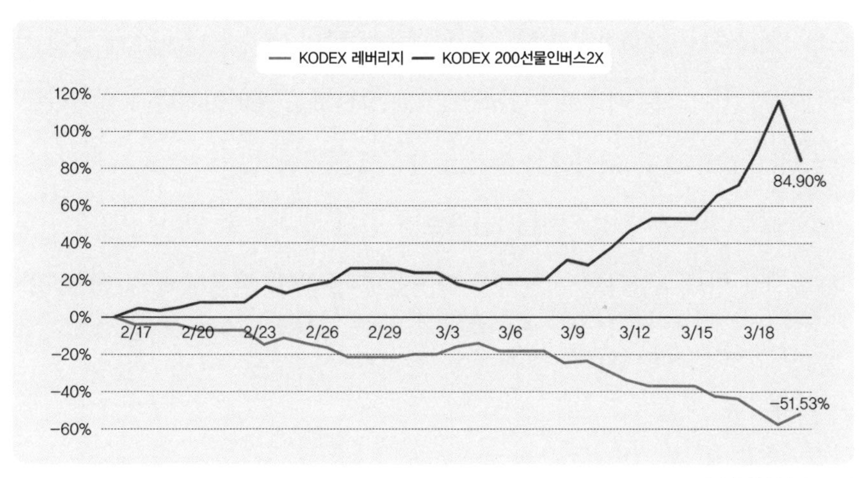

자료 출처:NH-Amundi

2월 17일 코로나19 사태로 시장이 하락하기 전에 KODEX 레버리지와 KODEX 200선물인버스2X를 동시에 같은 금액으로 매수했다고 가정하자. 3월 20일 종가 기준으로 84.90%-51.33% = 33.57%의 수익률을 얻게 된다. 코스피 지수는 2,242에서 1,566까지 40% 넘게 하락했다. 시장이 하락할 줄 미리 알아서 인버스2X를 매수했다면 80%가 넘는 수익이 올렸겠지만, 양매수 전략은 롱과 숏을 한꺼번에 매수함으로써 안전하게 수익을 낼 수 있다는 것에 의미가 있다.

욕심은 금물!

양매수 전략도 리스크는 있다. 양매수 전략은 동시에 매수하고 동시에 매도해야 하는데 조금이라도 이익을 더 내보겠다고 욕심을 부리는 순간 위험할 수 있다. 이익을 전부 잃어버릴 수도 있음에 주의해야 한다. 실제로 코스피 지수가 2,242에서 1,800까지 하락해도 양매수 전략이 이익을 냈지만, 중간에 시장이 바닥일 거라는 예측으로 인버스2X는 청산하고 레버리지만 보유했다면, 코스피 지수 1,400은 이익에서 손실로 전환했을 것이다.

양매수 전략은 옵션 양매수 전략보다 길게 투자할 수 있다는 장점이 있다. 옵션을 양매수한다면 시간가치 감소로 손실을 볼 확률이 높지만, ETF는 시간가치 감소가 없으므로 크게 변동하는 시기가 온다면 적극적으로 추천하는 전략이다.

분산투자 전략

분산투자 전략은 ETF로 할 수 있는 최고의 투자 전략이다. 기관투자자들도 'EMP ETF Managed Portfolio'라는 ETF만 가지고서 자산을 배분하는 전략을 쓴다. 분산투자를 하기 위해서는 투자하려는 자산이 대표성을 갖고 있어야 한다. 예를 들어, 중국, 일본, 미국에 분산해서 투자하려고 할 때, 각 나라의 대표 주식 1~2개에 투자해서는 분산했다고 볼 수 없다. 분산하려면 그 나라의 대표지수에 투자해야 한다.

대표지수는 보통 100종목 이상으로 구성되어 있다. CSI300 지수는 중국의 대표지수인데 300종목을 전부 다 투자하기는 어렵다. 이럴 때, CSI300 ETF에 투자하는 것이 방법이 될 수 있다. ETF의 특성 중 하나인 시장 대표성이 ETF가 분산투자에 적합한 이유다. 미국에는 약 7,000개에 달하는 ETF가 상장되어있는데 이를 이용한 EMP 전략이 상당히 보편화되어 있다.

핵심 & 위성 전략(Core & Statellite Strategy)

그렇다면 분산투자 전략의 기본이라고 할 수 있는 '핵심 & 위성 전략Core & Satellite Strategy'에 대해 알아보자. 핵심으로 시장 대표 인덱스 ETF에 50% 이상 투자하고, 위성으로 전략적인 ETF에 투자하는 전략이다. 우리나라를 예로 들면, 코스피200 ETF 혹은 코스피 ETF에 50% 이상 투자하고, 위성으로 스마트 베타, 섹터, 원자재, 환율 등에 투자하는 방법을 말한다. 시장이 상승하는 추세에서는 핵심을 늘리고, 하락 추세에서는 핵심을 줄이고 위성을 늘림으로써 시장수익률보다 높은 수익률을 추구할 수 있다.

핵심 & 위성 전략(Core & Satellite Strategy)의 예

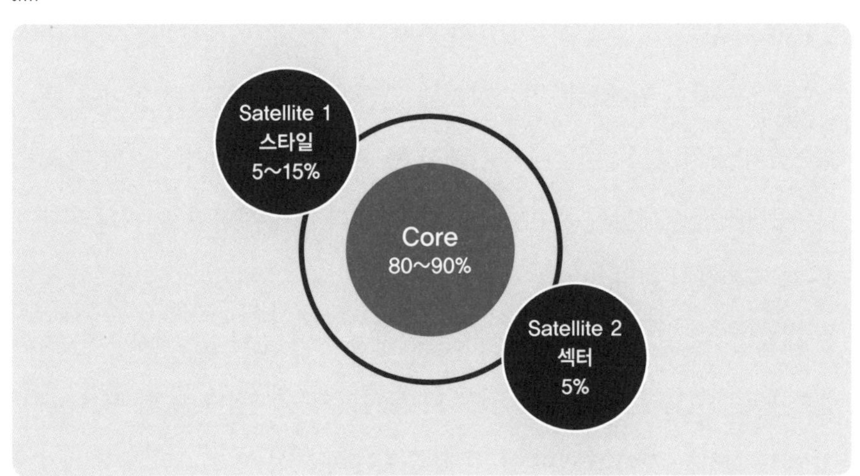

채권 ETF 활용하기

분산투자의 또 다른 전략은 주식과 채권의 비중을 달리하는 방법이다. 주식과 채권의 비중을 시장 상황에 따라 달리 가져가는 전략은 개인투자자에게는 쉽지 않은 전략이었다. 개인이 채권을 직접 투자한다는 것은 사실상 불가능하기 때문이다. 하지만 ETF를 통해서는 쉽게 투자할 수 있는데, 우리나라 채권 ETF는 단기채, 3년물, 10년물, 장기 채권 등 많은 상품이 상장되어 있다. 더불어 해외에 투자하는 다양한 채권형 ETF도 상장되어 있어 쉽게 투자할 수 있다. 최근에는 주식과 채권의 비중을 달리하여 장기적으로 투자하는 '생애주기형 투자펀드 TDF Target Date Fund'도 많이 판매되고 있어 직접 투자가 힘든 투자자는 이를 활용하는 것도 좋은 방법이다.

주식과 채권 비중에 따른 투자 유형

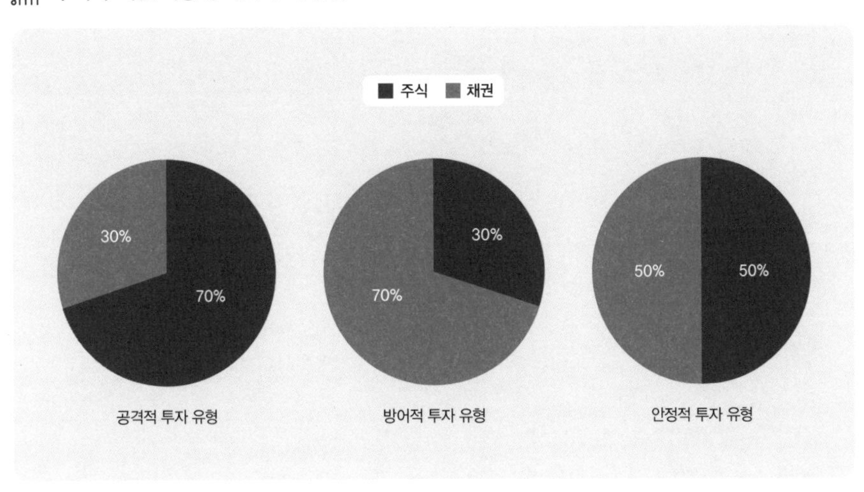

Special Insight 4

ETF 자료 수집하기

네이버 금융

막상 ETF를 투자하려면 알아야 할 것들이 많다는데, 정보를 도대체 어디서 수집해야 하는지 막막해하는 투자자가 많다.

먼저, 쉽게 접근할 수 있는 네이버 검색창을 활용해서 ETF를 검색하면 ETF 현재가 화면이 나온다. 여기에서 'ETF 더 보기'를 클릭하면 다양한 정보를 얻을 수 있다. 아래 사진은 5월 12일에 상장한 HANARO 글로벌럭셔리S&P ETF의 예시화면이다.

네이버 금융 ETF 검색 화면 예시

한국거래소 KRX

두 번째는 한국거래소 홈페이지를 활용하는 방법이다. KRX 홈페이지(www.krx.co.kr)에 접속해서 '시장정보 탭'을 클릭하면 ETF의 자세한 정보를 얻을 수 있다. 각 ETF를 비교하는 화면도 제공하고 있으므로 한 번에 여러 ETF를 비교하면서 검색할 수 있다. 또한, 엑셀로도 다운이 가능하기 때문에 활용성이 높다.

KRX ETF 비교검색 화면 예시

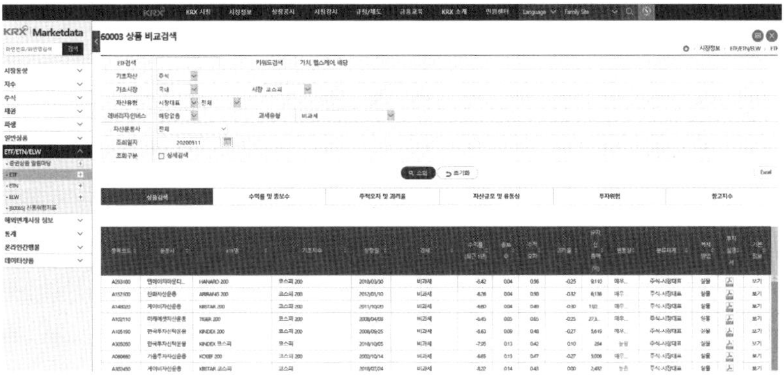

KRX KRX 시장 시장정보 상장공시 시장감시 규정/제도 금융교육 KRX 소개 민원센터 Language Family Site

KRX Marketdata

시장동향 / 지수 / 주식 / 채권 / 파생 / 일반상품 / ETF/ETN/ELW (• 증권상품 얼음마당 • ETF • ETN • ELW • [60006] 신종위험지표) / 해외연계시장 정보 / 통계 / 온라인간행물 / 데이터상품

60003 상품 비교검색

시장정보 › ETF/ETN/ELW › ETF

ETF검색		키워드검색	가치, 헬스케어, 배당
기초자산	주식		
기초시장	국내	시장	코스피
자산유형	시장대표 / 전체		
레버리지/인버스	해당없음	과세유형	비과세
자산운용사	전체		
조회일자	20200511		
조회구분	□ 상세검색		

조회 / 초기화 / Excel

상품검색 | 수익률 및 총보수 | 추적오차 및 괴리율 | 자산규모 및 유동성 | 투자위험 | 참고지수

종목코드	운용사	ETF명	기초지수	상장일	과세	수익률 (최근 1년)	총보수	추적오차	괴리율	순자산총액(억)	변동성	분류체계	복제방법	투자설명서	기본정보
A293180	엔에이치아문디...	HANARO 200	코스피 200	2018/03/30	비과세	-6.42	0.04	0.56	-0.25	9,110	매우...	주식-시장대표	실물		보기
A152100	한화자산운용	ARIRANG 200	코스피 200	2012/01/10	비과세	-6.26	0.04	0.50	-0.32	6,136	매우...	주식-시장대표	실물		보기
A148020	케이비자산운용	KBSTAR 200	코스피 200	2011/10/20	비과세	-6.60	0.04	0.49	-0.30	1,10...	매우...	주식-시장대표	실물		보기
A102110	미래에셋자산운용	TIGER 200	코스피 200	2008/04/03	비과세	-6.45	0.05	0.65	-0.25	27,3...	매우...	주식-시장대표	실물		보기
A105190	한국투자신탁운용	KINDEX 200	코스피 200	2008/09/25	비과세	-6.63	0.09	0.48	-0.27	5,619	매우...	주식-시장대표	실물		보기
A305050	한국투자신탁운용	KINDEX 코스피	코스피	2018/10/05	비과세	-7.95	0.13	0.42	0.10	204	높음	주식-시장대표	실물		보기
A069660	키움투자자산운용	KOSEF 200	코스피 200	2002/10/14	비과세	-6.65	0.13	0.47	-0.27	5,006	매우...	주식-시장대표	실물		보기
A302450	케이비자산운용	KBSTAR 코스피	코스피	2018/07/04	비과세	-8.22	0.14	0.43	0.00	2,492	높음	주식-시장대표	실물		보기

증권사와 운용사

각 증권사 ETF 화면에서 종목 정보를 활용하는 방법도 있다. 요즘에는 거의 모든 HTS 화면에서 ETF 관련 정보를 확인할 수 있다. (증권사별로 상이함)

그리고 운용사도 홈페이지에 ETF 종목에 대한 자세한 정보를 제공한다. PDF도 매일 공시하고 있으므로 운용사 홈페이지를 활용하면 분배금 정보 등 많은 정보를 수집할 수 있다. 각 운용사 브랜드명을 검색하면 쉽게 운용사 ETF 홈페이지에 접속할 수 있다.

PART 4.

코로나19 그리고 글로벌 경제

유안타증권 Global Investment 본부장 **유동원**

CHAPTER 1. 경기 침체 vs 부양 정책

여전히 불안정한 글로벌 경제
통화 확대 정책 쉽게 이해하기
상상을 초월하는 유동성 부여
글로벌 금융시장의 흐름

CHAPTER 2. 글로벌 투자 전략

선진국과 신흥국 투자 전략
탈 중국화의 우려
포스트 코로나, 미-중 무역전쟁
아직은 불안한 원자재 신흥국 투자
신재생에너지 사업의 중요성 확대
미국, 중국 그리고 한국 어디에 투자할까?

Special Insight 5. 잔존가치 모델상 글로벌 투자 개별 종목 상승 여력
Special Insight 6. 잔존가치 모델상 미국 상장 대표 ETF 상승 여력

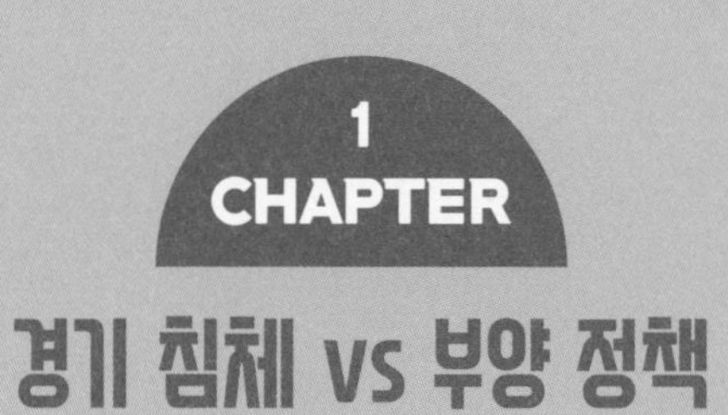

경기 침체 vs 부양 정책

여전히 불안정한 글로벌 경제

코로나19 신규 확진자 수의 재급증

아래의 그래프를 보면, 전 세계 코로나19 신규 확진자 수는 4월에 최고치를 경신했다. 기존의 예상은 회색 선처럼 하락하여 안정되는 것이었으나, 다시금 신규 확진자 수가 급격히 증가하면서 이 사태가 쉽게 해결되기는 어려워 보인다.

글로벌 코로나19 신규 확진자 수 추이 (2020년 5월 말 기준)

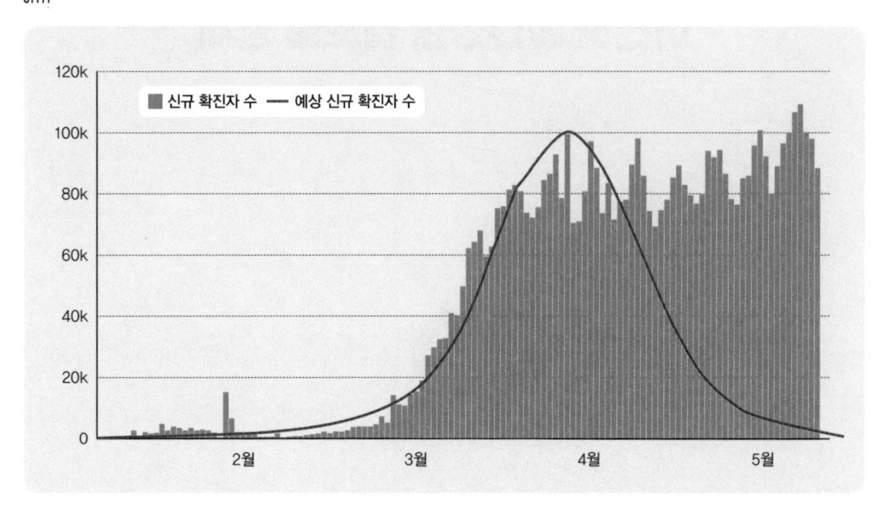

자료 출처:존스홉킨스 대학

특히, 미국의 신규 확진자 수가 다시 증가하고 미국 증시의 불안정성이 지속되며, 경기 회복 시기가 지연될 가능성이 높다. 이로 인해, 금융시장의 변동성이 높아지고, 결국, 상당히 많은 투자자가 기다리는 조정이 나타날 수도 있다. 하지만 개인적으로 그런 기대는 버리고 투자하는 것이 올바른 전략이라 판단한다.

미국 신규 확진자 수 추이

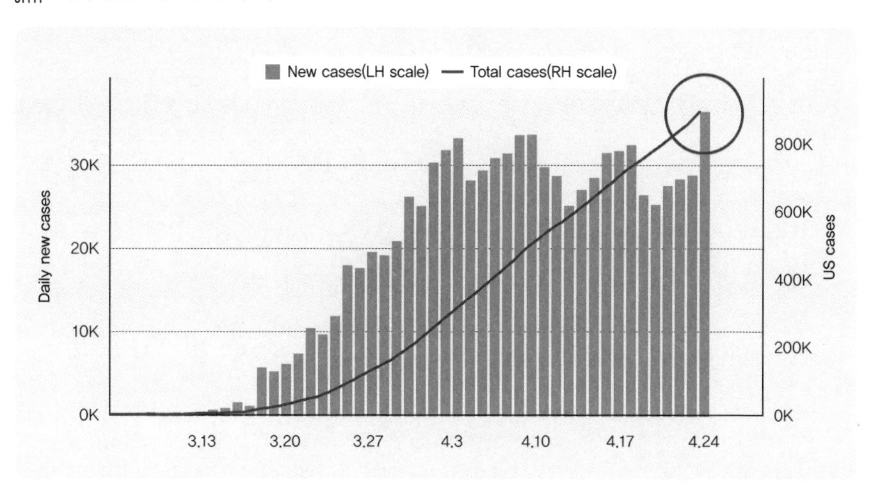

자료 출처:존스홉킨스 대학

많은 전문가가 2003년에 유행했던 전염병, 사스의 사례를 통해서 전 세계의 코로나19 신규 확진자 수가 현재의 한국처럼 어느 정도 감당 가능한 수준으로 전환되는 시기는 6월 말로 판단하고 있다. 따라서, 전반적인 경기 회복의 시기는 늦어도 7월부터 가시화될 것으로 예상한다. 물론, 최근 확진자 수의 급격한 증가가 시장의 단기적 변동성을 높일 가능성도 있다. 하지만, 그 강도가 높을 것 같지는 않다. 이는 시장의 변동성 지표인 VIX를 보면 알 수 있다. 또한, 미국의 유동성 부여 강도를 봐도 알 수 있다.

VIX 지수 추세, 시장의 반응을 살펴보자

미국 S&P500의 변동성 지표, VIX 지수의 추이를 보자. VIX 지수는 증시 변동성에 대한 기대치를 반영한 지수다. 변동성이 커질 것이라는 투자자들의 기대심리가 높아질수록 VIX 지수는 상승한다. 지난 3월, VIX 지수는 최고 85.47까지 치솟았다. 과거 2008년 금융위기 때의 4분기 고점과 비슷한 규모로 상승했다. 하지만, 4월 말 기준, VIX 지수는 현재 35.93으로 다시 큰 폭으로 하락했다. 이는 2009년 초에 미국 증시가 다시 큰 폭으로 하락하기 시작한 40 근처보다 더 낮은 수치다. 2008년 말, 2009년 초, 미국 VIX 지수는 40 근처에서 다시 50대로 급등했고, 이 구간 미국 증시는 W자의 두 번째 바닥을 형성하는 구간, 첫 번째 바닥보다 더 낮은 수준까지 급락하는 시기가 나타났다. 그런데도 VIX가 다시 30 이하로 하락하면서, 미국 증시는 2009년 3월부터 다시 상승하기 시작했다.

솔직히, 지금이 과거 미국 금융위기 시기의 2008년 말 상황인지, 아니면 2009년 3월 상황인지 정답은 없다. 다만, 2009년 초와 같은 큰 폭의 하락이 앞으로 3개월 동안의 미국 증시 흐름에서 나타날 가능성은 상당히 낮다는 것은 알 수 있다. 그 정도의 하락이 나타나기에는 현재 시장에 부여되는 유동성의 강도가 너무나 높기 때문이다. 따라서, 대세 상승장이 좀 더 빨리 재시작할 가능성, 즉, 조정이 일어나도 그 강도는 낮고 재상승하는 시기는 훨씬 더 이른 6월에 시작할 가능성이 크기 때문에, 이번에 쉬어가는 조정이 나온다고 하더라도 그 강도는 낮고 구간은 짧을 것이다.

최근 VIX 지수 추이 (2020년 6월 15일 기준)

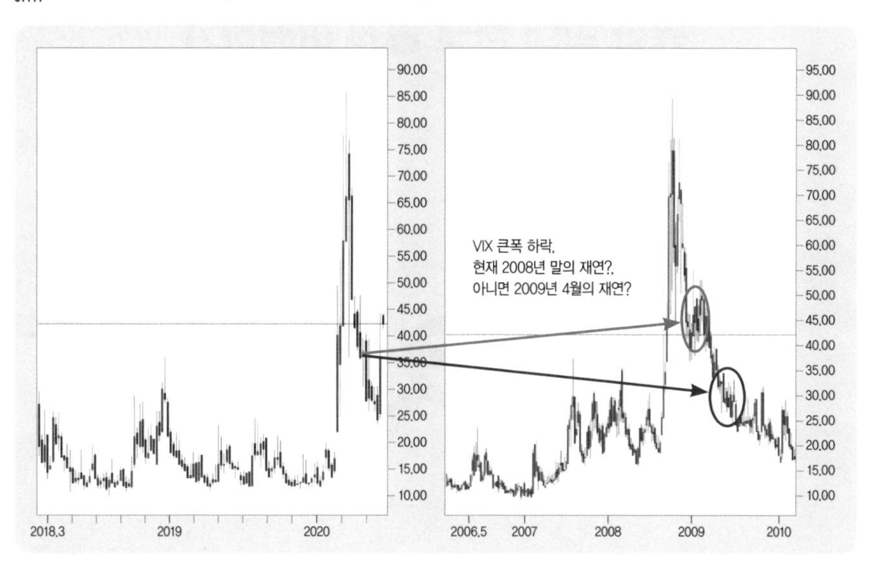

자료 출처:Investing.com

통화 확대 정책 쉽게 이해하기

유동성에 관해 이야기하기 전에 통화 정책과 재정 정책이 시중에 돈을 어떻게 푸는지 이해해야 한다.

양적완화(QE)

양적완화는 2008년 미국의 서브프라임 모기지 사태 당시 적극적으로 사용된 방법이다. 보통 미국 중앙은행, 미 연준이 달러를 찍어서 돈을 푼다는 의미로 이해하지만, 정확하게 말하면 중앙은행이 금융기관이 가지고 있는 채권 등의 자산을 사주는 것이다. 그로 인해 금융기관이 보유하고 있는 자산의 형태가 채권에서 현금으로 바뀐다. 현금이 많으면 저금리로 대출해줄 여력이 늘고, 개인에게 돈이 흘러갈 가능성이 커진다. 하지만, 은행권이 대출을 늘리지 않으면, 실질적인 유동성 부여 효과가 없을 수도 있다. 따라서, M1 증가율이 M2 증가율과 연결되는지 보는 것이 중요하다.

재난소득 지급

한국 정부는 소득이 하위 70%에 해당하는 가구에 100만 원을 지급하기로 결정했다. 인구를 5,300만 명으로 잡고 가구당 평균 4인이면, 약 1,300만 가구다. 그중 하위 70%라고 하면 900만~1,000만 가구에 해당하고, 이들을 부양하는 데 10조 원이 필요한 셈이다. 이 규모는 우리나라의 GDP 2,000조 원과 비교해 보면, GDP의 0.5%밖에 안 된다. 그리고, 이는 직장을 잃은 가구가 많으면 많을수록, 사회적 거리두기 기간이 길어지면 길어질수록 부족해지는 유동성에 대한 직접적인 부양책이다. 미국과 유럽은 코로나19 사태로 인한 실업자들에게 직접적으로 자금을 지원하는 규모를 GDP의 0.6~1% 이상으로 크게 늘리고 있다. 그만큼 전 세계적으로 코로나19로 인한 실업자 수가 많이 증가하고 있다.

헬리콥터 머니

지난 2008년 금융위기 이후부터는 '헬리콥터 머니'라는 단어가 등장했다. 헬리콥터에서 돈을 뿌리듯이 중앙은행이 경기 부양을 목적으로 직접 돈을 찍어내 시중에 공급하는 비전통적 통화 정책을 일컫는다. 국민에게 직접 돈을 주기 때문에 '민중을 위한 양적완화QE for people'라고도 불린다. 중앙은행이 찍은 돈을 모든 국민에게 일정 금액씩 계좌로 입금해 주거나, 유효기간이 명시된 상품권을 배포해 짧은 시간 안에 소비를 활성화하거나, 정부에 직접 돈을 준 후 재정 정책에 사용하도록 할 수도 있다.

이 정책은 저성장, 저금리 기조에서 물가 상승을 이뤄내고 소비를 진작시키는 방법으로 주목받고 있다. 기존의 양적 완화와는 달리 돈을 받는 사람은 갚을 필요가 없으므로 부채를 유발하지는 않는다는 장점도 있다. 하지만, 중앙은행이 재정 정책의 보조 도구로 전락할 수 있다는 문제점이 있다.

헬리콥터 머니는 1969년 미국 경제학자 밀턴 프리드먼Milton Friedman, 1912~2006이 처음 주장하였으며, 전前 미국 중앙은행Fed 의장 벤 버냉키Ben Bernanke를 비롯해 아데어 터너Adair Turner 전前 영국 금융감독청장, 세계 최대 헷지펀드 브리지워터 창업자인 레이 달리오Raymond Dalio 등이 도입을 주장한 바 있다.

헬리콥터 머니가 전통적인 양적완화와 다른 점은 정부가 직접 돈을 국민에게 나눠준다는 것이다. 우리 정부가 추진하고 있는 재난소득과 다른 점은 정부가 발권력을 동원해서 돈을 준다는 점이다. 돈 나누어주기의 '끝판왕'이라 할 수 있고, 소비 진작의 마지막 카드라고 할 수 있다.

실제로 2009년에 호주가 이 정책을 시행했다. 연봉 1억 원 이하의 노동자 900만 명에게 100만 원씩 나눠줬다. 100만 원을 받은 가구의 35%가 부채 상환에 사용했고, 25%가 저축하였으며, 40%가 물건을 샀다는 결과가 나왔다. 대부분의 나라가 경기 침체를 겪을 때, 호주는 경기 침체 없이 2009년 위기를 극복했다. 전적으로 헬리콥터 머니 덕이라고 말할 수는 없겠지만, 실패한 정책은 아니었다.

통화 확대 정책과 달러

여러 방법으로 돈을 찍어서 개인들에게 나누어주면, 미국 내의 유동성은 크게 확대된다. 하지만, 여기서 상당히 중요한 점은 이 유동성이 미국에만 공급될 경우 달러 강세가 크게 나타난다는 것이다. 글로벌 경제에서 결제의 약 80%가 달러로 이루어진다. 이처럼 화폐 거래량에서 달러가 차지하는 비중이 전 세계의 절반이 넘는 상황인데, 달러 강세가 나타나면 다른 국가들의 유동성은 말라 버릴 위험이 있다. 2001~2002년에 닷컴 버블이 붕괴하면서 이런 현상이 실제로 일어났었다.

달러 지수 추이 (2020년 6월 15일 기준)

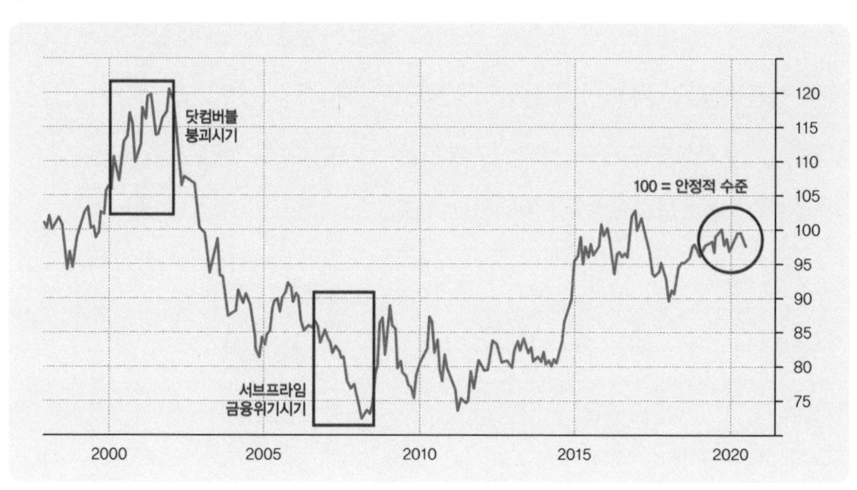

자료 출처:Tradingeconomics.com

이번에 미국이 발표한 내용을 보면, 돈을 찍어서 기업과 국민에게 직접 나눠주고 있다. 미 연준은 올 4월 초, 기업에 대한 지원인 '메인스트리트 대출' 등을 포함한 총 2조 3,000억 달러에 달하는 초대형 실물 경제 지원 방안을 공개했다. 정크본드와 대출담보부증권CLO, 상업용 모기지 채권까지 매입하겠다고 발표했다. 이는 전례가 없는 조치로, 사실상 주식 외 모든 유가증권 매입에 나서는 셈이다. 미 연준은 코로나19 여파로 재정 어려움을 겪는 지방정부를 지원하기 위한 지방정부 채권매입 기구도 도입했다.

다행스러운 점은 미 연준이 엄청난 유동성 부여 정책을 펴는데도 불구하고, 달러가 안정적인 모습을 보인다는 점이다. 이렇게 되면, 한국을 포함한 신흥국 시장에도 유동성이 부여된다. 특히, 통화 스와프를 체결한 국가들의 유동성은 미국을 따라서 풍부해진다. 결국, 미국 이외 다른 중앙은행들의 유동성 부여가 시장에 영향을 미칠 수 있는 여력이 크게 높아지고, 글로벌 경기의 회복 가능성을 높여준다.

결국, 이런 대규모의 유동성 부여로 주식시장은 최근 재상승하고 있고, 향후 거품으로 갈 가능성이 상당히 높아 보인다.

주요 국가 코로나19 대응 부양책 규모 (2020년 3월 25일 기준)

국가	규모(달러)	GDP 대비 추정치
미국	2조 9,000억	10%
독일	1조 7,000억	32%
일본	7,570억	10%
영국	6,320억	19%
중국	6,180억	–
호주	1,650억	10%
말레이시아	890억	18%
싱가포르	550억	11%
태국	228억	3%
홍콩	224억	4%

자료 출처:블룸버그, AFP, 로이터, 닛케이, BBC, 더 가디언

상상을 초월하는 유동성 부여

미 연준 대차대조표의 자산규모 추이를 보자. 4월 중순에는 2조 2,100억 달러가 늘어났다. 이 늘어나는 속도가 조금씩 더뎌질 가능성이 있지만, 지금으로써는 계속 늘고 있다는 점에 주목해야 한다.

과거에 2009년 1분기에 미국 증시의 큰 폭 조정이 있었던 이유는 아래 그래프에도 나와 있듯이 파란 동그라미 구간, 즉 대차대조표의 감소가 나타났을 때 큰 폭의 조정이 있었다. 지금처럼 지속해서 증가한다면 증시 조정이 있다 하더라도 그 강도는 아주 미미할 것으로 예상한다.

미 연준 대차대조표 자산규모 추이 (2020년 5월 27일 기준)

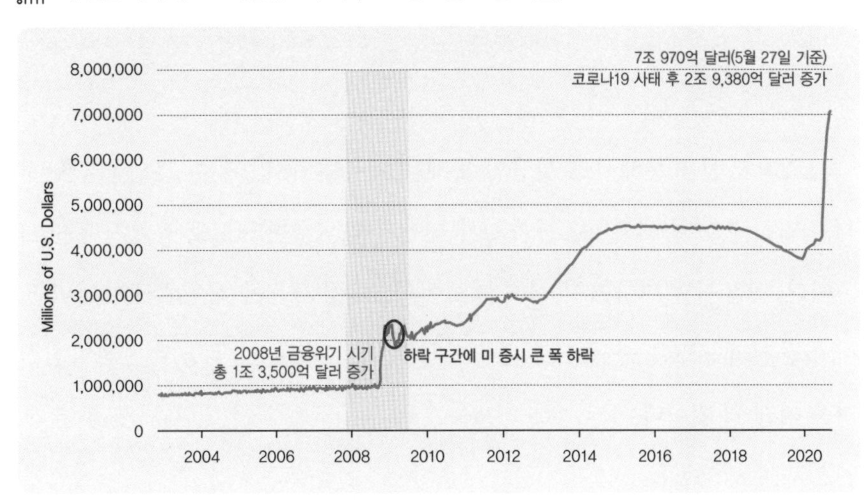

자료 출처:미 연준

특히, 중요한 점은 M2 증가율의 상승 속도인데 과거보다 훨씬 높은 상승이 나타나고 있다. 이는 매우 고무적인 추세다. 우선, M1 증가율은 4월 둘째 주에 전년 동기 대비 22.85%를 기록했고, 셋째 주에는 자그마치 24.79%로 급등하며, 역대 최고 기록을 매주 경신하고 있다. M2 증가율 역시 둘째 주에 15.13%로 역대 최고치를 나타냈는데 셋째 주에는 더욱 상승해서 자그마치 15.91%라는 놀라운 수치를 보인다. 이런 수준의 유동성 부여는 역대 최고 수준이다. 이런 유동성이라면 미국 증시의 하방경직성을 충분히 만들어 낼 것이라 예상한다. 즉, 악재보다는 호재에 훨씬 민감한 시장 추세가 지속할 것이다.

"LEAP 모델 : PBR=A × ROE/10년 국채 금리 + B × M2 증가율"

LEAP 모델을 통해서도 시장의 추세를 예측할 수 있다. 이 모델을 간단하게 설명하면, 지속해서 M2 증가율이 높아지면 적정한 PBR도 높아진다는 이론이다. 지금처럼 미국에서 역대 최고치의 M2 증가율이 계속해서 나타나면, 미국 증시의 PBR은 큰 폭으로 상승하게 된다. 그리고 미국 증시는 하방경직성을 띠게 될 것이다.

미국 M1과 M2 증가율 추이 (2020년 5월 27일까지)

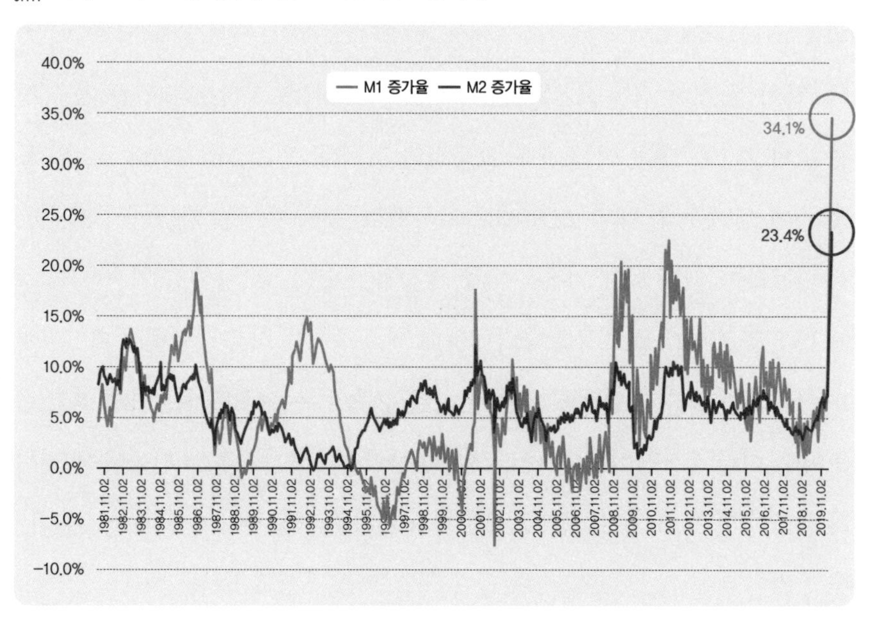

자료 출처: 미 연준

이번 유동성 부여와 과거 증시의 고점을 비교해 보면, 4월 둘째 주 미국 증시의 고점은 추가로 62~177% 상승할 가능성을 가지고 있었다면, 셋째 주에 추가적인 유동성 부여로 이제는 그 강도가 63~185%로 더 높아졌다. 물론, 당장 이런 상승이 나타날 것이라 예상하지 않는다. 하지만, 유동성 부여의 강도가 점점 더 높아지고 있다는 점만큼은 꼭 감안하고 투자 전략을 짜는 것이 중요해 보인다.

유동성 지표로 본 미국 증시 거품 시기 고점 비교 (2020년 5월 27일 기준)

과거 고점(100억 달러, %)	M1	M2	시가총액	M1/시총	M2/시총
현재 2020년 5월 27일 (S&P 지수 2912.43 반영)	5066	18,084	24,826	20.4%	51%
2000년 3월	1,109	4,700	14,300	7.8%	32.9%
			상승 여력	163%	122%
			도달 가능 S&P 지수	8,011	6,747
2007년 10월	1,369	7,403	15,360	8.9%	48.2%
			상승 여력	129%	51%
			도달 가능 S&P 지수	6,968	4,601

자료 출처: 미 연준, 블룸버그

다시 한번 말하지만, 당장 위 수준의 거품으로 미국 증시가 상승한다는 말이 아니라, 적어도 하방경직성이 생기는 것은 당연해 보인다는 말이다. 단기적으로 미국 증시가 급반등함에 따라 어느 정도 쉬어가는 구간이 나타날 수도 있다. 하지만, 그 기간은 짧고, 강도가 크진 않을 것이다.

글로벌 금융시장의 흐름

미국 장단기 금리차와 달러

미국의 장단기 금리 차이를 살펴보자. 장단기 금리 차이란 보통 10년 만기 국채 금리와 2년(혹은 3개월 만기) 국채 금리의 차이를 말한다. 현재 미국의 장단기 금리 차이는 0.38수준이다. (2020년 4월 24일 기준) 2019년에 잠깐 마이너스를 찍고, 올해 0.6 근처까지 큰 폭으로 상승하기도 했다. 이 장단기 금리차가 계속해서 확대된다는 말은 장기 금리가 상승한다는 말이다.

이 때문에 일부에선 오히려 증시가 다시 큰 폭 하락할 것으로 우려했지만, 장단기 금리 차이는 현재 0.4 수준에서 아주 안정적인 모습을 보인다. 이 수치가 다시 마이너스로 가면 큰 폭의 조정이 있을 수 있다. 만약, 장기 금리가 계속 상승할 경우에는 경기 회복뿐만 아니라 인플레이션이 크게 나타나는 것을 의미하기 때문에, 이때도 미국 증시의 큰 조정이 예상된다. 하지만, 지금처럼 0.2~0.6 사이를 유지한다면 지속해서 증시가 상승할 수 있는 환경이라 할 수 있다.

미국채 10년 만기 금리 – 2년 만기 금리 추이(미국 장단기 금리차 추이) (2020년 6월 15일 기준)

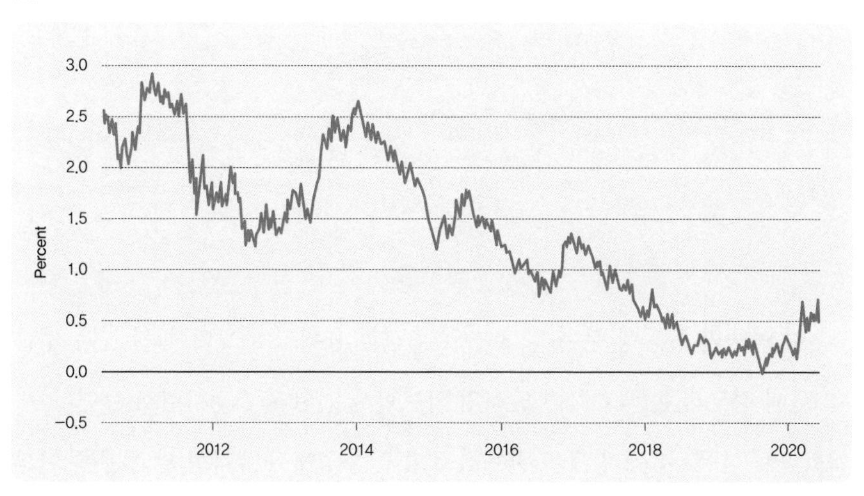

자료 출처: 미 연준

달러 지수 추이를 보자. 트럼프 대통령의 강한 달러를 원한다는 발언과 함께 달러는 최근 100 이상까지 상승했지만, 지난 4월 24일 기준으로 100에서 큰 변화는 없다. 6월 들어 하락했지만, 다시 100에 가까워지고 있다.

코로나19 전후 달러 지수 추이 (2020년 6월 15일 기준)

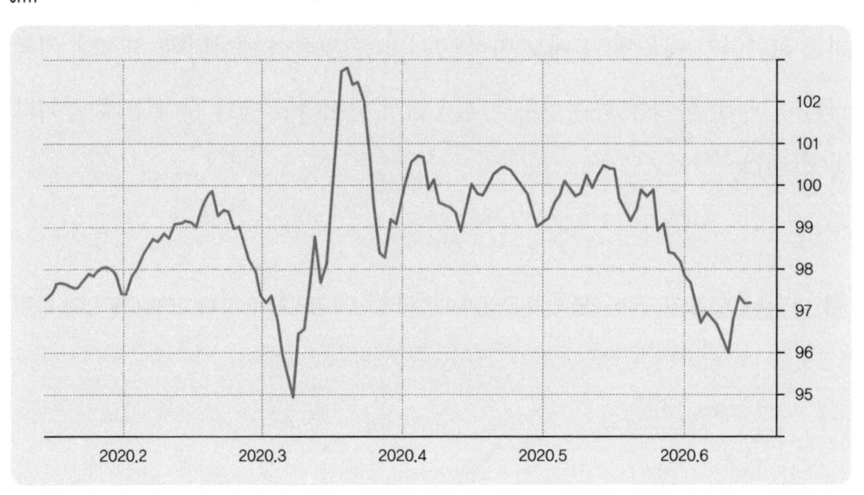

자료 출처: Tradingeconomics.com

미 연준의 유동성 부여 강도는 2008년 금융위기 때보다 훨씬 높은 수준이고, 이 정도의 돈 찍기라면 달러의 약보합세 전환은 기정사실로 보인다. 하지만, 최근 대외 부채가 많은 원자재 대표 신흥국에서 심각한 달러 부족 현상이 나타나고 있다. 따라서, 달러가 약세로 전환하더라도 그 강도는 높지 않을 것이고, 만약 달러 강세가 일어나도 그 강도 또한 크지 않으리라고 예상한다. 만약 예상처럼 달러의 약보합세 전환이 나타난다면, 글로벌 증시의 조정 구간 또한 짧게 나타날 확률이 높아 보인다.

현금? 금? 무엇을 들고 갈까?

지속해서 전 세계 중앙은행들이 돈을 찍어내면, 그만큼 글로벌 화폐가치는 떨어지기 마련이다. 물론, 2008년처럼 금융 시스템이 붕괴할 거라고 판단하진 않는다. 다만, 단기적으로 시장의 변동성이 유지되고 있기 때문에 현금 비중을 7~15% 정도로 들고 가는 것이 안전해 보인다.

지금같이 돈을 푸는 과정에서 유동성 부여에 맞는 금 가격의 상승 가능성도 충분히 있다. 그만큼 금이 대체 자산으로 여겨지며, 지금의 유동성 부여 규모가 지난 2008년보다 훨씬 크기 때문이다. 2008년 대비 적어도 80% 정도가 더 높은 수준이고, 이는 더욱 확대될 예정이다. 따라서, 일정 부분의 금을 현금 대신 들고 가는 전략은 아주 적절해 보이고, 역대 최고치인 금 가격, 1,920달러는 당연히 돌파할 것으로 예상한다. 향후 2년간 2,500~3,000달러 수준까지 상승할 가능성도 배제할 수 없다. 따라서, 일정 비중의 금 관련 ETF GLD 투자가 유효해 보인다. 전체 포트폴리오의 7~15% 수준의 금 비중을 추천한다.

금 가격 추이 (2020년 6월 15일 기준)

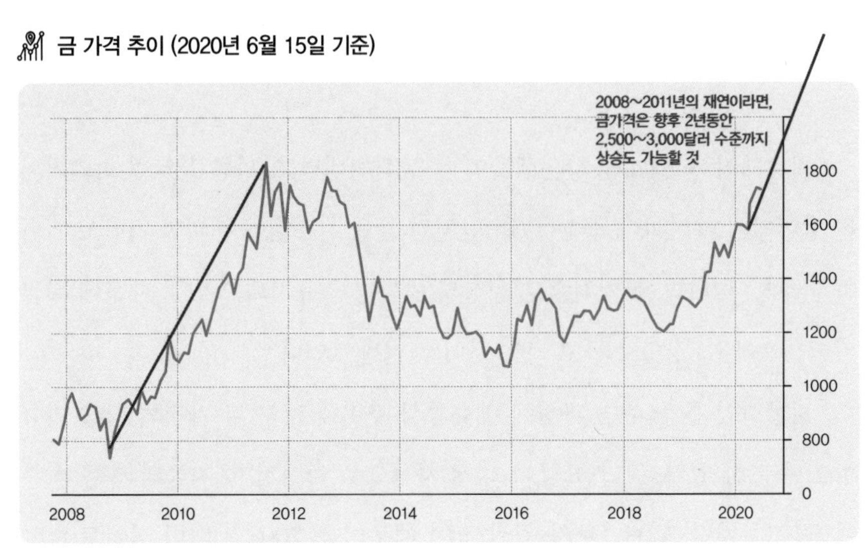

자료 출처:Tradingeconomics.com

유가는 다시 오를까?

유가의 흐름을 보자. 유가는 지난 2008년 금융위기에 폭락했던 하락 폭을 이번 코로나19 사태로 인해 다시 한 번 보여줬다. 셰일 가스 혁명, 대체에너지 개발, 환경 문제로 석유 에너지의 패러다임 전환이 빨라지고 있다.

이런 상황을 과거 금융위기 이후의 유가 흐름으로 다시 반복된다고 가정하면, 유가는 앞으로 50달러 이상 상승하기 힘들어 보인다. 당분간 유가의 고점은 30~40달러 수준에서 유지될 확률이 높다. 향후 투자자들의 투자 확대는 셰일 가스 같은 산업이 아닌 신재생에너지 산업에서 이뤄질 것으로 예상한다.

유가 추이 (2020년 6월 15일 기준)

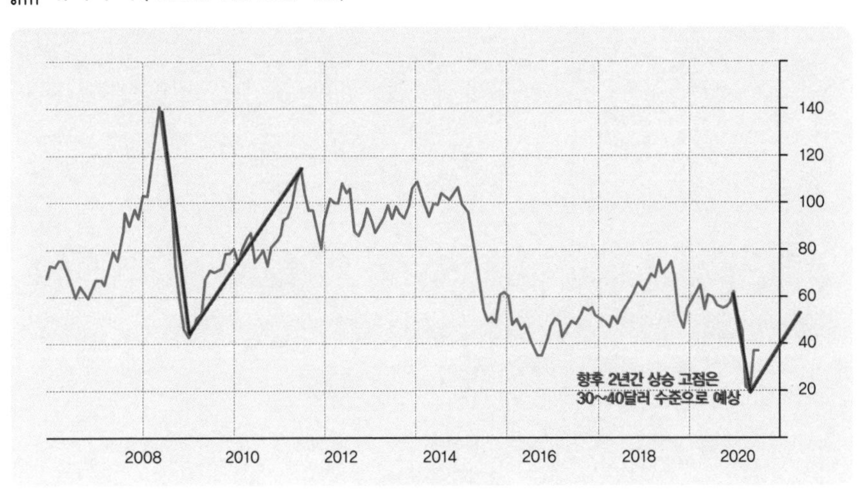

자료 출처: Tradingeconomics.com

미국은 아주 적극적인 재정 확대 정책과 통화 확대 정책을 시행하고 있다. 앞으로 그 비용을 감당하기 위해서 현재 적극적으로 펼치고 있는 자국 주의와 보호무역주의 정책이 바뀔 수 있다. 그리고 그 변화는 이번 대선을 전후로 나타날 것이다. 트럼프 대통령의 정책이 전환되든, 민주당 정권이 들어서든, 그 변화를 대비하면서 투자에 임하도록 하자.

글로벌 투자 전략

선진국과 신흥국 투자 전략

여전히 매력적인 선진국 투자

잔존가치 모델상 선진국 상승 여력 (2020년 5월 27일 기준)

	지수	시가총액 (백만 달러)	시총 비중	현재 지수	적정 지수	상승 여력	예상 ROE	예상 PBR	주식 위험도	이익 변화
미국	Nasdaq	14,746,661	18.56%	9,490	11,449	20.6%	18.2%	4.23	5.0%	−11.3%
독일	DAX	1,174,193	1.48%	11,587	13,669	18.0%	9.2%	1.28	6.5%	−15.2%
미국	Dow	7,822,200	9.85%	25,383	29,468	16.1%	17.5%	3.22	6.5%	−18.5%
스페인	IBEX	500,759	0.63%	7,097	8,045	13.4%	7.6%	1.16	6.5%	−33.9%
영국	FTSE	2,071,969	2.61%	6,219	6,970	12.1%	9.7%	1.47	6.5%	−22.4%
미국	S&P 500	26,242,644	33.03%	3,044	3,305	8.6%	14.7%	2.92	5.0%	−16.2%
캐나다	S&P TSX	1,666,359	2.10%	15,193	16,431	8.1%	9.9%	1.47	6.0%	−18.3%
프랑스	CAC	1,643,763	2.07%	4,695	5,028	7.1%	7.9%	1.23	6.0%	−26.2%
일본	NIKKEI	3,199,969	4.03%	21,878	23,159	5.9%	8.8%	1.45	6.0%	−11.8%

	지수	시가총액 (백만 달러)	시총 비중	현재 지수	적정 지수	상승 여력	예상 ROE	예상 PBR	주식 위험도	이익 변화
포르투갈	PSI	62,383	0.08%	4,331	4,577	5.7%	7.7%	1.20	6.0%	−25.7%
싱가포르	STI	306,296	0.39%	2,511	2,644	5.3%	6.1%	0.99	6.0%	−15.1%
유럽	STOXX50	2,972,014	3.74%	3,050	3,176	4.1%	7.9%	1.29	6.3%	−22.7%
이탈리아	FTSEMIB	463,239	0.58%	18,198	18,886	3.8%	6.9%	0.90	6.0%	−31.7%
호주	S&P ASX	1,169,429	1.47%	5,756	5,893	2.4%	9.7%	1.68	5.0%	−17.6%
선진국 합계		64,041,879	80.61%	−	−	12.0%	14.4%	2.89	5.4%	−16.2%

자료 출처:블룸버그, 자체계산

선진국의 상승 여력을 살펴보면서 선진국 투자의 3가지 포인트를 알아보자. 먼저, 미국 증시에 대한 투자를 소홀히 하지 않았으면 좋겠다. 특히, 미국 나스닥의 이익 조정 폭이 다우 존스나 S&P500 그리고 전 세계와 대비해서 상대적으로 낮은 편이다. 따라서, 선진국 투자에서 가장 중요한 투자처는 나스닥이다.

두 번째, 독일의 상승 여력이 18% 이상으로 상승했다. 독일은 전통적인 제조업 강대국이다. 마지막으로 선진국의 상승 여력이 신흥국보다 낮은 이유는 유럽 국가들의 이익 전망치가 가장 큰 폭의 조정을 받았기 때문이다. 연초 대비 자그마치 20% 이상 하락했다. 따라서, 독일을 제외한 유럽 국가의 투자 매력도는 비교적 낮다.

신흥국 투자, 제조업 강대국을 주목하라

잔존가치 모델상 선진국 상승 여력 (2020년 5월 27일 기준)

	지수	시가총액 (백만 달러)	시총 비중	현재 지수	적정 지수	상승 여력	예상 ROE	예상 PBR	주식 위험도	이익 변화
대만	TWSE	1,103,126	1.39%	12,119	15,493	27.8%	12.3%	1.57	5.5%	-6.1%
중국	SZCOMP	3,502,959	4.41%	1,787	2,226	24.6%	15.5%	2.30	6.0%	-9.8%
한국	KOSPI	1,061,684	1.34%	2,030	2,511	23.7%	7.0%	0.78	6.0%	-13.3%
중국	CSI300	4,340,579	5.46%	3,824	4,611	20.6%	11.8%	1.21	5.0%	-6.2%
한국	KOSDAQ	210,895	0.27%	714	859	20.4%	14.2%	2.73	5.8%	3.4%
중국	SHCOMP	4,667,788	5.88%	2,852	3,399	19.2%	10.6%	1.05	6.5%	-7.7%
중국	HSCEI	1,577,443	1.99%	9,561	11,280	18.0%	10.6%	0.90	8.9%	-12.1%
멕시코	MEXBOL	211,701	0.27%	36,123	42,378	17.3%	14.5%	1.72	5.0%	-8.3%
베트남	VN	129,480	0.16%	864	1,013	17.2%	14.2%	2.26	5.5%	-13.4%
인도	SENSEX	830,724	1.05%	32,424	37,575	15.9%	16.2%	2.32	5.0%	-15.6%
러시아	RTSI	-	-	1,220	1,405	15.2%	9.7%	0.65	8.0%	-27.0%
러시아	MICEX	535,545	0.67%	2,735	3,141	14.9%	10.2%	0.63	7.9%	-18.4%
남아공	FTSEJSE	560,793	0.71%	46,545	53,186	14.3%	13.8%	1.69	5.0%	-17.8%
인도네시아	JCI	362,878	0.46%	4,642	4,995	7.6%	12.0%	2.10	5.0%	-14.5%
터키	XU100	110,589	0.14%	105,521	109,039	3.3%	14.6%	0.19	5.0%	-12.4%
아르헨티나	MERVAL	18,228	0.02%	37,852	38,456	1.7%	13.9%	(0.00)	5.5%	-38.1%
브라질	IBOV	523,103	0.66%	87,403	88,137	0.8%	13.8%	1.59	5.5%	-13.9%
글로벌	AC World	61,758,016	77.73%	509	579	13.6%	11.4%	1.90	5.0%	-18.6%
신흥국 합계		15,406,937	19.39%	-	-	19.7%	12.3%	1.49	6.3%	-10.4%

자료 출처:블룸버그, 자체계산

위의 표를 보면서 내린 결론은 다음과 같다. 첫째, 투자자 관점에서 대만과 한국은 매우 매력적인 신흥국이다. 상승 여력이 높은 신흥국 순위를 보면, 대만, 중국, 한국 순이다. 결국, 제조 기반이 튼튼한 국가들이 올라와 있다. 중국, 대만, 한국의 경우 이번 코로나19 사태도 상대적으로 잘 해결하고 있다. 특히, 대만과 한국은 이번 코로나19 사태로 인해 국가적 위상이 상당히 높아질 것으로 예상한다. 민주주의를 채택하고 있으며, 제조업 강대국이고, 코로나19 사태를 가장 모범적으로 대처하고 있는 국가로서 글로벌 무대에서 그 위상이 한 단계 격상할 수 있는 가능성이 있다. 따라서, 국내 투자와 대만에 대한 투자를 늘리는 것이 현재로서는 바람직한 글로벌 투자 전략으로 보인다.

둘째, 반중 감정이 서양 국가에서 두드러지고 있지만, 제조업 강대국으로서 중국의 투자 매력도는 여전해 보인다는 점이다. 따라서, 중국 심천 시장 투자와 중국 내수시장이 전 세계 시장의 과반이 넘는 업종들에 대한 투자는 유효해 보인다. 그런 업종들이 5G, A.I.(인공지능), 전기차, 대체에너지 등의 업종들이다.

마지막으로 신흥국 상승 여력이 29.7%로 선진국의 13.6%보다 높은 이유는 상대적으로 큰 조정을 받았고, 향후 달러 강세가 나타나기 힘들다는 것을 보여주는 지표라고 판단한다.

탈 중국화의 우려

미워만 한다고 해결되는 것은 아무것도 없다

필자는 2017년 3월 '중국 종속국이 절대 될 수 없다'라는 글을 썼다. 하지만, 지금은 더 치밀한 전략이 필요한 시점이다. 3년 전 글의 핵심은 중국에 대한 의존도를 낮춰야 한다는 것이었다. 실제로 한국의 중국 의존도는 지난 3년에 걸쳐 꾸준히 줄어들었다. 그럼 이제 어떻게 대응해야 할까?

많은 사람이 이번 코로나19의 진원지가 중국이라서 탈脫 중국화에 관한 이야기를 적극적으로 주장한다. 중국이 괘씸해서 유럽, 미국의 탈 중국화가 더 빠르게 진행될 거라고 예상한다. 하지만, 필자는 오히려 지금은 탈 중국화 정책을 쓰기에는 많이 늦었다고 생각한다. 앞으로 중국으로부터의 탈 생산화가 가속화될 것이기 때문에 중국에서 더 적극적으로 빠져나올 것이 아니라, 지금부터는 빠져나오는 속도를 더디게 하는 것이 옳다. 미국과 중국의 소비시장에서 점유율을 높일 수 있는 가장 적합한 균형을 유지하는 것이 가장 중요해 보인다. 중국과 미국에 대한 의존도의 균형을 맞추어서 양국이 어느 한 쪽을 결정하라고 하지 못하게 잘 조절하면서 대응해야 한다. 철저하고 치밀하게 계산하면서 임해야 한다. 언젠가 중국이 아주 큰 위기에 봉착하게 될 것이라는 의견에는 변화가 없다. 하지만, 그전에 아주 큰 거품이 미국과 중국, 모두에게서 나타날 것이다.

중국에 대한 코로나19 관련 손해 배상 청구 소송이 예상되고, 향후 공급체인의 탈 중국화가 일어난다고 해도, 지금 당장은 전 세계가 중국에 대한 의존도를 버릴 수 없다. 중국의 내수시장을 포함해서 전 세계에서 중국이 차지하는 제조 공급 규모는 4조 달러로 미국의 2배, 일본의 4배, 우리나라의 10배 수준이다. 따라서, 중국 심천 시장과 대표 4차 산업 관련 업종에 관한 관심이 바로 사라지기는 힘들어 보인다. 특히, 글로벌 경제가 중국의 내수시장을 의지할 수밖에 없는 상황에서 중국은 여전히 매력적이다.

세계 제조업 공급 규모 지도

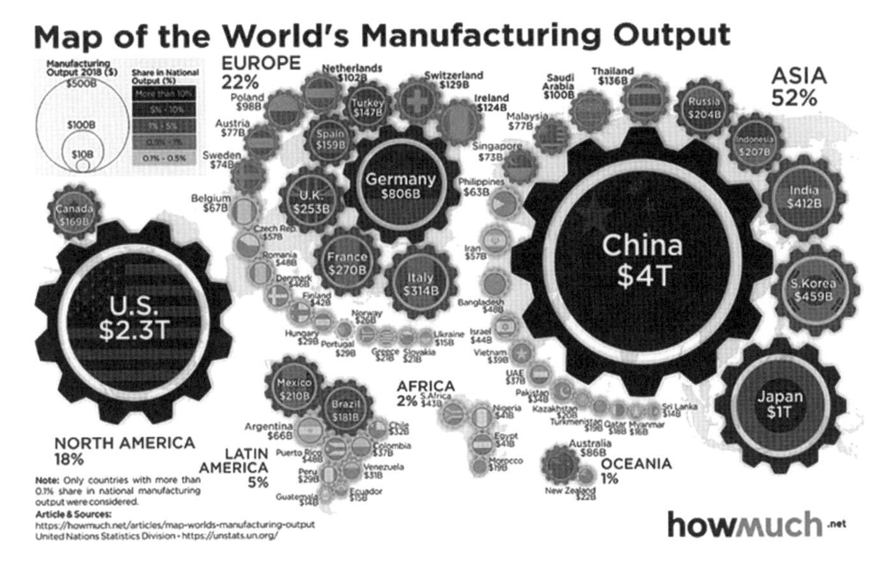

자료 출처:Howmuch.net

계속해서 커지는 중국의 소비시장

아무리 중국이 괘씸하고 중국에서 생산설비를 가지고 나오고 싶어도, 트럼프 대통령의 WHO 지원 중단 같은 수는 너무나 어리석은 정책이다. 트럼프 대통령 지지율은 코로나19 이후 실업률이 11% 이상까지 치솟는 순간 크게 하락할 수밖에 없다. 마찬가지로 애플이 생산설비를 중국에서 가지고 나오는 것도 쉽지 않다. 마이크로소프트 등의 회사도 중국에서 빠르게 빠져나오려 하지 않는다.

테슬라의 일론 머스크Elon Musk 회장은 중국 생산설비를 너무도 사랑한 나머지 중국인들 앞에서 춤까지 췄다. 트럼프 대통령이 원하는 미국의 신속한 탈 중국화는 어려워 보인다. 이미 중국의 소비시장 규모는 전 세계 소비시장의 15% 수준을 넘어섰다. 세계 각국은 앞으로 코로나19 팬데믹을 극복하기 위해 중국의 소비시장 규모가 전 세계 소비시장 규모의 15%에서 25% 이상으로 성장해 주길 바라고 있을지도 모른다. 석유 수입 1위의 국가인 중국이 수입을 늘려야 산유국이 다시 살아난다.

영국과 유럽 국가들이 같이 뭉쳐서 중국을 공격한다는 것도 어불성설이다. 영국과 유럽 연합은 서로 싸우기도 바쁘다. 게다가 유럽의 중국 의존도가 너무나 높다. 그런 상황에서 중국이 이런 기회를 놓칠 가능성은 매우 낮다. 중국 정부의 치밀함은 솔직히 놀랍다. 물론, 사회주의 국가이기 때문에 비리가 많지만, 자본주의를 가장 잘 이해하는 국가 중 하나라고 생각한다.

따라서, 중국은 이번 양회에서 엄청난 내수시장 확장 정책들을 내놓을 것이다. 트럼프가 WHO를 지원하지 않으면, 중국은 지원을 늘릴 것이다. 안타깝다. 트럼프 대통령의 총명함이 요즘 그 빛을 바라고 있는 것이 아닌가 하는 걱정까지 든다. 탈 중국화의 가속화는 트럼프 대통령에게 있어서도 수지 타산에 맞지 않는 정책이다. 이는 전 세계의 중국에 대한 의존도가 계속 상승하는 상황에서 거의 불가능하다. 정리하면 지금은 중국 투자를 줄이기보다는 중국과의 관계를 잘 살려야 할 타이밍이다. 그럼 중국의 내수시장 상황을 살펴보자.

중국 신규 주택 가격 상승률 추이

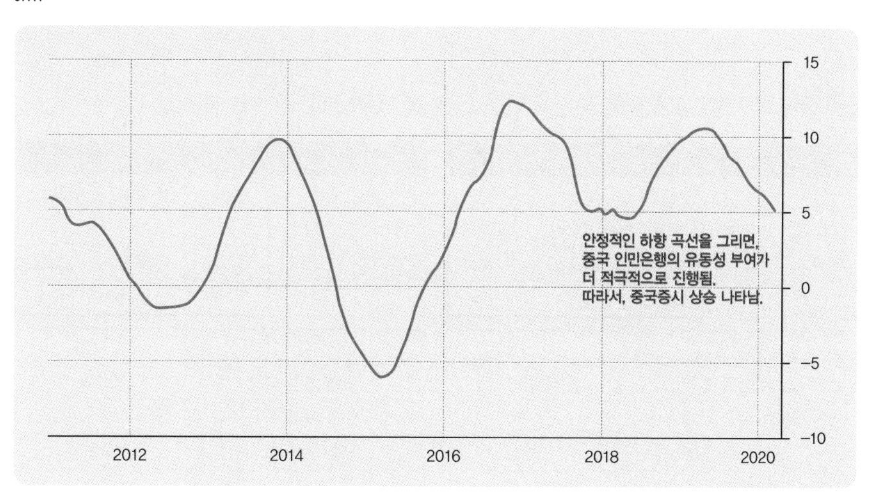

자료 출처: Tradingeconomics.com

중국은 최근 여러 부양 정책을 발표했지만, 통화를 푸는 것에 있어서는 다른 국가들과 비교하면 소극적인 태도를 유지하고 있다. 하지만, 위 그래프에서 확인할 수 있는 중국 부동산 가격 상승률의 점진적인 하락 추세를 보면, 중국 정부가 유동성을 부여할 가능성도 없지는 않아 보인다. 또한, 부동산보다는 주식시장으로 그 유동성이 크게 유입될 가능성이 있다. 미국이 기축통화를 가진 국가로서 화끈한 통화 확장 정책을 펴고 있는 만큼 중국도 이에 견줄만한 정도의 부양책을 발표할 것으로 예상한다.

잔존가치 모델상 중국 대표 지수 상승 여력 (2020년 5월 27일 기준)

중국 A50 지수 상승 여력

		투자위험 프리미엄		
		8.0%	7.5%	7.0%
장기 ROE	11.7%	13,292	14,291	15,290
	12.2%	14,416	15,435	16,453
	12.7%	15,581	16,620	17,659

상승 여력 적정가	16.3%
상승 여력 최저	0.2%
상승 여력 최고	33.1%
상승 여력 평균	16.5%
적정가	15,449

상해종합지수 상승 여력

		투자위험 프리미엄		
		7.0%	6.5%	6.0%
장기 ROE	10.1%	2,911	3,139	3,367
	10.6%	3,163	3,396	3,629
	11.1%	3,425	3,662	3,899

상승 여력 적정가	19.1%
상승 여력 최저	2.1%
상승 여력 최고	36.7%
상승 여력 평균	19.2%
적정가	3,399

CSI 300 지수 상승 여력

		투자위험 프리미엄		
		5.5%	5.0%	4.5%
장기 ROE	11.3%	4,082	4,321	4,560
	11.8%	4,364	4,608	4,852
	12.3%	4,657	4,905	5,153

상승 여력 적정가	20.5%
상승 여력 최저	6.7%
상승 여력 최고	34.8%
상승 여력 평균	20.6%
적정가	4,611

심천지수 상승 여력

		투자위험 프리미엄		
		6.5%	6.0%	5.5%
장기 ROE	15.0%	2,010	2,102	2,194
	15.5%	2,131	2,225	2,319
	16.0%	2,256	2,352	2,448

상승 여력 적정가	24.5%
상승 여력 최저	12.5%
상승 여력 최고	37.0%
상승 여력 평균	24.6%
적정가	2,227

자료 출처:자체계산

포스트 코로나, 미-중 무역전쟁

반중 정서는 확대될 것인가?

미국, 유럽 등 서양 선진국들이 중국에 대한 손해 배상을 청구하는 등 반反중국 정서를 크게 확대하려 노력하고 있다. 하지만, 아시아권 국가들 그리고, 서양의 신흥국들은 이러한 미국, 영국, 프랑스, 독일의 움직임에 무조건 동의하기는 힘들어 보인다. 또한, 모든 EU 국가의 협력은 쉽게 이뤄지지 않는다.

아래 기사를 한번 살펴보자.

한국경제 2020.04.25.

'차이나머니'의 힘..中 '일대일로' 마침내 유럽 뚫었다

헝가리가 발칸반도를 잇는 고속철도 건설 자금을 조달하기 위해 중국과 18억5500만 달러(약 2조 3,000억 원)의 차관협정을 체결했다. 시진핑 중국 국가주석의 '일대일로'(一帶一路: 육상 · 해상 실크로드) 계획의 일환이다. 헝가리 정부는 중국으로부터 빌린 자금을 이용해 철도 건설에 나선다.

일대일로 사업이 유럽 연합에 진출한 건 이번이 처음이다. 코로나19 사태에서 중국에 대한 책임론이 미국과 EU에서 불거지고 있는 가운데 중국 정부가 '차이나머니'를 통해 동유럽 국가들을 적극적으로 지원하면서 EU 분열을 노리고 있다는 지적이 나온다.

로이터통신에 따르면 헝가리와 중국 정부는 4월 24일 헝가리 수도 부다페스트와 세르비아 수도 베오그라드 간 철도 건설 자금을 조달하기 위한 차관협정을 체결했다. 미하이 바르가 헝가리 재무장관은 로이터통신과의 인터뷰에서 "중국이 자금을 대출해줘 고속철도 건설을 시작할 수 있었다"고 밝혔다.

전체 융자 규모는 18억 5,500만 달러(2조 3,000억 원)다. 대출 조건은 20년 만기에 연 2.5% 고정금리다. 조기 상환도 가능하며, 원금 상환에 대해 5년의 유예도 가능하다. 전체 고속철도 건설 자금의 85%를 중국이 빌려준 자금으로 충당할 수 있다는 것이 바르가 재무장관의 설명이다. 나머지 15%는 헝가리 정부가 조달하기로 했다. 철도는 오는 2025년 완공 예정이다.

일대일로 사업은 중국이 국영은행을 통해 자금을 해당 국가에 빌려주고, 중국 국유기업이 주축이 되어 사회간접자본(SOC)을 구축하는 방식이다. 아시아와 아프리카, 동유럽 등 전 세계 78개국에서 일대일로 프로젝트가 진행 중이다. 일대일로 사업이 EU 회원국에 진출한 건 이번이 처음이다. 헝가리는 EU 가입국이다. 세르비아는 EU 가입 승인을 받지 못했다. 다만, 중국은 세르비아의 전통적 우방友邦국가다.

헝가리와 세르비아는 동유럽과 서유럽을 잇는 길목에 위치한 요충지다. 중국이 코로나19 와중에 헝가리와 세르비아에 차관제공 등 경제적 원조를 아끼지 않는 것도 이와 무관치 않다는 분석이 나온다.

중국이 일대일로 프로젝트를 통해 개발도상국들의 경제적 예속을 강화하고 한국경제 2020.04.25.

있다는 지적도 나온다. 이들 국가가 중국에서 자금을 과도하게 빌려 일대일로 사업을 진행하고 있기 때문이다. 홍콩 사우스차이나모닝포스트(SCMP)에 따르면 일대일로 사업을 통해 해당 국가들이 중국에 진 빚이 3,800억 달러(469조 원)에 달할 것으로 추정했다.

일각에선 중국 정부가 독재 국가에 의도적으로 자금을 지원하고 있다는 지적도 제기된다. 해당 국가의 집권 세력에 중국 공산당이 정치 자금을 제공하고 있다는 의혹도 제기된다. 헝가리 의회는 코로나19 확산 방지를 명분으로 지난달 말 국가비상사태를 무기한 연장할 수 있고 행정명령을 통해 기존 법률을 무력화하거나 새 법률을 만들 수 있도록 하는 법안을 처리했다. 2010년부터 3 연임 중인 빅토르 오르반 총리에게 무소불위無所不爲의 권한을 부여한 것이다.

최근 코로나19 사태로 경기가 힘들어진 터키는 오히려 반미국 정서가 팽배한 상황이다. 또한, 스페인, 이탈리아처럼 유럽의 선진국에 속하지만, 상대적으로 재정 상태가 좋지 않은 국가들은 중국에 대한 의존도를 완전히 없애기 힘들어 보인다. 앞으로 정세가 어떻게 변할지는 아무도 모른다.

하지만, 분명한 것은 중국에 대한 의존도를 지금 바로 낮추기가 상당히 힘들다는 것이고, 미국 또한, 자국주의를 부르짖는 상황에서 쉽게 반중 정서로 뭉치기 어렵다는 것이다. 더불어 중국은 자체적으로 생산 시설의 재고를 낮게 유지하기 위해서 적극적인 내수 확장 정책과 미래 산업 지향적 투자를 크게 확대할 것이라 예상한다.

중국판 뉴딜, 신인프라 투자 프로젝트

최근 중국은 기존 13만 개에 이르는 5G 기지국을 올해 안으로 60만 개로 늘리는 계획을 발표했다. 또한, 고속철도 2,000km, 특고압 설비 12개도 올해 안에 신설 또는 착공할 계획이며, 공공 전기차 충전소 48,000곳을 신설하고, 데이터 센터, AI 분야에도 적극적으로 투자하겠다고 발표한 상황이다.

이러한 중국의 신新인프라 투자 프로젝트를 1930년대에 미국이 인프라 투자로 대공황을 극복한 것에 빗대어 '중국판 뉴딜'이라고 부르기도 한다. 코로나19 사태로 전 세계 경제가 어려운 상황에서 신인프라 투자는 단기간에 일자리를 늘리고 내수를 키우는 데 도움이 될 것은 당연해 보인다.

중국 역대 경기 부양책

국가지도자	경제위기	주요 인프라 투자 영역	투자 규모
장쩌민	1997년 아시아 금융위기	고속도로(2004년 기준, 전국 고속도로 총 20,000km 건설)	**1조 1,200억 위안** (약 190조 원) (1997년~2004년)
후진타오	2008년 글로벌 금융위기	고속철도(2012년 기준, 전국 고속철도 총 10,000km 건설), 고속도로, 공항	**4조 위안** (약 690조 원)
시진핑	2019년 코로나19 팬데믹	5G, 데이터센터, 고속철도, 인공지능, 산업 인터넷, 전기충전소, 특고압 설비 등	**34조 위안** (약 5,900조 원) 전망

자료 출처:중국 화사일보

중국 신인프라 7대 사업 투자액

사업	예상 투자액	사업	예상 투자액
5G 기지국 건설	2,400억 위안(약 40조 원)	데이터센터	1,200억 위안(약 20조 원)
고속철도	5,400억 위안(약 93조 원)	인공지능	1,200억 위안(약 20조 원)
산업 인터넷	1,200억 위안(약 20조 원)	전기차 충전소	200억 위안(약 3조 원)
특고압 설비	800억 위안(약 13조 원)	합계	1조 2,400억 위안(약 209조 원)

자료 출처:중국 신랑차이징

중국은 양회를 전후로 5G, 데이터 센터, 고속철도, 인공지능, 산업 인터넷, 전기차 충전소, 특고압 설비에 대한 투자를 늘릴 계획이다. 미국이 이 분야에 투자를 늦추거나 소극적이면, 오히려 중국은 더 공격적으로 투자할 것이다. 중국의 자동차 판매가 지난해 대비 -40% 수준에서 최근 흑자로 전환했다는 뉴스도 나온다. 현재 상황과 앞으로 예상되는 중국의 경기 회복 강도가 확실히 타 국가들과 비교해 높다는 것을 고려하면, 중국 투자에 소홀히 할 이유가 전혀 없다.

중국의 신인프라 투자 프로젝트 관련 대표 종목

종목	종목 코드	비고
SZSE Component	SZI CH	심천성분 지수
Hua Hong Semiconductor Ltd	1347 HK	5G
Sunny Optical Technology Group Co Ltd	2382 HK	5G
Sunny Optical Technology Group Co Ltd	6869 HK	5G
China Tower Corp Ltd	788 HK	5G
Hengtong Optic-electric Co Ltd	600487 CH	5G
SAIC Motor Corp Ltd	600104 CH	전기차
Geely Automobile Holdings Ltd	175 HK	전기차
BYD Co Ltd	1211 HK	전기차
Canadian Solar Inc	CSIQ	대체에너지/태양광
JinkoSolar Holding Co Ltd	JKS	대체에너지/태양광
LONGi Green Energy Technology Co Ltd	601012 CH	대체에너지/태양광
Hollysys Automation Technologies Ltd	HOLI	A.I./자동화
VanEck Vectors ChinaAMC SME-Ch	CNXT	심천 지수 추종
CSOP SZSE ChiNext ETF	3147 HK	심천 지수 추종
Premia CSI Caixin China New Economy ETF	3173 HK	심천 지수 추종

아직은 불안한 원자재 신흥국 투자

유가와 원자재 가격이 큰 폭으로 하락함에 따라 원자재 가격에 영향을 받는 국가에 대한 투자는 조심할 필요가 있다. 원자재 CRB Index는 현재 150 미만으로 2008년의 금융위기, 2016년 셰일가스 위기보다 훨씬 낮은 수준이다. 2000년 닷컴 버블 붕괴 이후 최저점 수준에 도달했다.

CRB Index 추이 (2020년 6월 15일 기준)

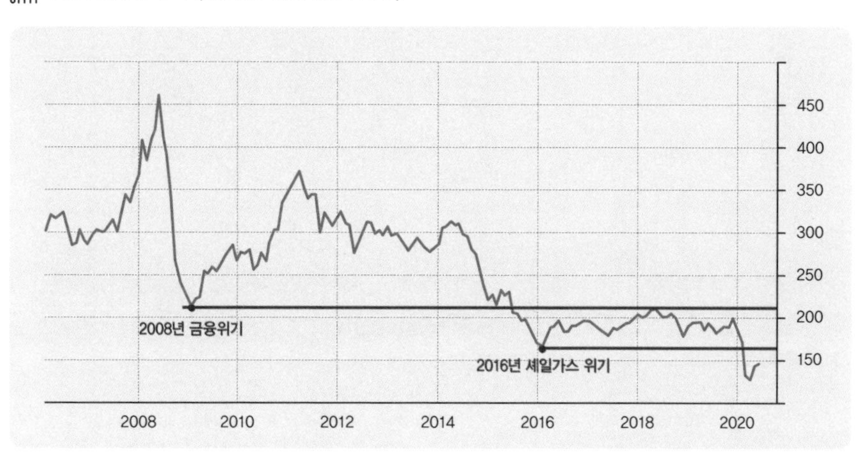

자료 출처: Tradingeconomics.com

반등이 쉽지 않아 보이는 브라질

원자재 대표 신흥국으로는 브라질이 있다. 지금 시점에서 브라질 투자는 상당히 조심할 필요가 있다.

브라질 보베스파 지수 추이 (2020년 6월 15일 기준)

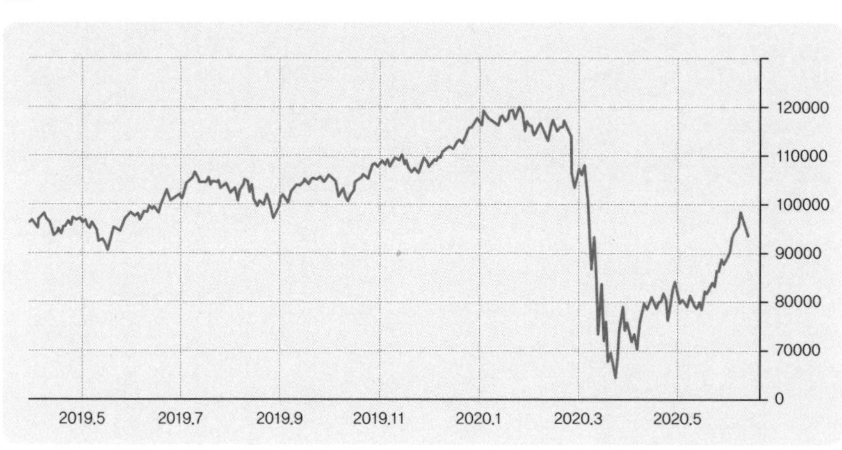

자료 출처: Tradingeconomics.com

달러/헤알화 환율 추이 (2020년 6월 15일 기준)

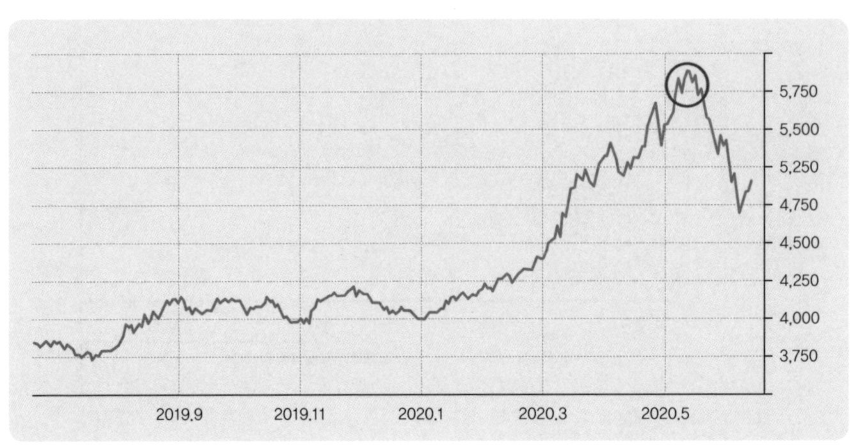

자료 출처:Tradingeconomics.com

브라질 10년 국채 금리 추이 (2020년 6월 15일 기준)

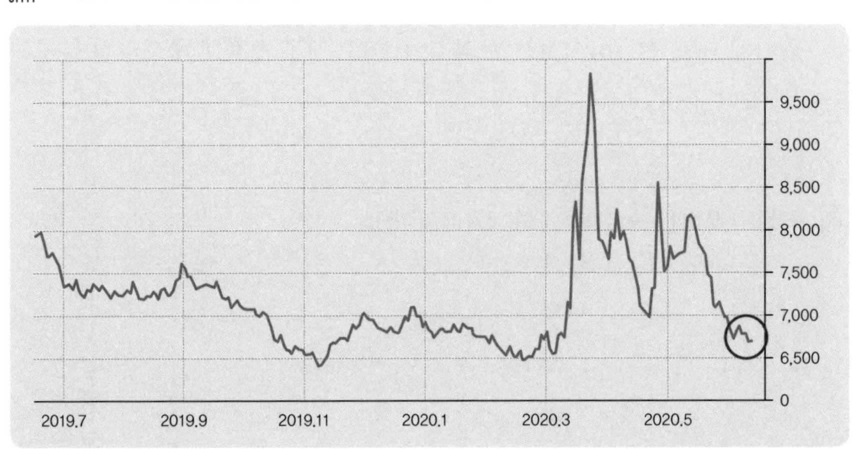

자료 출처:Tradingeconomics.com

의외로 안정적인 러시아

반면, 러시아는 유가 급락에도 불구하고 환율과 금리가 안정적이다. 전반적으로 안정적인 증시 흐름을 보여주고 있다는 점이 고무적이다.

러시아 MOEX 지수 추이 (2020년 6월 15일 기준)

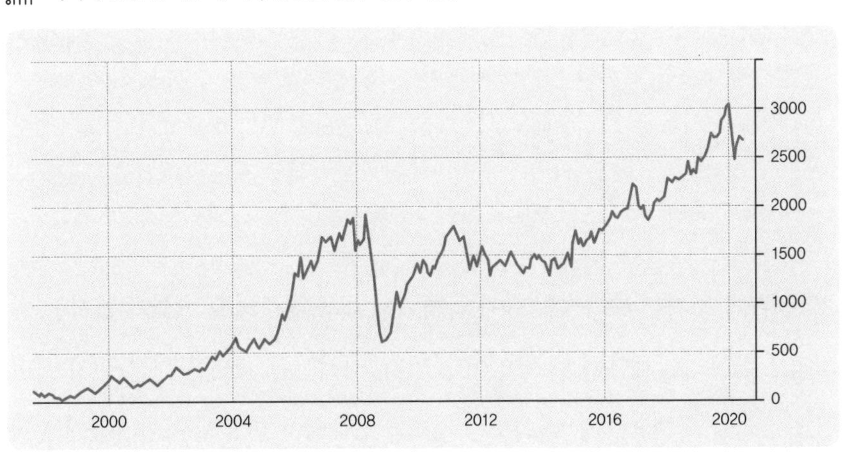

자료 출처: Tradingeconomics.com

러시아 루블화 추이 (2020년 6월 15일 기준)

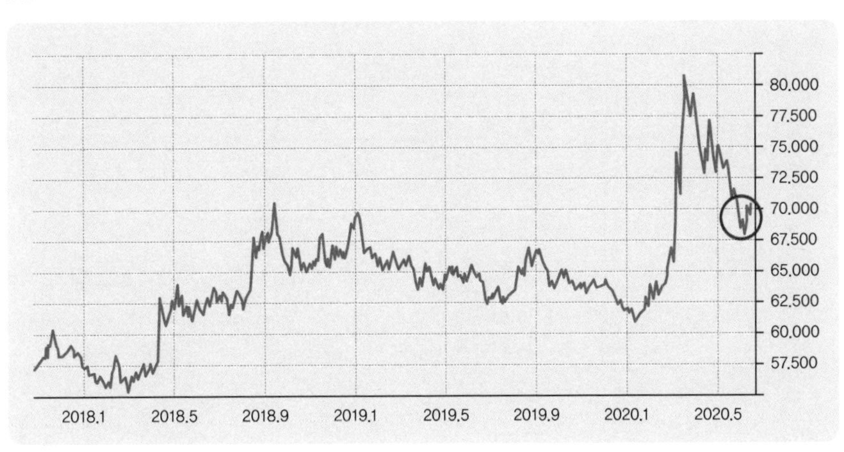

자료 출처: Tradingeconomics.com

러시아 10년 국채 금리 추이 (2020년 6월 15일 기준)

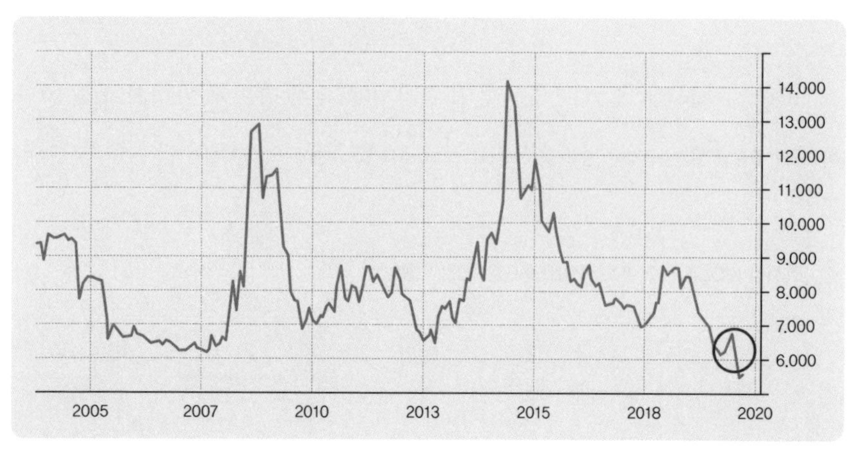

자료 출처:Tradingeconomics.com

러시아 투자는 추가적인 유가 급락이나 변동에 주의할 필요가 있지만, 상대적으로 브라질보다는 매력 있어 보인다. 러시아를 제외한 다른 원자재 관련 신흥국들의 대표 지수 매력도는 제조업 강대국과 비교해서 현저하게 떨어져 있다. 따라서, 관련 국가들에 대한 투자는 더욱 조심하자.

잔존가치 모델상 원자재 신흥국 상승 여력 (2020년 5월 27일 기준)

러시아 MOEX 지수 상승 여력

		투자위험 프리미엄		
		8.4%	7.9%	7.4%
장기 ROE	9.7%	2,523	2,827	3,130
	10.2%	2,828	3,137	3,446
	10.7%	3,145	3,459	3,774

상승 여력 적정가	14.7%
상승 여력 최저	-7.7%
상승 여력 최고	38.0%
상승 여력 평균	14.9%
적정가	3,141

멕시코 MEXBOL 지수 상승 여력

		투자위험 프리미엄		
		5.5%	5.0%	4.5%
장기 ROE	14.0%	38,238	40,124	42,011
	14.5%	40,443	42,358	44,273
	15.0%	42,708	44,652	46,596

상승 여력 적정가	17.3%
상승 여력 최저	5.9%
상승 여력 최고	29.0%
상승 여력 평균	17.3%
적정가	42,378

브라질 보베스파 지수 상승 여력

		투자위험 프리미엄		
		6.0%	5.5%	5.0%
장기 ROE	13.3%	78,212	82,792	87,372
	13.8%	83,425	88,082	92,740
	14.3%	88,801	93,537	98,273

상승 여력 적정가	0.8%
상승 여력 최저	-10.5%
상승 여력 최고	12.4%
상승 여력 평균	0.8%
적정가	88,137

아르헨티나 멀벨 지수 상승 여력

		투자위험 프리미엄		
		6.0%	5.5%	5.0%
장기 ROE	13.4%	32,643	35,520	38,398
	13.9%	35,487	38,419	41,352
	14.4%	38,439	41,427	44,415

상승 여력 적정가	1.6%
상승 여력 최저	-13.7%
상승 여력 최고	17.4%
상승 여력 평균	1.7%
적정가	38,456

자료 출처:자체계산

남아공 TOP40 지수 상승 여력

		투자위험 프리미엄		
		5.5%	5.0%	4.5%
장기 ROE	13.3%	47,995	50,361	52,728
	13.8%	50,761	53,161	55,562
	14.3%	53,600	56,035	58,471

상승 여력 적정가	14.2%
상승 여력 최저	3.1%
상승 여력 최고	25.6%
상승 여력 평균	14.3%
적정가	53,186

자료 출처:자체계산

신재생에너지 사업의 중요성 확대

언택트가 불러온 자동차 산업의 변화

이번 코로나19 팬데믹으로 인해 가솔린 차량에서 전기차로의 전환이 더 빨라질 가능성이 커졌다. 이번 코로나19 사태로 인해 지구 온난화 현상에 대한 경계심이 더 확대될 것이라 예상한다. 따라서, 자동차 산업에서 주목할 점은 현재의 가솔린 차량 의존도가 전기차 차량 의존도로 얼마나 빠르게 이동할 것인가 하는 부분이다.

미국의 테슬라와 중국의 전기차 경쟁사의 투자는 크게 확대될 것으로 예상한다. 장기적인 관점으로 보면, 개인 승용차 사용량은 더 늘어날 것이다. 대중교통이나 공유 경제 승용차보다는 언택트에 적합한 개인 승용차 수요가 더 늘어나지 않을까 하는 게 필자의 지극히 개인적인 의견이다.

또한, 환경 보호라는 중대한 과제가 남아있기 때문에 자동차 산업의 성장에 있어서 전기차가 차지하는 비중이 클 것이다. 글로벌 시장의 관련 ETF와 종목을 관심 있게 지켜보자. 전기차의 성장과 함께 대체에너지의 성장도 같이 일어날 것이 너무나 당연해 보인다.

잔존가치 모델상 신재생에너지 관련 ETF 상승 여력 (2020년 5월 27일 기준)

ETF	종목 코드	시가총액 (백만 달러)	현재 지수	적정 지수	상승 여력	예상 ROE	주식 위험도
전기차/대체에너지 관련 ETF							
First Trust NASDAQ Clean Edge Green Energy Index Fund	QCLN	272,381	350	598	70.6%	18.9%	3.0%
Invesco Solar ETF	TAN	54,499	162	329	102.9%	11.3%	3.0%
Global X Lithium & Battery Tech ETF	LIT	251,047	113	226	99.4%	13.6%	3.0%
석유 관련 ETF							
SPDR S&P Oil & Gas Exploration & Production ETF	XOP	652,564	2,405	2,449	1.8%	2.3%	5.0%

자료 출처: 블룸버그, 자체계산

잔존가치 모델상 신재생에너지 관련 종목 상승 여력 (2020년 5월 27일 기준)

종목	종목 코드	시가총액 (백만 달러)	현재 가격	적정 가격	상승 여력	예상 ROE	주식 위험도
전기차/대체에너지 관련 종목							
Jinkosolar Holding Co Ltd	JKS	702	15.8	46	188.4%	9.3%	7.0%
Geely Automobile Holdings Ltd	175 HK	12,597	10.6	21	96.7%	14.9%	8.0%
Longi Green Energy Technology Co Ltd	601012 CH	17,130	32.4	43	32.4%	21.4%	3.5%
Canadian Solar Inc	CSIQ	1,110	18.8	54	188.6%	11.2%	7.0%
Albemarle Corp	ALB	8,136	76.5	158	105.9%	11.8%	0.0%
SolarEdge Technologies Inc	SEDG	7,043	141.9	282	98.6%	26.3%	5.0%
Science Applications International Corp	SAIC	29,338	17.9	29	61.1%	9.1%	5.0%
Tesla Inc	TSLA	154,902	835.0	1,404	68.1%	43.5%	0.0%
BYD Co Ltd	1211 HK	19,720	43.5	42	−3.6%	5.3%	0.0%
석유 관련 종목							
Marathon Petroleum Corp	MPC	22,850	35.1	41	17.5%	7.4%	8.0%

자료 출처:블룸버그, 자체계산

그렇다면 전기차와 대체에너지의 성장은 얼마나 빠르게 일어날까? 현재 우리나라는 원자력에 대한 의존도가 높고, 설비에 투자한 금액이 워낙 크기 때문에 대체에너지로 전환하는 데 어려움을 겪고 있다. 미국 또한 셰일가스 및 화석 연료 투자에 가장 적극적이었고, 혜택을 본 만큼 정치적으로 반발을 받고 있다. 하지만 전 세계 모든 국가가 전기차와 대체에너지로의 전환을 가속할 경우, 상대적으로 경쟁력이 떨어질 수밖에 없다. 미국은 이번 대선을 전후로 전기차와 대체에너지 사업에 적극적으로 나설 가능성도 있어 보인다.

잔존가치 모델상 신재생에너지 사업 관련 상승 여력 (2020년 5월 27일 기준)

대체에너지 미국 ETF QCLN 상승 여력

		투자위험 프리미엄		
		3.5%	3.0%	2.5%
장기 ROE	18.4%	560	575	590
	18.9%	582	597	613
	19.4%	605	621	636

상승 여력 적정가	70.5%
상승 여력 최저	59.7%
상승 여력 최고	81.6%
상승 여력 평균	70.6%
적정가	598

태양광 미국 ETF TAN 상승 여력

		투자위험 프리미엄		
		3.5%	3.0%	2.5%
장기 ROE	10.8%	293	307	322
	11.3%	314	328	343
	11.8%	335	351	366

상승 여력 적정가	102.7%
상승 여력 최저	80.8%
상승 여력 최고	125.7%
상승 여력 평균	102.9%
적정가	329

석유관련 에너지 미국 ETF XOP 상승 여력

		투자위험 프리미엄		
		5.5%	5.0%	4.5%
장기 ROE	1.8%	1,491	2,002	2,512
	2.3%	1,914	2,439	2,965
	2.8%	2,364	2,905	3,445

상승 여력 적정가	1.5%
상승 여력 최저	-38.0%
상승 여력 최고	43.3%
상승 여력 평균	1.8%
적정가	2,449

자료 출처: 자체계산

미국, 중국 그리고 한국 어디에 투자할까?

이 질문에 대한 정답은 없다. 세 나라 모두 매력도가 높기 때문이다. 특히, 최근 한국 증시의 매력도가 상대적으로 많이 높아졌다. 그리고 앞에서 자세히 설명했듯이 중국 투자에 소홀할 필요는 없어 보인다. 미국 증시는 언택트 문화를 선도하는 대표 기술주가 많이 포진해있다.

긍정적인 한국 증시

현재 미국이 역대 최대치의 유동성을 부여하며 달러를 안정시키는 데 총력을 기울이고 있다. 달러가 안정되면 신흥국으로 달러, 즉 자금이 유입되고, 달러를 포함한 원자재 가격이 약세를 띠는 구간이 올 것이다. 이 경우, 원자재 신흥국보다는 한국이나 대만 같은 제조업 강대국으로 자금이 유입될 것으로 예상한다. 매도세로 일관하고 있는 외국인의 한국 증시 복귀 또한 가능해 보인다.

2020년 1분기 경제 지표를 보자. 한국의 1분기 GDP 성장률은 직전 분기 대비 1.4% 감소했다. 하지만, 전년 동기 대비 수치는 상당히 고무적이다. 중국의 1분기 GDP 성장률은 전년 동기 대비 6.8% 감소했지만, 한국은 전년 동기 대비 1.3% 증가했다. 중국 의존도가 낮아졌음을 알 수 있는 대목이다.

분기별 한국 GDP 성장률 추이(직전 분기 대비)

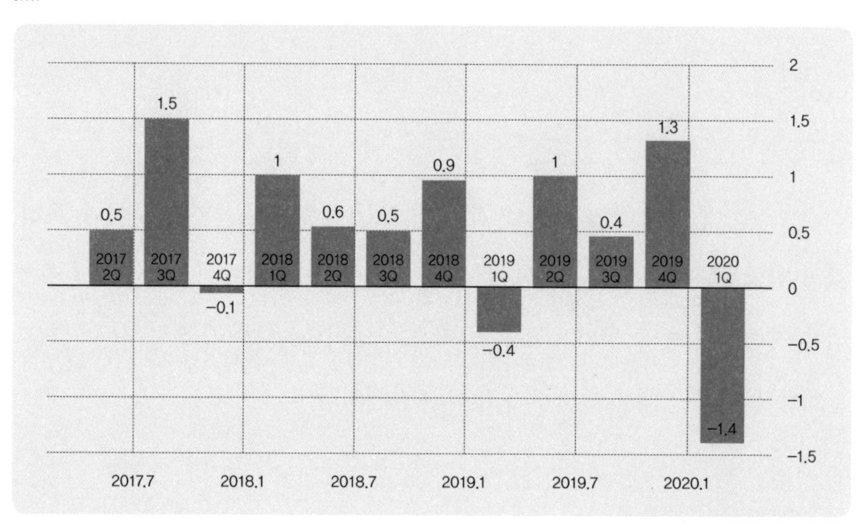

자료 출처: Tradingeconomics.com

분기별 한국 GDP 성장률 추이(전년 동기 대비)

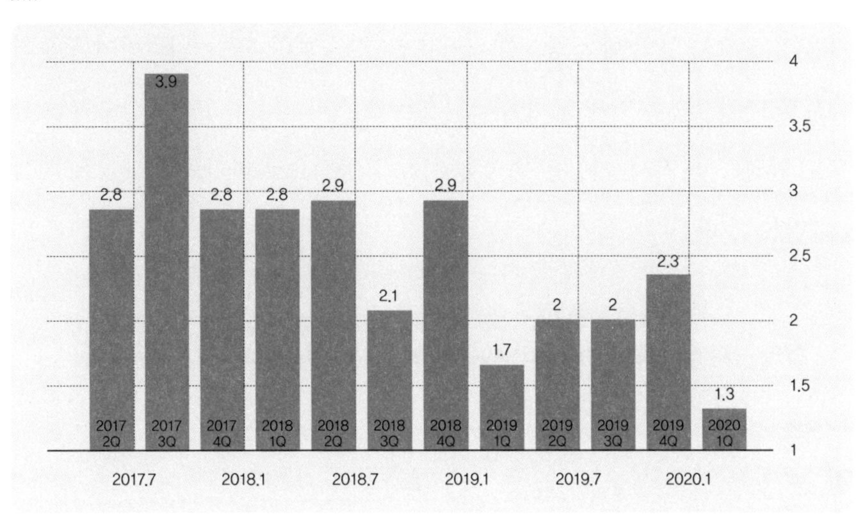

자료 출처 : Tradingeconomics.com

분기별 중국 GDP 성장률 추이(전년 동기 대비)

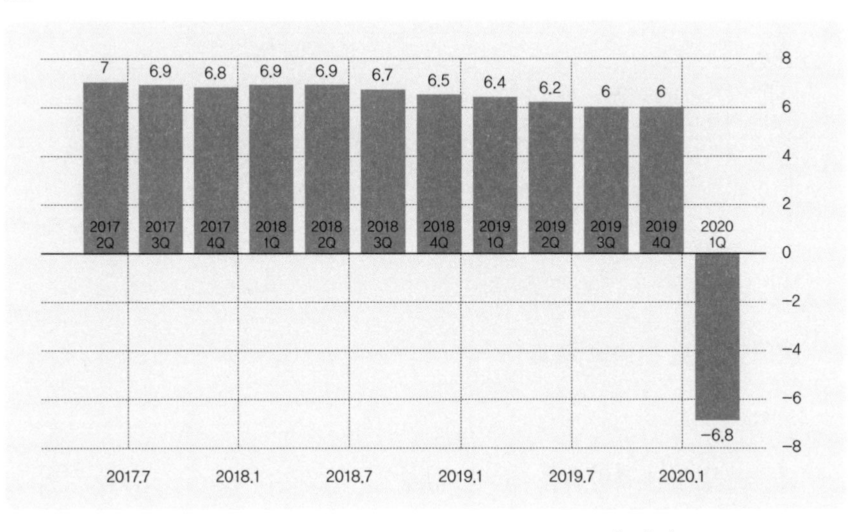

자료 출처 : Tradingeconomics.com

9 · 11사태 이후, 미국이 시장에 막대한 유동성을 부여했을 때, 미국 증시가 25% 오르는 동안 한국 증시는 50~100% 상승했다. 또한, 외국인이 꾸준히 매도를 이어갔던 시기에 국내 수급만으로 코스피 지수가 130% 상승했던 경우도 있었다. 따라서, 지금은 한국 증시를 긍정적으로 바라봐도 괜찮은 시기라고 판단한다.

잔존가치 모델상 한국 주가지수 상승 여력 (2020년 5월 27일 기준)

코스피 지수 상승 여력

		투자위험 프리미엄		
		6.5%	6.0%	5.5%
장기 ROE	6.5%	1,982	2,241	2,501
	7.0%	2,241	2,507	2,773
	7.5%	2,513	2,785	3,058

상승 여력 적정가	23.5%
상승 여력 최저	-2.4%
상승 여력 최고	50.7%
상승 여력 평균	23.7%
적정가	2,511

코스닥 지수 상승 여력

		투자위험 프리미엄		
		6.3%	5.8%	5.3%
장기 ROE	13.7%	1,191	1,253	1,316
	14.2%	1,276	1,341	1,405
	14.7%	1,365	1,432	1,498

상승 여력 적정가	22.6%
상승 여력 최저	8.9%
상승 여력 최고	37.0%
상승 여력 평균	22.7%
적정가	1,342

자료 출처:자체계산

미국의 대표 기술주 투자

중국이 엄청난 부양책을 내놓는 상황에 미국도 뒤처질 수는 없을 것이다. 조만간 기존에 발표했던 것보다 훨씬 큰 규모의 인프라 투자 계획을 발표할 것이라 예상한다. 5G, 반도체/반도체 장비, 전기차/배터리, 데이터 센터, A.I.,

대체에너지, 바이오산업에 집중적으로 투자할 필요가 있다. 이는 중국, 미국, 한국 모두 마찬가지라 생각한다.

일각에서는 지금과 같은 저금리 시대에도 가치주에 투자해야 한다는 의견이 있다. 하지만, 과거 가치주 중 상당수가 매출이 많이 감소한 것을 고려하면, 배당수익률도 큰 폭으로 하락할 가능성을 염두에 둬야 한다. 가치주도 무작정 매수할 게 아니라, 선택과 집중이 필요하다.

예를 들면, 석유 관련, 가솔린 차량 관련, 레스토랑, 스포츠, 레저, 여행, 호텔, 항공, 크루즈, 관광 산업 등 과거에 우리가 흔히 가치주, 고배당주라고 생각했지만, 현재 수익이 많이 감소하고 있는 산업들을 조심해야 한다. 당분간 이런 저금리 시대가 오랜 기간 이어질 것을 생각해보면, 지금은 매출 증가가 뚜렷한 업종에 투자하는 것이 훨씬 적절하다. 가장 좋은 가치주 선택은 PSR을 활용하는 것이다. PSR이 0.3배 이하 수준이라면 상당히 좋은 투자처라고 판단한다. 한국은 당연히 반도체/반도체 장비, 전기차/배터리, 대체에너지/태양광, 바이오 등의 성장 업종, 그리고 고배당 저PSR 등의 가치주 종목에 초점을 맞춰야 한다.

미국으로 보면, 그런 종목들이 바로 FMAANG, 페이스북FB, 마이크로소프트MSFT, 아마존AMZN, 애플AAPL, 넷플릭스NFLX, 구글GOOGL이다. 이러한 언택트 대표 종목에 대한 투자가 너무나 중요해졌다. 넷플릭스로 예를 들어보자. 지난 1분기 넷플릭스의 신규 가입자 수는 1,580만 명으로 전년과 비교해 급격히 증가하고 있다.

넷플릭스 신규 가입자 수 그래프

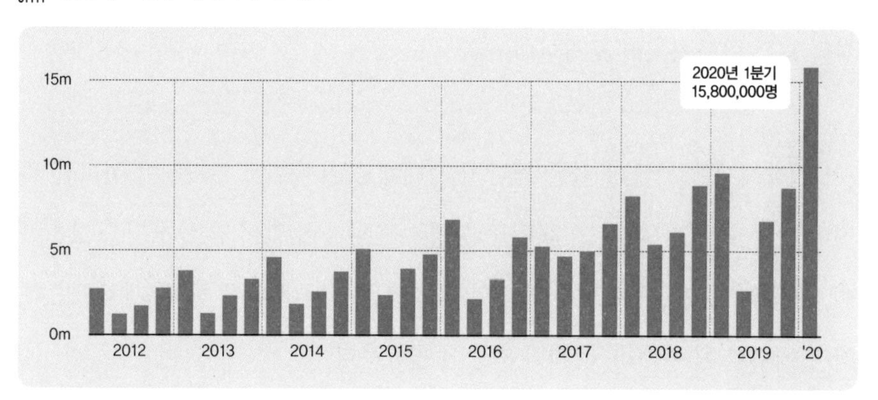

자료 출처:넷플릭스

미국의 대표 FMAANG 종목들의 최근 코로나19 사태 이후 주가 흐름을 보면, S&P500의 -12.20% 대비 넷플릭스는 33.54% 상승, 아마존은 30.49% 상승, 마이크로소프트는 10.4% 상승했다.(2020년 4월 말 기준) 애플과 알파벳 구글, 그리고 페이스북은 하락했지만, S&P500 대비 큰 폭의 초과 수익률을 창출했다. 이런 나스닥 대표 종목에 대한 투자는 유효할 것으로 판단한다.

Special Insight 5

잔존가치 모델상 글로벌 투자 개별 종목 상승 여력

자료 출처: 블룸버그, 자체계산 (2020년 5월 27일 기준)

종목	종목 코드	시가총액 (백만 달러)	현재 가격 (달러)	적정 가격 (달러)	상승 여력	예상 ROE	주식 위험도
QUALCOMM INC	QCOM	90,984	80.9	292	261.2%	67.0%	15.0%
APTIV PLC	APTV	19,205	75.4	247	228.3%	27.3%	0.0%
LAM RESEARCH CORP	LRCX	39,727	273.7	859	213.8%	41.8%	10.0%
NETAPP INC	NTAP	9,851	44.5	137	206.9%	54.6%	15.0%
CANADIAN SOLAR INC	CSIQ	1,110	18.8	54	188.6%	11.2%	7.0%
JINKOSOLAR HOLDING CO LTD	JKS	702	15.8	46	188.4%	9.3%	7.0%
COMMSCOPE HOLDING CO INC	COMM	2,019	10.3	27	164.6%	20.5%	10.0%
TERADYNE INC	TER	11,110	67.0	174	160.3%	30.7%	8.0%
BROADCOM INC	AVGO	116,447	291.3	754	158.8%	32.6%	10.0%
NORTHROP GRUMMAN CORP	NOC	55,879	335.2	776	131.6%	33.5%	15.0%
APPLE INC	APPL	1,378,058	317.9	733	130.6%	43.4%	10.0%
ZOOM VIDEO COMMUNICATIONS INC	ZM	50,605	179.5	393	119.2%	67.1%	8.0%
JPMORGAN CHASE & CO	JPM	296,506	97.3	201	106.4%	13.8%	8.0%
ALBEMARLE CORP	ALB	8,136	76.5	158	105.9%	11.8%	0.0%
ASML HOLDING NV	ASML	140,259	329.5	670	103.2%	27.7%	5.0%
KLA CORP	KLAC	27,282	176.0	355	101.6%	42.9%	8.0%
SOLAREDGE TECHNOLOGIES INC	SEDG	7,043	141.9	282	98.6%	26.3%	5.0%
GEELY AUTOMOBILE HOLDINGS LTD	175 HK	12,597	10.6	21	96.7%	14.9%	8.0%
APPLIED MATERIALS INC	AMAT	51,488	56.2	110	95.8%	32.1%	10.0%
NETFLIX INC	NFLX	184,599	419.7	808	92.5%	39.7%	8.0%
ADVANCED MICRO DEVICES INC	AMD	63,010	53.8	100	85.9%	39.4%	10.0%
HOLLYSYS AUTOMATION TECHNOLOGIES LTD	HOLI	756	12.5	23	80.4%	11.7%	10.0%
MICRON TECHNOLOGY INC	MU	53,285	47.9	86	78.7%	12.0%	7.0%
ALIBABA GROUP HOLDING LTD	BABA	556,370	207.4	369	78.1%	23.9%	5.0%
GOLDMAN SACHS GROUP INC	GS	70,439	196.5	349	77.8%	10.3%	8.0%
ALPHABET INC	GOOGL	976,897	1,433.5	2,532	76.6%	19.7%	5.0%

종목	종목 코드	시가총액 (백만 달러)	현재 가격 (달러)	적정 가격 (달러)	상승 여력	예상 ROE	주식 위험도
BANK OF AMERICA CORP	BAC	209,256	24.1	42	73.3%	10.3%	8.0%
AMAZON.COM INC	AMZN	1,218,196	2,442.4	4,172	70.8%	34.2%	5.0%
TESLA INC	TSLA	154,902	835.0	1,404	68.1%	43.5%	0.0%
AMPHENOL CORP	APH	28,572	96.6	157	62.2%	21.1%	0.0%
FACEBOOK INC	FB	641,305	225.1	364	61.9%	22.6%	8.0%
SCIENCE APPLICATIONS INTERNATIONAL CORP	SAIC	29,338	17.9	29	61.1%	9.1%	5.0%
SKYWORKS SOLUTIONS INC	SWKS	19,777	118.5	183	54.5%	24.8%	7.0%
CHINA TOWER CORP LTD	788 HK	35,419	1.6	2	49.3%	6.3%	0.0%
KEYSIGHT TECHNOLOGIES INC	KEYS	20,166	108.1	160	47.9%	24.7%	10.0%
ADVANTEST CORP	6857	9,848	5,320.0	7,846	47.5%	24.5%	5.0%
NVIDIA CORP	NVDA	218,337	355.0	515	45.2%	31.7%	7.0%
IQVIA HOLDINGS INC	IQV	28,553	149.5	215	43.7%	18.2%	5.0%
SOFTBANK GROUP CORP	9984 JP	93,665	4,832.0	6,806	40.8%	8.3%	5.0%
NXP SEMICONDUCTORS NV	NXPI	26,815	96.1	131	36.2%	14.9%	7.0%
RAYTHEON TECHNOLOGIES CORP	UTX	97,830	64.5	86	33.8%	9.0%	5.0%
LONGI GREEN ENERGY TECHNOLOGY CO LTD	601012 CH	17,130	32.4	43	32.4%	21.4%	3.5%
VERISK ANALYTICS INC	VRSK	28,019	172.7	227	31.5%	31.2%	5.0%
MICROSOFT CORP	MSFT	1,389,665	183.3	240	30.8%	39.0%	5.0%
AMERICAN EXPRESS CO	AXP	76,529	95.1	124	29.9%	17.7%	10.0%
SHOWA DENKO K K	4004 JP	3,576	2,575.0	3,204	24.4%	8.5%	9.0%
MARATHON PETROLEUM CORP	MPC	22,850	35.1	41	17.5%	7.4%	8.0%
SEMTECH CORP	SMTC	3,465	53.2	62	16.7%	16.9%	5.0%
SALESFORCE.COM INC	CRM	157,116	174.8	198	13.1%	19.2%	3.0%
DELTA AIR LINES INC	DAL	16,080	25.2	28	11.1%	13.8%	13.0%
XILINX INC	XLNX	22,359	92.0	96	4.7%	25.7%	3.5%
BYD CO LTD	1211 HK	19,720	43.5	42	−3.6%	5.3%	0.0%
BRIGHT HORIZONS FAMILY SOLUTIONS INC	BFAM	6,748	111.9	97	−13.0%	15.2%	3.5%
GENERAL ELECTRIC CO	GE	57,468	6.6	5	−19.5%	16.0%	5.0%
CARNIVAL CORP	CCL	11,469	15.7	13	−19.7%	5.4%	8.0%
ALTERYX INC	AYX	9,494	143.9	115	−20.2%	25.2%	0.0%
SOUTHWEST AIRLINES CO	LUV	18,919	32.1	(3)	−110.6%	8.3%	12.0%
BOEING CO/THE	BA	82,307	145.9	(241)	−265.0%	127.7%	0.0%

Special Insight 6

잔존가치 모델상 미국 상장 대표 ETF 상승 여력

자료 출처: 블룸버그, 자체계산 (2020년 5월 27일 기준)

ETF	종목 코드	시가총액 (백만 달러)	현재 지수	적정 지수	상승 여력	예상 ROE	예상 PBR	주식 위험도
Invesco Solar ETF	TAN	54,499	162	329	102.9%	11.3%	1.71	3.0%
iShares Nasdaq Biotechnology ETF	IBB	1,185,033	4,409	8,811	99.9%	27.3%	4.42	6.0%
Global X Lithium & Battery Tech ETF	LIT	251,047	113	226	99.4%	13.6%	1.91	3.0%
Invesco S&P 500 Equal Weight Technology ETF	RYT	6,774,798	14,866	28,957	94.8%	24.1%	3.93	5.0%
iShares PHLX Semiconductor ETF	SOXX	1,683,293	2,216	4,175	88.4%	25.4%	4.50	5.0%
First Trust NASDAQ Clean Edge Green Energy Index Fund	QCLN	272,381	350	598	70.6%	18.9%	2.71	3.0%
Global X Internet of Things ETF	SNSR	1,252,582	3,763	6,314	67.8%	18.5%	3.06	3.0%
iShares US Technology ETF	IYW	7,795,304	3,307	5,194	57.0%	28.7%	5.63	5.0%
iShares MSCI Emerging Markets ETF	EEM	16,104,769	443	657	48.3%	10.5%	1.29	6.5%
First Trust NYSE Arca Biotechnology Index Fund	FBT	733,992	5,636	8,224	45.9%	22.3%	3.46	3.5%
iShares Edge MSCI Min Vol USA ETF	USMV	15,633,401	4,709	6,488	37.8%	18.2%	2.81	5.0%
Financial Select Sector SPDR Fund	XLF	2,605,294	2,133	2,919	36.9%	7.9%	1.09	5.0%
ProShares S&P 500 Dividend Aristocrats ETF	NOBL	4,467,022	2,738	3,665	33.9%	16.2%	3.02	5.0%
ROBO Global Robotics and Automation Index ETF	ROBO	1,481,724	1,676	2,228	32.9%	13.0%	2.84	0.0%
Defiance Next Gen Connectivity ETF	FIVG	4,955,111	149	196	31.8%	12.9%	3.11	3.0%
iShares Trust – iShares MSCI KLD 400 Social ETF	DSI	14,381,268	1,157	1,520	31.3%	18.4%	3.60	5.0%
Vanguard Dividend Appreciation ETF	VIG	8,747,863	3,729	4,890	31.1%	19.3%	3.91	5.0%
iShares Russell 2000 Value ETF	IWN	1,181,968	9,187	11,640	26.7%	7.5%	1.05	5.5%

ETF	종목 코드	시가총액 (백만 달러)	현재 지수	적정 지수	상승 여력	예상 ROE	예상 PBR	주식 위험도
ETFMG Prime Mobile Payments ETF	IPAY	1,304,416	168	202	20.6%	15.5%	3.13	3.0%
SPDR S&P Aerospace & Defense ETF	XAR	578,179	16,768	19,430	15.9%	14.8%	2.55	7.0%
First Trust Cloud Computing ETF	SKYY	5,310,664	778	888	14.1%	25.1%	5.13	5.0%
iShares US Aerospace & Defense ETF	ITA	588,283	33,504	36,509	9.0%	20.4%	3.62	12.0%
SPDR S&P Oil & Gas Exploration & Production ETF	XOP	652,564	2,405	2,449	1.8%	2.3%	0.41	5.0%
Vanguard Mid-Cap Growth ETF	VOT	2,587,367	2,526	2,424	-4.0%	16.2%	4.40	0.0%
iShares Russell 2000 Growth ETF	IWO	1,487,594	7,228	6,927	-4.2%	15.3%	3.57	5.0%

포스트 코로나 주식투자

초판 1쇄 인쇄 2020년 6월 26일
초판 1쇄 발행 2020년 7월 3일

지 은 이 한국경제TV 보도본부 방송제작부 엮음
펴 낸 이 권기대
펴 낸 곳 베가북스
총괄이사 배혜진
편 집 신기철, 박석현, 임용섭
디 자 인 박숙희
마 케 팅 황명석, 연병선
경영지원 지현주

출판등록 2004년 9월 22일 제2015-000046호
주 소 (07269) 서울특별시 영등포구 양산로3길 9, 201호
주문 및 문의 (02)322-7241 팩스 (02)322-7242

ISBN 979-11-90242-47-9 13320

※ 책값은 뒤표지에 있습니다.
※ 좋은 책을 만드는 것은 바로 독자 여러분입니다.
베가북스는 독자 의견에 항상 귀를 기울입니다.
베가북스의 문은 항상 열려 있습니다.
원고 투고 또는 문의사항은 vega7241@naver.com으로
보내주시기 바랍니다.

홈페이지 www.vegabooks.co.kr
블로그 http://blog.naver.com/vegabooks
인스타그램 @vegabooks 트위터 @VegaBooksCo 이메일 vegabooks@naver.com